Wilhelm Damaschka

Christoph Columbus

Die Entdeckung von Amerika

Wilhelm Damaschka

Christoph Columbus

Die Entdeckung von Amerika

ISBN/EAN: 9783959132978

Auflage: 1

Erscheinungsjahr: 2015

Erscheinungsort: Treuchtlingen, Deutschland

Literaricon Verlag Inhaber Roswitha Werdin, Uhlbergstr. 18, 91757 Treuchtlingen

www.literaricon.de

Dieser Titel ist ein Nachdruck eines historischen Buches. Es musste auf alte Vorlagen zurückgegriffen werden; hieraus zwangsläufig resultierende Qualitätsverluste bitten wir zu entschuldigen.

Die
Entdeckung von Amerika.

Christoph Columbus.

Neu bearbeitet

von

W. F. Damaschka.

Mit Bildern.

Herausgegeben von

Fr. Ed. Sandtner.

Prag, 1842.

Verlag von Fr. Ed. Sandtner.

Einleitung.

Wenn man die obgleich unsichern und undeutlichen Spuren in Anschlag nimmt, auf welche der Forscher stößt, wenn er in die Geschichte der Westhälfte unseres Planeten eingeht, die erst im letzten Jahrzehende des funfzehnten Jahrhunderts sich den Augen der gebildeten Welt entschleierte, und aus dem Nebel eines bis dahin undurchdringlichen Dunkels hervortrat — wenn man die Sagen von der räthselhaften im Weltmeere versunkenen Insel Atlantis, von dem nach Diodors Bericht durch die Phönizier weit im Westen von Afrika entdeckten fruchtbaren, wohlbewässerten Eilande berücksichtigt, und damit die auf Trinidad und in Mexiko angetroffenen Kultreste griechisch- und phönizisch-ägyptischen Styles in Verbindung bringt, so dürfte daraus mit Wahrscheinlichkeit die Vermuthung erwachsen, daß das große Festland der westlichen Hemisphäre schon frühe von irrefahrenden Schiffern des Alterthums aufgefunden worden sei.

Im zehnten Jahrhunderte, wie es von einer durchgreifenden Geschichtsforschung erwiesen wurde, beschifften zwar schon die Normänner von Island aus Grönland, und von hier im eilften Jahrhunderte die Ostküste Amerikas bis an den Aequator; allein da seit dem zwölften Jahrhunderte alle urkundlichen Nachrichten hierüber fehlen, überdieß diese Fahrten ein Monopol der Normänner blieben, und in der übrigen civilisirten Welt nicht kundbar wurden, so war es erst einer späteren Zeit, dem funfzehnten Jahrhunderte, aufbehalten, die Dunkelheit, welche sich bisher über dem westlichen Ocean gelagert hielt, aufzuhellen, und in diesem Zeitalter erstand Christoph Columbus als das von der Vorsehung auserkorene Rüstzeug, welches einen neuen Aufschwung des Wissens und der Civilisation durch die Entdeckung „einer neuen Welt," Amerikas, hervorbringen sollte.

Christoph Columbus, im Jahre 1436 zu Genua geboren, rühmte sich keiner vornehmen Abkunft. Seine Mutter war eine geborene Fontanarossa, sein Vater Dominiko Colombo, seines Gewerbes ein Wollkämmer. Schon frühe zeigte der Knabe einen für sein Alter ungewöhnlichen Ernst, war ruhig, nachdenklich, und nahm an den Spielen seiner Altersgenossen keinen Antheil; eine Neigung zum Seewesen entwickelte sich in ihm, welche sein Vater, ungeachtet seiner Bemühung, nicht zu unterdrücken vermochte. Da Dominiko Colombo sah, daß Christoph dem Gewerbe der Wollkämmerei keinen Geschmack abgewinnen, sondern daß der Hang zur See zu gehen in dem Knaben immer stärker vorherrschend werde, so wollte er dem Sohne im Bezug auf seine Standeswahl keinen Zwang anthun, und sorgte vielmehr dafür, daß dieser mit allen denjenigen Kenntnissen gehörig ausgerüstet werde, die man zu jener Zeit für einen gebildeten Seemann als nothwendig erachtete. Christoph kam demnach auf die Hochschule zu Pavia, wo er in der lateinischen Sprache, in der Meßkunst, in der Erd-, Stern- und Schiffskunde Unterricht erhielt, den der empfängliche Geist des Knaben mit Freude aufnahm und verarbeitete.

Dominiko Colombo konnte aber die bedeutenden Kosten für seinen zu Pavia studierenden Sohn auf die Länge der Zeit nicht erschwingen, und aus Mangel an Vermögen mußte Christoph gar bald wieder den Musensitz zu Pavia verlassen, jedoch nicht, ohne in die Elemente der ihm in seinem künftigen Berufe nöthigen Wissenszweige gehörig eingedrungen zu sein. Eifrig arbeitete er auf diesen Grundlagen seiner Ausbildung weiter fort. — Columbus hatte das vierzehnte Jahr erreicht, als er wieder in seine Vaterstadt Genua zurückkehrte.

Der lebhafte Handel, dessen Mittelpunkt Genua zu jener Zeit bildete, die Lage dieser Stadt an der Meeresküste, das Ein= und Auslaufen von Hunderten von Fahrzeugen aus und in den genuesischen Hafen — der Ruhm, welchen die genuesische Flotte durch die Geschicklichkeit und Ausdauer ihrer Seeleute erworben hatte — Alles dieses war ganz geeignet dazu, in dem Jünglinge den Hang zum Seeleben mehr als jemals wieder rege zu machen, und seiner Phantasie reizende Bilder von Ruhm zur See und Reisen in fremde Länder vorzuspiegeln.

In seinem vierzehnten Lebensjahre machte er die erste Seereise und von diesem Augenblicke an ward er dem Berufe, zu welchem er sich so heftig gedrungen fühlte, und in welchem er einstens so große Resultate zu Tage fördern sollte, nie mehr ungetreu. Ein entfernter Anverwandter unseres Helden, der genuesische Admiral Colombo, war es insbesondere, welcher sich der seemännischen Ausbildung Christophs vorzüglich annahm, und unter dessen Leitung dieser fortan mehrere Seereisen mitmachte.

In vielen Kriegszügen zur See trug er durch Muth, Entschlossenheit, und die ihn charakterisirende eiserne Beharrlichkeit nicht unrühmliche Lorbeern davon. Im Jahre 1470 traf Columben ein Schicksal, welches seinen Bestrebungen eine neue Richtung verlieh. Unter dem Oberbefehl des erwähnten Admirals Colombo, führte Christoph das Commando über ein zu einem größeren Geschwader gehöriges Schiff, als man nahe an der portugiesischen Küste mit mehreren venetianischen Galeeren in den Kampf gerieth; von Morgen bis Abend dauerte das Treffen; das Schiff unseres Columbus war an eine große Galeere gerathen, hatte sie geentert, und die Mannschaften der beiden Fahrzeuge kamen in das wüthendste Handgemenge; durch die gar zu häufig auf das feindliche Deck geworfenen Handgranaten und anderes zündende Wurfgeschoß fing die Galeere Feuer — vergebens bemühte sich Columbus, sein Schiff von dem feindlichen loszumachen; beide waren bald eine Flamme, und den noch eben im hitzigsten Kampfe gegen einander begriffen gewesenen Seeleuten blieb nichts

Anderes übrig, als sich in das Meer zu stürzen, um Rettung an der etwa zwei Seemeilen weit entfernten portugiesischen Küste zu suchen, welche Columbus als geübter Schwimmer mit Hülfe eines Ruders, das er in den Wellen erhascht hatte, auch glücklich erreichte. Er kam nach Lissabon; die vielen Landsleute, welche er hier antraf, bewogen ihn, hier seinen Wohnsitz aufzuschlagen.

Die Portugiesen, damals die kühnsten und unternehmendsten Seeleute der Welt, hatten in der Schifffahrt Großes geleistet, die azorischen Inseln entdeckt, und die Küste von Afrika bis zum grünen Vorgebirge durchforscht. Diese erfreulichen Erfolge, welche die Bestrebungen portugiesischer Schiffer gekrönt hatten, erregten in Columbus den Gedanken, daß noch viel größere Entdeckungen im atlantischen Ocean zu machen sein müßten.

Als nun unser Held sich mit der Tochter eines berühmten portugiesischen Schiffskapitains, eines Mitentdeckers der Azoren, vermählt hatte, und hierdurch Gelegenheit bekam, die Papiere, Charten und Tagebücher seines Schwiegervaters zu studieren, als er Zutritt in die Gesellschaften gebildeter Seeleute erhielt, in welchen gar oft das Projekt von der Auffindung eines Seeweges nach Ostindien besprochen wurde, da trat in ihm die Idee immer mehr hervor, daß im atlantischen Ocean unentdecktes Land liegen, und daß durch eine fortgesetzte Fahrt nach Westen endlich Ostindien erreichbar sein müsse. Die Vermuthung, daß in dem unaufgehellten Dunkel des atlantischen Meeres unbekannte nie besuchte Länder liegen müßten, stieg in Columbus durch nachfolgende Thatsachen zur Gewißheit.

Ein portugiesischer Schiffer, welcher durch widrige Winde einst ungewöhnlich weit westwärts im atlantischen Meere verschlagen worden war, fand ein in der See schwimmendes, seltsam geschnitztes Holz, dessen Bearbeitung offenbar nicht von einem eisernen Werkzeuge herrührte. Ein ähnliches Holzstück hatte auch Columbens Schwager bei Gelegenheit einer von Madeira nach Westen gerichteten Fahrt aufgefunden.

An die Westküsten der azorischen Inseln waren öfter

entwurzelte Bäume ganz unbekannter Art — und einmal sogar die Leichname zweier Männer angeschwemmt worden, welche von sämmtlichen, bisher bekannt gewesenen Menschenstämmen Europas, Asiens und Afrikas eine vollkommene Verschiedenheit zeigten. So gewichtige Gründe, als diese unläugbaren Thatsachen abgaben, mußten Columbens Ueberzeugung von dem Dasein einer in der westlichen Hemisphäre liegenden, bisher ungekannten Welt mächtig bestärken. Columbus setzte sich deßwegen mit gelehrten Männern und namentlich mit Paul Toskanelli, einem berühmten Arzte und Naturkundigen in Florenz, in das Einvernehmen; Toskanelli stimmte nicht nur der Muthmaßung Columbens bei, sondern ermuthigte denselben auch, durch den Versuch einer Fahrt in die westlichen Meere den Bereich des menschlichen Wissens zu erweitern.

Von nun an stand das Ziel seines Strebens unverrückt vor den Augen unsers Helden. Durch fortgesetztes vernünftiges Nachdenken, durch unwiderlegliche, in die Sinne fallende Thatsachen, durch die gleichen Ansichten wissenschaftlich gebildeter Männer, war in Columbus zwar die moralische Gewißheit entstanden, daß in dem bisher noch unbeschifften Westmeere der Weg nach der Ostküste von Asien und eine Welt liegen müsse, von welcher man bisher keine Ahnung gehabt hatte. Aber die faktische Gewißheit hierüber konnte nur durch die Unternehmung einer Fahrt auf dem atlantischen Meere nach Westen hergestellt werden, und hiezu fehlten dem unvermögenden Columbus die nöthigen Mittel, denn während seines Aufenthaltes in Portugall mußte er sich seinen dürftigen Unterhalt durch Verfertigung von Land= und Seekarten erwerben. Welch eine Pein für den in seiner Denkkraft sich kühn über die bisherigen Schranken der Gewöhnlichkeit erhebenden Geist Columbens!

Endlich entschloß er sich dazu, in seinem Vaterlande, der Republik Genua nehmlich, Unterstützung für sein umfassendes Projekt zu suchen.

Allein wie es gewöhnlich zu gehen pflegt — das Neue — das Kühne — das Unerhörte des Planes, welchen Colum=

bus dem genuesischen Senate vorlegte, trug die Schuld davon, daß man auf die Vorschläge unseres Helden nicht einging, und diese für überspannte Gedanken eines schwärmerischen Träumers erklärte. Der Türkenkrieg, in welchem die Republik einige Unfälle erlitten hatte, mußte den Vorwand abgeben, Columbus mit seinem Gesuche abzuweisen. Kein besseres Glück hatte er, als er der Krone Portugalls dieselben Anträge machte, er wurde belächelt — und von einer Unterstützung seines Strebens war keine Rede.

Erstes Kapitel.

Columbens Bemühungen am spanischen Hofe. Abreise aus dem Hafen von Palos.

Nicht abgeschreckt durch den ungünstigen Erfolg, den die Gesuche um Unterstützung seines Entdeckungsplanes zu Genua und Lissabon gehabt hatten, begab sich Columbus nach Spanien, um der Regierung dieses Landes dieselben Anträge zu machen, welchen die Republik Genua und der portugiesische Hof hatte kein Gehör schenken wollen. Unser Held fand in dem Guardian Johann Perez von Marchena des Franziskanerklosters La Rabida, unfern des kleinen Seestädtchens Palos, einen Freund, welcher, an Einsichten seinem Zeitalter weit vorgeschritten, die in Columben beinahe zur Gewißheit gediehenen Vermuthungen über die Existenz eines unbekannten Landes im fernen Westen, und eines in dieser Richtung vorhandenen Seeweges nach Ostindien, nicht nur mit empfänglichem Geiste aufnahm, sondern Columben auch aufmunterte, am spanischen Hofe Unterstützung für die beabsichtigte Seeunternehmung zu suchen.

Spanien wurde damals von Ferdinand V., dem Katholischen, und seiner Gemahlin, der Königin Isabella, beherrscht. Durch die eheliche Verbindung dieser zwei Souveraine waren die Königreiche Castilien und Arragonien vereinigt worden, ohne daß deßhalb Isabella, die Erbin des Ersteren, ihre Herrscherrechte aufgegeben hatte.

Der Guardian Perez, eingenommen, wie er war, von den kühn über die bisherigen Schranken der Gewöhnlichkeit hinausstrebenden Ideen Columbens, gab diesem, um ihm für sein beabsichtigtes Gesuch am spanischen Hofe den Weg zu bahnen, ein Empfehlungsschreiben an Talavera, den Prior von Prado und Beichtvater der Königin Isabella, welcher die günstige Gelegenheit wahrnehmen sollte, Columben bei den Souverainen Gehör zu verschaffen.

Columbus begab sich nun an die königliche Hofhaltung nach Cordova. Allein hier angekommen fand er Alles mit den Zurüstungen zu dem bevorstehenden Kriege gegen die Mauren, deren letzter König sein Reich in der spanischen Provinz Granada hatte, so sehr beschäftigt, daß er sich nicht verhehlen konnte, er habe für seine Anträge einen äußerst ungünstigen Zeitpunkt gewählt. Nichtsdestoweniger gab er sein Empfehlungsschreiben an Talavera ab, ohne jedoch einigen Erfolg von diesem Schritte wahrzunehmen. Talavera hörte

Columben kalt an, und hielt es nicht einmal der Mühe werth, gegen die Königin von unserem großen Manne und seinen Projekten Etwas zu erwähnen. Von einer Audienz bei den Regenten war keine Rede.

Der erste Versuch war also mißglückt. Columbus verlor den Muth nicht, und suchte auf einem andern Wege Gehör bei den Monarchen zu erlangen. Allein bevor er es dahin brachte, wurden die Kriegsrüstungen beendigt, der König zog in Person gegen die Mauren zu Felde, und für jetzt war jede Aussicht für Columbus geschlossen, vor Beendigung des Feldzuges sein Gesuch bei dem Könige anzubringen.

Inzwischen gewann Columbus seinen Unterhalt zu Cordova kümmerlich durch Verfertigung von Land= und Seekarten, und war zugleich bemüht, da er in Talavera keinen Fürsprecher gefunden hatte, sich einen andern Gönner zu suchen, welcher im Stande wäre, ihm eine Audienz bei den Beherrschern Spaniens zu verschaffen. Die ihn bedrückende Armuth wurde von seinem Geiste mit Leichtigkeit ertragen; allein viel niederschlagender war für ihn die Bemerkung, daß fast überall, wo er seine Projekte zur Sprache brachte, sich Menschen fanden, die in ihrer Unwissenheit seine Reden mit übermüthiger Verachtung aufnahmen, und nicht selten selbst Spott verriethen.

Wie mochte es auch in seinem ärmlichen Aufzuge

ein dürftiger, unbekannter, blos von einem unbedeutenden Franziskaner-Mönche anempfohlener Mann wagen, Behauptungen aufzustellen und zu verfechten, welche alles Gewöhnliche und Althergebrachte umzustoßen schienen? Zahllos waren die Demüthigungen, denen Columbus von Seite solcher beschränkten Köpfe ausgesetzt war; aber eben die Niedrigkeit seiner Gegner gab ihm Kraft genug, ihr verletzendes Benehmen mit stiller Verachtung zu ertragen.

Nichtsdestoweniger fanden sich einige Männer, welche durch das ernste würdevolle Benehmen Columbens, durch die überzeugende Darstellung seiner Ansichten und die schlagende Richtigkeit seiner Gründe hingerissen, auf seine Ideen einzugehen begannen.

Dadurch gelang es Columben, dem Erzbischofe von Toledo und Großcardinale von Spanien, Pedro Gonzalez von Mendoza, vorgestellt zu werden. Es kam Alles darauf an, was für einen Eindruck Columbus auf diesen mächtigen bei den Souverainen Alles vermögenden Mann machte. Obgleich Mendoza stutzte, als unser Held seine Ansichten über die Gestalt der Erde mit den hierauf gebauten Schlüssen vortrug, weil er die Erde nur aus der Bibel kannte, und Columbens Meinungen mit dieser für unvereinbar hielt, so wurde der Cardinal durch die Schärfe seines Verstandes doch schnell der hohen Wichtigkeit inne, von welcher Columbens Projekte wären, im Falle sie glücklich ausgeführt würden. Der Vortheil für die Krone Spaniens war in diesem Falle unberechenbar, und die Verbreitung der christlichen Kirche konnte in den nach Columbens Behauptung noch unentdeckt und unbesucht im fernen Oceane liegenden bewohnten Ländern unendlich gewinnen. Ueberdieß mußte Mendoza zur Unterdrückung eines jeden religiösen Zweifels zugestehen, daß in der beabsichtigten Erweiterung der menschlichen Kenntnisse nichts Gottloses gelegen sei.

Nach einer langen Unterredung wurde Columbus von dem Cardinale mit vielen Versicherungen seiner Achtung und dem Versprechen entlassen, ihm eine Audienz beim Könige zu verschaffen.

Der Feldzug gegen die Mauren nahm den König und die Königin den ganzen Sommer hindurch in Anspruch, so daß Columbus während dieser Zeit Nichts zu hoffen hatte.

Aber gleich nachdem der Feldzug zu Ende war, löste Mendoza sein gegebenes Wort und benachrichtigte das Herrscherpaar von den Plänen Columbens in einer so vortheilhaften Weise, daß die Souveraine begierig wurden, den unternehmenden Mann zu sehen.

Columbus erhielt eine Audienz, bei welcher außer dem Könige und der Königin auch der Großcardinal Mendoza und Talavera gegenwärtig war. In einem klaren Vortrage wußte er seine Pläne, seine Ansichten von der Gestalt der Erde, von der Wahrscheinlichkeit eines im westlichen Oceane liegenden Festlandes, und der Gewißheit eines nach Westen gehenden Seeweges nach Indien, in einem so günstigen Lichte darzustellen, daß er die Regenten für sich gewann.

Wenn einerseits Isabella, welche einen unternehmenderen Geist besaß, als ihr Gemahl, eben deßhalb lebhaft in die Vorschläge Columbens einging, so schien andererseits König Ferdinand geneigt, diese Gelegenheit zu ergreifen, um den Portugiesen, die zu dieser Zeit in der Schifffahrt Bedeutendes geleistet hatten, den Rang abzugewinnen. Indeß verbarg der König diese seine Gesinnung, und beschied Columben dahin, daß, bevor die Krone Spaniens sich mit seinen Vorschlägen befassen könne, diese vorerst der Beurtheilung der gelehrtesten Männer des Königreiches unterzogen werden müßten.

Hierauf wurde Columbus mit Versicherungen der königlichen Gnade verabschiedet.

Nichts mehr hatte Columbus gewünscht, als dieses Resultat. Hatten früher unwissende Leute über seine Pläne, wie über Träumereien eines überspannten Kopfes gespottet, so sollten nun die gelehrtesten Denker über selbe ihre Wohlmeinung abgeben. Nach seiner Ansicht konnte ihm die baldige Erfüllung seiner heißesten Wünsche gar nicht mehr entgehen, und schon sah sich Columbus im Schwunge seiner lebhaften Einbildungskraft an dem so sehr ersehnten Ziele, dessen Erreichung ihm einen unvergänglichen Ruhm, und dem Wissen der gesammten Menschheit eine bedeutende Erweiterung sichern sollte. Allein wie sehr Anders sollte es kommen; wie viele Demüthigungen sollte Columbus noch überstehen, bevor es ihm vergönnt war, seiner Wirksamkeit freien Spielraum zu lassen.

Talavera, hiemit beauftragt, veranstaltete zu Salamanca eine Zusammenkunft der tiefgelehrtesten Professoren und kirchlichen Häupter, welchen die Prüfung der Vorschläge unseres Columbus übertragen werden sollte.

In Gegenwart dieser Versammlung entwickelte Columbus seine Ansichten. Er zeigte, daß die Ausführbarkeit oder Unausführbarkeit seiner Entdeckungspläne von der Gestalt der Erde abhänge. Die Behauptung, daß die Erde kugelförmig sei, belegte er mit den scharfsinnigsten Gründen, und erwies es klar, daß auch die andere Halbkugel der Erde bewohnbares, ja wirklich bewohntes Land enthalte. Er begründete die Idee von den Gegenfüßlern, und behauptete, gestützt auf die Schriften älterer und neuerer Weisen, daß, falls zwischen der Westküste Europas und der Ostküste Asiens keine Landfeste gelegen sei, das östliche Ende Asiens durch eine Fahrt auf dem atlantischen Oceane nach Westen binnen sehr mäßiger Zeit erreichbar sein müsse.

Wer hätte vermuthen dürfen, daß ungeachtet dieser mit schlagender Beweiskraft durch viele triftige Gründe unterstützten Ansichten Columbens, die gelehrte Versammlung sich gegen diesen erklären werde?

Allein eben der Umstand, daß ein Ungelehrter, ein Laie ohne akademische Würden kommen mußte, um die anerkannt wissenschaftlich gebildetsten Köpfe der Nation zu belehren, machte diese gegen die lichtvoll durchgeführten Sätze unseres Helden taub.

Vorerst setzte man ihm die Aussprüche der Bibel und der Kirchenväter entgegen, welche der Lehre von der Kugelform der Erde gerade zuwider seien. Nachdem Columbus diese Einwendung widerlegt, und im heiligen Eifer Stellen der Schrift citirt hatte, die für ihn sprachen, man ihm also von dieser Seite nicht beikommen konnte, erhob man wider seine Ansichten die ungereimtesten und lächerlichsten Einwürfe von der Welt, von denen man gar nicht hätte glauben sollen, sie seien in den Köpfen gebildeter Denker entstanden. Zugegeben, sagte man, die Erde sei rund, so sei dieß nur ein Hinderniß mehr, welches der Ausführung der Entdeckungspläne im Wege stehe.

Habe die Erde die Gestalt einer Kugel, so bilde das Meer überall aus eben diesem Grunde eine Art von Berg, an dem man zwar sehr leicht herab, aber selbst mit dem günstigsten Winde nicht wieder empor schiffen könne.

Und wenn man die vorgeschlagene Entdeckungsreise unternehme, so müßten die ungeheueren Strecken des Oceanes drei Jahre in Anspruch nehmen, bevor man sie durchsegele; auf so lange Zeit könne man sich mit Proviant auf den Schiffen nicht versehen, und müsse dann eines elendiglichen Todes sterben.

Die Idee von den Gegenfüßlern erklärte man vollends für puren Wahnsinn; denn gäbe es auf der entgegengesetzten Seite der Erde bewohntes Land, so müßten die Menschen dort offenbar mit den Füßen aufwärts gehen, indem sie die Köpfe herabhängen ließen; ebenso müßten die Pflanzen und Bäume herabwärts wachsen, und aufwärts müßte es regnen, schneien und hageln!

Welche Selbstbeherrschung von Seiten Columbens gehörte dazu, um solche Ungereimtheiten einer ruhigen Widerlegung zu würdigen!

Endlich legte man ihm sogar die Frage vor, ob er denn mehr wissen und schärfer urtheilen wolle, als so viele der weisesten Männer der Gegenwart und der Vergangenheit. Bei solchem Gange, den die Untersuchungen der gelehrten Versammlung zu

Salamanca nahmen, war für die Verwirklichung des Strebens Columbens wenig zu hoffen.

Es wurden mehrere Sitzungen gehalten, und als der Frühling herannahte, und mit selbem die kriegerischen Operationen gegen die Mauren von Neuem begannen, löste sich die Versammlung der Gelehrten auf, ohne einen entscheidenden Spruch gefällt zu haben.

Wahrhaft bewundernswerth ist die Beharrlichkeit, welche Columbus nunmehr entwickelte, indem er durch volle sechs Jahre den Kreuz- und Querzügen des königlichen Hoflagers während des maurischen Krieges folgte, um sich und sein Projekt bei den Monarchen stets in gutem Gedächtnisse zu erhalten.

Von dem großen Haufen wurde er deßhalb sogar für einen Verrückten angesehen, der unausführbaren Träumereien nachhänge. Nur wenige Männer, unter Andern besonders Alonzo von Quintanilla und Ludwig von St. Angelo, wußten den wahren Werth Columbens zu würdigen, und suchten seinem Streben Nachdruck zu verschaffen.

Auch die Majestäten unterhielten sich nicht selten mit Columbus über seine Pläne, doch vertrösteten sie ihn mit der Ausführung derselben immer auf die Zukunft. Zwar wäre Isabella nicht abgeneigt gewesen, Columben zur Verwirklichung seiner Vorschläge eine augenblickliche Unterstützung angedeihen zu lassen, allein

Ferdinand, ohne dessen Einwilligung die Königin Nichts unternahm, war zu sehr damit beschäftiget, die letzten Ueberreste der maurischen Eindringlinge vom spanischen Gebiete zu vertreiben, als daß er geneigt gewesen wäre, in der That auf die Vorschläge unseres Helden einzugehen.

So verstrichen wie erwähnt sechs Jahre, während deren Columbus über das Resultat seiner Bemühungen beständig in Ungewißheit schwebte.

Dieser sah allmälig sein Greisenalter herannahen, und eine Verwirklichung seiner Pläne in noch unerreichbarer Ferne. Er ging daher das Herrscherpaar um die endliche Entscheidung seiner Angelegenheit an; man fand dieß Verlangen billig, und berief die Versammlung der Gelehrten abermals zusammen, um ihr Urtheil über Columbens Pläne zu vernehmen.

Wie es leicht vorherzusehen gewesen, fiel dieses ungünstig aus; es wurde erklärt, Columbus habe seine Entdeckungsvorschläge so wenig begründet, daß es unter der Würde der spanischen Krone gelegen sei, seinem Vorhaben Unterstützung zu gewähren.

So kehrte denn Columbus nach sechsjährigen vergeblichen Bemühungen wieder nach dem Kloster La Rabida zurück. Um keines Fingers Breite war er seinem Ziele näher als Anfangs, und er entschloß sich, die Welt, welche Spanien ausgeschlagen hatte, einem andern Lande anzubieten.

Der Guardian von La Rabida, Perez, bewog jedoch Columben, so lange noch in Spanien zu verweilen, bis noch ein letzter Versuch gemacht worden sei, die Regenten zu Gunsten der Seeunternehmung zu stimmen. Perez, ehemals Beichtvater der Königin, reiste persönlich zu derselben, und wußte das Interesse Columbens so warm zu verfechten, daß dieser zu neuen Unterhandlungen nach Hofe zurückberufen wurde.

Allein hier betrachteten namentlich viele Großen die endliche Gewährung der Bitte Columbens als eine Gnade, als ein Almosen, wie man es einem Bettler nach langem Flehen zuzuwerfen pflegt. Wie sehr erstaunt waren diese also, als Columbus, durchdrungen von der Großartigkeit und der Würde seines Unternehmens, auch eine angemessene Belohnung hiefür im Voraus in Anspruch nahm.

Columbus verlangte den Rang eines Admirals der spanischen Krone, und den Posten eines Vicekönigs über alle zu entdeckenden Länder. Entsetzt schlug man die Hände zusammen über die Anmaßung, mit welcher ein Ausländer von dunkler Herkunft so hohe Bedingungen zu stellen wage, und wußte dieß als eine Erniedrigung der spanischen Krone dem königlichen Paare in einem so gehässigen Lichte zu hinterbringen, daß augenblicklich jede Unterhandlung mit Columbus abgebrochen wurde, indem sich dieser nicht dazu verstand, auch nur um eines Haares Breite von seinen gleich Anfangs gestellten Bedingungen abzugehen.

Mit edlem Unwillen beschloß er ein Land zu verlassen, wo man die weitgreifende Kühnheit seiner Combinationen nicht zu würdigen verstand.

Schon hatte Columbus, die Bitterkeit der getäuschten Erwartung im Herzen, seine Abreise aus Spanien angetreten, als ein königlicher Eilbote ihn einholte und zu neuen Unterhandlungen nach Hofe einlud. — Alonzo von Quintanilla und Ludwig von St. Angelo, welche das Umfassende der Vorschläge unseres Helden im ganzen Umfange erkannten, und fürchteten, daß im Falle die Ausführung seines Vorhabens unterbliebe, dieß sowohl für die Krone Spaniens, als für die Wissenschaft ein unersetzlicher Verlust sein werde, hatten die günstige Stimmung Ferdinands und Isabellens, des spanischen Königspaares, nach gänzlicher Besiegung der Mauren benutzt, um die Pläne des Columbus noch einmal in Anregung zu bringen, und waren so glücklich gewesen, die Herrscher, vorzüglich die Königin Isabella, für dieselben einzunehmen.

Columbus kehrte, obgleich entmuthigt, durch die bereits öfter erfolgten ungünstigen Resultate, zurück, und erhielt den Oberbefehl über eine Entdeckungserpedition, unter den nachfolgenden, von ihm gestellten Bedingungen:

1) Columbus wurde zum Oberadmiral aller Meere, Länder und Inseln, die er entdecken würde, mit gleichen Ehren und Auszeichnungen, wie der Oberadmiral von Castilien, in seinem Bezirke ernannt, und diese Würde in seiner Familie auf alle Zeiten erblich gemacht.

2) Wurde er zum Vicekönig und Generalstatthalter über alle besagten Länder und Reiche bestimmt, und ihm das Recht eingeräumt, drei Bewerber zu Unterstatthaltern jeder Insel oder Provinz vorzuschlagen, von welchen die Monarchen einen ernennen sollten.

3) Sollte Columbus oder dessen Stellvertreter der einzige Richter in allen Rechtssachen und Streitigkeiten über Handels-Angelegenheiten sein, welche künftig zwischen den neuen Ländern und dem Mutterstaate stattfinden würden.

4) Wurde ihm der zehnte Theil des reinen Ertrages von allem Gold, Silber, Edelsteinen, Perlen, Specereien und was sonst noch an Handelsgegenständen im ganzen Umfange seiner Admiralität gewonnen würde, zugesichert.

5) Sollte er jetzt und künftig den achten Theil der Kosten für die Ausrüstung von Schiffen zum Behufe der Entdeckungen tragen, und hiefür den achten Theil des Gewinnes erhalten.

Hierüber wurde denn Columbus eine Urkunde ausgefertigt, in welcher man ihm den spanischen Ehrentitel „Don" verlieh. Der förmliche Vertrag aber zwischen der spanischen Krone und Columbus wurde von Ferdinand und Isabella am siebenzehnten April 1492 zu Santa Fé unterzeichnet.

Es erging nun von der spanischen Regierung der Befehl, im Hafen von Palos, welchen der Admiral wegen seiner brauchbaren und tüchtigen Seeleute hiezu ausersehen hatte, zwei Schiffe auf Staatskosten auszurüsten und sie unter Columbus Befehl zu stellen, während dieser ermächtigt wurde, ein drittes Schiff auf eigene Kosten hinzuzufügen. Zahllos waren die Schwierigkeiten, welche Columbus hier noch zu überwinden hatte, und es gehörte wahrlich nur seine Ausdauer und Beharrlichkeit dazu, um über selbe glücklich hinweg zu kommen.

Hatte er bisher mit dem Mißtrauen und der Engherzigkeit der Großen zu kämpfen gehabt, so machte ihm der Aberglaube und der Widerwillen der niederen Volksklasse gegen Außergewöhnliches nicht weniger zu schaffen.

Ungeachtet der gemessenen Anordnungen der Regierung, konnten zu der bevorstehenden Entdeckungsreise weder Schiffe aufgetrieben, noch Leute angeworben werden; denn man sah Columbus als einen träumerischen Abentheurer an, dessen außergewöhnlichen Ideen in der Wirklichkeit Nichts entsprach; man gab sowohl die Leute, welche ihn begleiten würden, als auch die Fahrzeuge, auf welchen er die Reise unternehmen möchte, zum Voraus verloren, und betrachtete sie als Opfer eines Mannes, von welchem man sogar hie und da munkelte, er sei mit dem Bösen verbündet.

Kein Wunder, daß bei diesen, im Volke existirenden Ideen die Ausrüstung der Schiffe gar nicht förderte, in solange Columbus von Palos abwesend war. Kein Schiffeigenthümer wollte ein Fahrzeug zu der bevorstehenden Unternehmung abtreten, Schiffzimmerleute und andere Handwerker waren nicht zu gewinnen, geschweige denn Matrosen anzuwerben.

So fand Columbus, als er nach Palos kam, noch gar Nichts gethan, und ungeachtet er Alles versuchte, um den Bewohnern von Palos ihre Vorurtheile zu benehmen, sie über die Natur seiner Unternehmung aufzuklären, und dadurch zu einer regen Theilnahme an derselben zu bewegen, so hätte er doch über die eiserne Hartnäckigkeit, womit der Pöbel an vorgefaßten Meinungen zu kleben pflegt, nimmermehr etwas vermocht, wenn nicht Martin Alonzo Pinzon, ein Seefahrer von einigem Rufe, welcher unter seinen Mitbürgern einer allgemeinen Achtung genoß, sich öffentlich zu Gunsten des Admirals erklärt hätte, und mit Energie seinem Unternehmen beigetreten wäre.

So gewaltig wirkte das Beispiel auf den großen Haufen, besonders da es von einem Manne ausging, der sich einiges Ansehens erfreute, daß nunmehr in Bezug auf die Ausrüstung der Schiffe die größten Schwierigkeiten weggefallen waren. In Kurzem lagen drei Schiffe segelfertig im Hafen von Palos vor Anker. Die Santa Maria, das größte, und allein ganz gedeckte Fahrzeug, welches der Admiral besteigen sollte; die Pinta, welche unter den Befehlen des Martin Alonzo Pinzon, endlich die Niña, die unter dem Commando des Vinzenz Pinzon, des Bruders des Letzteren, die Reise mitmachen sollte.

Der dritte August des Jahres 1492 war kaum empor gedämmert, als Kanonendonner die Einwohner des Städtchen Palos schon frühe aus dem Schlummer weckte; es waren die Signalschüsse, welche die Mannschaft des kleinen Geschwaders, der man vor der Abreise noch auf dem Lande zu übernachten verstattet hatte, zusammenriefen. In Kurzem war der Hafen voll Bewegung und Leben: Menschen jedes Alters und Standes strömten vom Städtchen und der Umgebung her durch die überfüllten Straßen dem Ufer zu, um die Abreise der Entdeckungsexpedition zu sehen, deren Schiffe und Bemannung man als dem unvermeidlichen

Untergange geweiht betrachtete. Da sah man das wehmüthige Händeschütteln scheidender Freunde — dort die Thränen der verzweifelungsvollen Braut, deren Erwählter im Begriffe war, den gefährlichen Zug mitzumachen; Eltern und Geschwister ergossen sich in Klagen über die Verblendung ihrer Anverwandten, welche als Reisegenossen des Admirals dem offenbaren Verderben anheimgefallen schienen, und selbst der unbefangene Zuschauer ergab sich wegen des Jammers, der sich ihm darbot, einer trüben und düstern Stimmung.

Da wurde auf den drei Schiffen eine größere Regsamkeit bemerkbar; ein jedes setzte ein Boot aus, und die Mannschaften landeten, um, bevor sie das große Werk begönnen, noch dem feierlichen Gottesdienste beizuwohnen. In Reihen paarweise geordnet, schritten Mannschaft und Offiziere, den Admiral an der Spitze, dem Kloster la Rabida zu, wo der Franziskaner-Guardian Johann Perez von Marchena, welchem Columbus innig befreundet war, ein solennes Hochamt hielt, und im Schlußsegen der gottgeweihten Handlung die brünstigsten Gebete für das Gelingen des Unternehmens zum Himmel emporsteigen ließ.

Schweigend, in derselben Ordnung wie vorher, kehrte die Bemannung des Geschwaders durch die dichtgedrängten Reihen des Volkes zu den Schiffen zurück, welche unverweilt die Anker lichteten, und unter

dem Zurufe der Tausende, die in dicht gedrängten Massen an den Küsten standen, langsam die weißen Segel blähten.

Nun entfaltete Columbus auf dem Maste der Santa Maria die Admiralsflagge, und das kleine Geschwader flog mit einem günstigen Winde, das Admiralschiff voran, die Caravellen Pinta und Niña mit seinem Gefolge auf den glatten Wellen des Oceans dahin. Lange noch starrte die an der Küste versammelte Menge den kühnen Abenteurern nach, bis auch die kleinste Spur der Fahrzeuge in der endlos scheinenden Ferne der See verschwunden war.

Zweites Kapitel.
Ankunft auf den canarischen Inseln.

So segelten denn die Fahrzeuge dahin, um in der Unermeßlichkeit eines bisher noch nicht durchforschten Oceans eine um so gefährlichere Fahrt zu unternehmen, als eines Theiles die Ausrüstung derselben keineswegs ihrem Zwecke entsprach und andern Theils auch die Stimmung der Bemannung der Schiffe so äußerst wankelmüthig war, daß sie durch den geringfügigsten Zufall selbst bis zur Muthlosigkeit herabgedrückt werden konnte. Drei kleine gebrechliche Fahrzeuge, von denen zwei nicht einmal ganz gedeckt waren, mit einer Mannschaft von einhundert und zwanzig Köpfen, deren größter Theil es gleich am Tage nach der Abfahrt bereute, sich einem so kühnen und gewagten Unternehmen angeschlossen zu haben, dieß waren die ganzen Kräfte, welche unserem Columbus zur Erreichung eines so wichtigen Zwecks, wie er sich ihn vorgesetzt, zu Gebote standen. Der Admiral hatte beschlossen, seinen Lauf zuerst nach den unter spanischer Botmäßigkeit befindlichen canarischen Inseln zu richten, und von hier aus seinen Cours gerade westwärts zu nehmen, in der festen Ueberzeugung, daß auf diesem Wege die Ostküste Indiens erreichbar sein müsse. Wie gesagt, ermangelte der größte Theil der unter den Befehlen des Admirals stehenden Mannschaft der nöthigen Entschlossenheit und Ausdauer, wovon schon am dritten Tage der Reise eine Probe an den Tag kam.

Die unter dem Befehle des Martin Pinzon stehende Caravelle „Pinta" gab das Nothzeichen; ihr Steuerruder war gebrochen, und zwar nicht ohne Zuthun ihrer Bemannung selbst, wie der Admiral den Verdacht schöpfte; denn Columbus hatte bereits die Entmuthigung seiner Leute bemerkt; die Eigenthümer der „Pinta" mochten das Steuer absichtlich gebrochen haben, um das Schiff zur weitern Fahrt untauglich zu machen, und so die Rückkehr zu erzwingen.

Ein allgemeiner Widerwille gegen die Fortsetzung der Reise wurde laut; die Mannschaft, welche in dem Unfalle der „Pinta" eine unglückliche Vorbedeutung für die fernere Fahrt erblickte, verlangte laut und offen die Rückkehr in den Hafen von Palos.

Der Admiral beschloß dieser pflichtwidrigen Stimmung der Mannschaft durch vernünftige Vorstellungen entgegen zu wirken, und wirklich gelang es ihm für diesen Augenblick, den Aberglauben der Seeleute zu unterdrücken. Der Kapitain der „Pinta" ließ das schadhafte Steuer mit Tauen festmachen, so daß die Fahrt fortgesetzt werden konnte. Jedoch lockerten die Hanfseile bald wieder und nach Verlauf einer Stunde war das Steuerruder der Caravelle abermals unbrauchbar. Die „Santa Maria" und die „Niña" sahen sich genöthigt, den größten Theil ihrer Segel einzureffen, um die „Pinta" nicht rückwärts zu lassen, und abermals begann der kaum beschwichtigte Aberglaube der Schiffsmannschaften lautbar zu werden, welche unverzügliche Rückkehr nach Spanien forderten.

Da versammelte Columbus seine Seeleute, und mit der ganzen Ueberzeugungskraft, mit welcher ihm sein Genius begabt, sprach er: „Ihr dauert mich wegen eueres abergläubischen Wesens, das euch in jedem auch dem unbedeutendsten Vorfalle, eine böse Vorbedeutung erblicken läßt. Was ist es nun, weshalb ihr die Erfolge unserer Reise in einem so schwarzen Lichte vorherzusehen meint? — Nichts mehr und nichts weniger, als ein zerbrochenes Steuerruder, welches der Zimmermann vielleicht schon mangelhaft angefertigt, oder ein gewissenloser Steuermann mit so geringer Vorsicht gehandhabt, daß es zu Grunde gehen mußte? Ist dieß etwa eine hinlängliche Ursache, die verständige Seeleute mit Fug und Recht entmuthigen könnte? Wann ist jemals eine Fahrt zur See ganz frei von widrigen Zufällen gewesen? Würde wohl Einer von euch durch das Zerbrechen des Steuerruders dergestalt niedergedrückt worden sein, wenn uns dieser Unfall auf unserer Rückkehr von Indien an dieser Stelle begegnet wäre? Ich glaube, so wie ihr, an eine Alles regierende Vorsehung. Aber diese hat uns nirgends verheißen, die Zukunft durch Anzeichen und Vorbedeutungen zu enthüllen, welche sie vielmehr mit gnädiger Weisheit und Güte hinter dem Schleier des Geheimnisses vor uns armen Sterblichen verbirgt."

Durch Vorstellungen dieser Art, gelang es dem Admiral, die trüben Ahnungen, die sich seiner Leute bemächtigt hatten, zu zerstreuen.

Am folgenden Tage kam das Geschwader auf die Höhe der canarischen Inseln, wo man der „Pinta" ein neues Steuerruder geben, und den Leck, den sie erhalten hatte, so gut als möglich ausbessern mußte, da es dem Admiral unmöglich war, anstatt dieser äußerst schadhaften Caravelle ein besser gebautes Fahrzeug aufzutreiben.

Drei Wochen verstrichen unserem Columbus in der peinlichsten Ungeduld, denn so lange er sich noch im Bereiche bekannter Seegegenden wußte, erachtete er sein Unternehmen noch immer nicht für gesichert genug. Es konnten ihm jeden Augenblick noch Hindernisse in den Weg gelegt werden, welche, wenn er einmal die bekannte Welt hinter sich gelassen hatte, sämmtlich hinwegfallen mußten.

Noch rüstete man die „Niña", die bisher mit dreieckigen Segeln versehen gewesen war, anstatt dieser mit viereckigen aus, um ihren Gang fester und sicherer zu machen, und als sich das Gerücht verbreitete, daß in der Nähe der canarischen Inseln drei portugiesische Schiffe kreuzten, von welchen man vermuthete, sie seien gekommen, um sich der Person des Admirals zu bemächtigen, so verlor dieser keine Zeit, seine fernere Abreise auf das Schleunigste zu betreiben. Denn mit Grund glaubte er es nicht unwahrscheinlich finden zu dürfen, daß man sich auf diese Art an ihm aus der Ursache zu rächen suche, weil er, nachdem man ihm zu Lissabon die Unterstützung seiner Pläne verweigert hatte, an den spanischen Hof gegangen war.

Drittes Kapitel.

Abreise von den canarischen Inseln — Columbus täuscht seine Reisegefährten über die zurückgelegte Entfernung — Abweichung der Magnetnadel — Trügerische Anzeigen nahen Landes — Zaghaftigkeit — Meuterei des Schiffsvolkes.

Am sechsten September lichteten die Schiffe die Anker, um die Reise nach Westen anzutreten.

Die am ersten und zweiten Tage herrschende Windstille ließ sie keine große Strecke weit fortkommen, und erst der am dritten Tage sich plötzlich erhebende frische Ostwind brachte sie aus dem Angesichte der canarischen Inseln. — Waren bisher die Reisegefährten unseres Columbus wankelmüthig gewesen, so verloren sie nun, als die alte Welt aus ihren Augen verschwunden war, und sie unbekannte Gewässer vor sich hatten, das noch übrige Restchen von Muth ganz. Sie hielten sich für verloren, brachen in Klagen aus, und selbst abgehärtete Seeleute weinten Thränen der Furcht, so daß Columbus alle Mühe hatte, sie von ihren bisher so ungegründeten Besorgnissen zurückzubringen.

Zwar siegte der Admiral abermals über die abergläubischen Befürchtungen seiner Leute, aber er sah wohl ein, daß über Kurz oder Lang ihre Entmuthigung gewiß um so ungestümer hervorbrechen werde. Deshalb beschloß er klüglich seine Gefährten über die Länge des zurückgelegten Weges im Dunkeln zu lassen, und ihnen einen Theil desselben zu verschweigen. Er führte daher auf der ganzen Reise eine doppelte Wegberechnung, eine geheime für sich, und eine andere zur allgemeinen Einsicht.

Obgleich den Schiffsmannschaften hierdurch ein guter Theil der zurückgelegten Strecke verborgen blieb, so wurden ihre Besorgnisse hiedurch nichts weniger als hintangehalten. Alles, woran ihr Herz von Jugend auf gehangen, die bisher bekannte Welt, Vaterland, Heimath, Eltern, Geschwister, Verwandte und Freunde — Alles dieß lag hinter ihnen, und vor ihnen eine Wasserwüste, welche bisher noch nie der Kiel eines europäischen Fahrzeuges durchfurcht hatte. Kein Wunder, daß diese Vorstellung auf die schwachen Gemüther gewöhnlicher Alltagsmenschen einen aufregenden und zugleich niederdrückenden Einfluß übte. Ueber zweihundert Seemeilen hatten sie schon hinter sich, als sich etwas ereignete, was einen jeden andern Seefahrer als Columbus, der, man darf es sagen, mit einer göttlichen Sendung begabt schien, von der weitern Fortsetzung der Fahrt gewiß zurückgeschreckt haben würde. Am dreizehnten September des Abends war der Admiral wie gewöhnlich mit der Berechnung des zurückgelegten Laufes beschäftigt, als er bei Beobachtung der Magnetnadel mit Staunen und Besorgniß bemerkte, daß dieselbe beiläufig fünf bis sechs Grade nordwestlich zeigte, anstatt gerade nach dem Nordpole hinzuweisen.

Noch niemals war früher von einem Seefahrer die Abweichung der Magnetnadel beobachtet worden. Als Columbus am folgenden Morgen wieder hinsah, war die Abweichung noch größer, und noch bedeutender zeigte sie sich des künftigen Tages.

Nicht lange währte es, so bemerkten auch die übrigen Seeleute diese außerordentliche Erscheinung. Nichts gleicht dem Schrecken, welcher hierdurch unter dem Schiffsvolke verbreitet wurde. Sie glaubten sich in einer Gegend der Erde, wo selbst die ihnen bisher bekannt gewesenen Naturgesetze außer Wirksamkeit kämen, und flehten den Admiral an, ja doch nicht weiter in diese undurchforschten Regionen vorzudringen, wo sie auch der Compaß, der einzige Wegweiser des Schiffers, treulos verließe. Doch unser Columbus ließ sich durch Außergewöhnliches in seinem Vorhaben nicht irre machen, und gab den Seeleuten eine Erklärung dieses Phänomens, welche zwar für ihn selbst nicht hinreichend sein mochte, aber doch ganz geeignet war, die erneuerte Unzufriedenheit seiner Reisegenossen zu stillen.*)

Ein köstliches Wetter begünstigte seit ihrem Beginnen die Reise. Die Luft war lau und mild, ein steter, gemäßigter Ostwind trieb die Schiffe über die spiegelglatten Wellen einer friedlichen See — des Nachts schimmerten die Sterne so golden am tiefblauen Himmel, wie sie Columbus noch nie gesehen zu haben wähnte, und die ungetrübten Abende, welche mit ihren Lüftchen spielend über die Wangen unserer Seeleute hinfächelten, versetzten sie in Gedanken lebhaft in die balsamisch quillenden Apriltage Andalusiens.

Je weiter sie kamen, desto mehrere Anzeichen eines bald zu hoffenden Landes glaubten sie zu erkennen. Da wurden von den schaukelnden Wellen ganze Büsche von Schilf und frischgrünen Gewächsen hergetragen; auf einen dieser Bündel fand man sogar eine große lebendige Krabbe**); Seevögel, von denen man glaubte, daß ihr Flug sich höchstens zwanzig Seemeilen

---

*) Bis auf den heutigen Tag ist es nicht gelungen, die Abweichung der Magnetnadel wissenschaftlich zu erklären.

**) Eine Gattung in Südamerika einheimischer Landkrebse.

weit erstrecken könne, umzogen in großen Kreisen die Schiffe, so daß sich die Matrosen der fröhlichen Hoffnung eines baldigen Landes getrost hingaben.

Aber ein Tag um den andern verstrich — und kein Land — keine Insel wollte sich zeigen, so daß die Schiffsmannschaften abermals der Trostlosigkeit sich hingaben. Mehrere Wochen schon segelten sie in unbekannten Gewässern, welche bisher von keinem Europäer befahren worden waren, und ungeachtet der scheinbaren Anzeichen einer in der Nähe liegenden Landfeste waren ihre Erwartungen, die Reise mit einer glücklichen Entdeckung beendigt zu sehen, bisher stets getäuscht geblieben. Die Besorgnisse der furchtsamen und abergläubischen Seeleute brachen nun stärker als je hervor und Columbus hatte alle Mühe, seine Reisegefährten bei gutem Muthe zu erhalten; eine jede Kleinigkeit, die sie unter andern Umständen keiner Aufmerksamkeit beachtet haben würden, ward ihnen Gegenstand neuer Schrecken. Sie befanden sich nun im Bereiche der Passatwinde*), und hatten beständigen Ostwind. Hier-

---

*) Zwischen den beiden Wendekreisen weht zu gewissen Jahreszeiten der Wind stets beharrlich aus einer Weltgegend her, z. B. vom October bis zum Januar herrscht ein beständiger Nordostwind. Diese nennt man Passatwinde.

über geriethen die Leute unseres Columbus in die Furcht, daß man durch das beständige Vorherrschen dieser Luftströmung an der Rückkehr in die Heimath verhindert sein würde. Eben hatte Columbus alle vernünftigen Gründe vergeblich verschwendet, um das Schiffsvolk von dieser lächerlichen Idee abzubringen, als der bisherige Ostwind in einen Südwind umsprang — und auch derjenige, welcher am festesten an seinem Vorurtheile gehalten, mußte verstummen.

Bald darauf fand man auf dem Ocean eine so große Menge von Seegewächsen, daß die Schiffsmannschaften die Besorgniß äußerten, diese Pflanzen, welche doch unmöglich lediglich im Waſſer wurzeln könnten, und sich in so zahlreicher Fülle vorfanden, daß die See wie eine grüne Wiese anzusehen war — diese Schlingpflanzen würden den Lauf der Schiffe hemmen, und müßten nothwendig auf Untiefen führen. Das ausgeworfene Senkblei zeigte aber eine unergründliche Tiefe; bald war man über die Seegewächse hinweg, und die Wellen umspielten den Schiffsrumpf klarer und reiner als je.

Wieder war eine Windstille eingetreten, dergestalt, daß die Schiffe mit Beisetzung aller Segel nur sehr langsam von der Stelle kamen, da fürchteten die sich fortan mit grundlosen Besorgnissen abquälenden Seemänner, sie möchten in eine Gegend des Oceans gerathen sein, wo die Luft schwer wie Blei auf den Gewässern ruhe, und dieselben in eine Art von Sumpf verwandle. Plötzlich, als ob es die Natur darauf angelegt hätte, die feigherzigen Zweifler zu beschämen, sprang eine frische Briese*) auf, und die Wellen der See senkten und hoben sich abwechselnd, während die Fahrzeuge mit geblähten Segeln leicht über dieselben hinweg glitten.

Indessen war die Muthlosigkeit der Mannschaften in wirkliche Empörung übergegangen. Sie sammelten sich in den abgelegeneren Theilen des Schiffes erst zu zweien oder dreien, dann in größerer Anzahl, und brüteten meuterische Entwürfe, um ihren Admiral zur Rückkehr zu zwingen. Hatten sie nicht ihrer Pflicht vollauf Genüge gethan? Waren sie nicht bis in Meeresstrecken vorgedrungen, in welche bisher noch kein Europäer gelangt war? Waren nicht alle bisherigen, scheinbar noch so sicheren Spuren eines Landes als trügerisch erfunden worden? Und konnte sie Jemand der Muthlosigkeit beschuldigen, wenn sie von dem weitern Vordringen in einem anscheinend endlosen Ocean abstanden? — Sie schalten Columbus einen träumerischen, ehrgeizigen Tollkopf, welcher in blinder Begierde, seine chimärischen Zwecke zu erreichen, über hundert seiner

---

*) So viel als Wind.

Mitmenschen dem unvermeidlichen Untergange opfern wolle. Wohl merkte der Admiral die gefährliche Stimmung des Schiffsvolks, wohl sah er die Schlange der Meuterei ihr giftiges Haupt empor heben — aber nichts vermochte ihn von seinem Vorhaben abwendig zu machen. Fest wie ein vom Meeressturme gepeitschter Fels, stand er mitten unter seinen treulosen Reisegefährten, und setzte ihnen kühn eine offene Stirn entgegen, während er den Zaghaften Muth einzuflößen suchte, die offenbar Widerspenstigen aber durch Androhung einer strengen Ahndung an ihre Pflicht zurückwies.

Neue Hoffnungen der schon erwähnten Art zerstreuten auf einige Zeit wieder die Beängstigung der Mannschaft.

Am fünfundzwanzigsten September legte sich die „Pinta" an den Admiral. „Land! Land!" rief die Stimme Martin Pinzon's, „Sennor, mir gebührt die Belohnung!"

Der König von Spanien hatte nämlich demjenigen der Seeleute, welcher der Erste das neu zu entdeckende Land erblicken würde, einen Jahrgehalt von 312 spanischen Thalern verheißen, und Columbus das Versprechen eines sammetnen Wammses hinzugefügt. „Land! Sennor!" ertönte der Ruf abermal. Und nieder auf die Kniee fiel das Schiffsvolk, und ließ ein brünstiges Dankgebet zum Himmel emporsteigen. Sogleich äuderte man den Cours der Schiffe nach Südwest, wo Pinzon das angebliche Land gesehen haben wollte. Die ganze Nacht steuerte man in dieser Richtung fort, und als die Sonne abermals über die Wellen emporstieg, lag vor unsern Seefahrern — Nichts, als die alte weite Wasserwüste. Der Capitain der „Pinta" hatte ein Abendwölkchen, welches über Nacht in Nebel zerflossen war, für eine Insel angesehen.

Jedoch entschädigten neue Anzeichen einer in der Nähe befindlichen Erdfeste für diese bittere Täuschung. Große Schwärme kleiner Singvögel flogen von Osten her, übernachteten auf den Masten und Raen*) und begaben sich des Morgens auf ihre Weiterreise. Wie sehr ergötzten sich die armen Seefahrer an den lieblichen Stimmen der kleinen Geschöpfe, welche sie als Boten vom Lande her ansahen und begrüßten. Denn waren die früher gesehenen Vögel von großem und starkem Körperbaue, der zu einem ausdauernden Fluge eingerichtet zu sein schien, so zeigten sich die nunmehr wahrgenommenen Luftbewohner von so schwacher Construction, daß sie offenbar nicht weit fliegen zu können schienen.

Noch nie gesehene Kräuter schwammen auf der See, so frisch und grün, als ob sie eben erst vom Ufer wären losgerissen worden.

---

*) Raen — Segelstangen.

Je zuversichtlicher man aber aus allen diesen Merkmalen auf die Nähe eines Landes schloß, desto ungeduldiger wurde dieses auch erwartet, und als ein Tag nach dem andern auf- und niederging, ohne daß man das so sehnlich erwünschte Ziel vor Augen sah, da ließ sich die Schiffsmannschaft durch diese Hoffnungen nicht länger beschwichtigen. Laut und offen empörten sie sich gegen den Admiral und als eines Tages die Sonne abermals in die Wellen sank, ohne daß im ganzen Umfange des Horizonts Land zu entdecken war, da brach sie in ein Klaggeschrei aus, verlangte von Columbus die allsogleiche Rückkehr, und wagte es selbst Drohungen gegen ihren Befehlshaber auszustoßen.

Groß benahm sich Columbus in diesen Wirren, welche selbst sein Leben mit dem Untergange zu bedrohen schienen. Denn was war von einer in meuterischen Anschlägen verfangenen Horde, wenn sie einmal den Zügel des Gehorsams abgeworfen hatte, wol zu erwarten?

Noch einmal versuchte der Admiral, seine widerspenstigen Untergebenen im Wege der Güte zu ihrer Pflicht zurückzuführen, und als dieses nichts fruchtete, befahl er ihnen allen Ernstes den strengsten Gehorsam unter der schwersten Ahndung, und erklärte fest: „er sei von dem spanischen Monarchen mit der Entdeckung eines neuen Seeweges nach Ostindien, und der Auffindung der Ostküste dieses Landes beauftragt, und seine Sendung werde er vollführen, und seine Reise vollenden, sie möchten dagegen auch einwenden, was sie wollten. Sein Leben sei in Gottes Hand, und sein Entschluß unwiderruflich."

Vor einem solchen Ton verstummten die Aufrührer, und ohne ihnen Zeit zu lassen, sich zu einem ferneren Widerstande zu bereiten, befahl ihnen Columbus, verschiedene Arbeiten im Schiffe zu verrichten, so, daß sie, von einander getrennt, ihre Anschläge nicht weiter auszubrüten vermochten. Dieß war jedoch nur ein für den gegenwärtigen Augenblick ausreichendes Auskunftsmittel. Früher oder später mußte die Unzufriedenheit des Schiffsvolks, welches nun schon so oft gegen seinen Befehlshaber sich aufzulehnen gewagt hatte, zu einem äußersten Ausbruche gelangen. Dieß wußte Columbus wohl. Aber mit gottergebenem Gemüthe erwartete er ruhig die Zukunft, und was die Vorsehung über ihn verhängen würde.

Viertes Kapitel.

Garcia Fernandez und Diego Mendez warnen Columbus vor den aufrührerischen Seeleuten — Er schwebt in der höchsten Gefahr — wunderbare Rettung — Land.

Am Abende dieses Tages, welcher über den Admiral so schwere Fährlichkeiten heraufbeschworen hatte, saß dieser, nachdem er seine Wegberechnungen vollendet, und bereits eine Strecke von mehr als achthundert Seemeilen als das Resultat seines Calculs herausgefunden hatte, auf dem Verdecke. Hoch über ihn wölbte sich der prächtige tiefblaue Himmelsdom mit goldenen Sternen besäet, während die „Santa Maria" vor dem Drucke des Windes leicht durch die Gewässer hinrauschte, und eine lange Furche hinter sich zog, die in dem Mondlichte noch weithin kennbar erschien. Seinen Gedanken nachhängend schwelgte Columbus in der freundlichen Zuversicht der baldigen Erfüllung seiner Hoffnungen. Denn nach den bisher wahrgenommenen Spuren, war die Nähe eines Landes durchaus nicht mehr abzuläugnen. Nur die halsstarrigen Seeleute beharrten in vorgefaßter Meinung, daß eine endlose Wasserwüste allen ihren Bestrebungen Hohn spreche. Da trat auch Garcia Fernandez auf das Verdeck, der einzige Mann auf dem Schiffe, welcher dem Admiral als Freund schon von Spanien aus ergeben gewesen, und auf die Pläne Columbens, welche dieser gar oft mit ihm besprochen, hellen Geistes eingegangen war.

„Admiral!" sprach Fernandez, „Ich halte es für meine Pflicht, Euch darauf aufmerksam zu machen, daß die Stimmung der Mannschaft zu einer verzweifelten Höhe gestiegen ist. Ihr wißt, wie sehr ich von Anfang her Eurem Unternehmen, selbst als es nur noch im Plane lag, meinen Beifall geschenkt habe. Was meine Person anbetrifft, so würde ich mit Euch gern eine Strecke von abermaligen achthundert Seemeilen durchsegeln. Aber unter Umständen, wie sie sich gegenwärtig darstellen, dürftet Ihr am klügsten handeln, wenn Ihr für dießmal von dem weitern Vordringen in dem Ocean abstehet. Unsere Seeleute sind nicht nur in ihrer ganzen Anzahl nach äußerst entmuthigt, sondern die Verwegensten und Hartnäckigsten unter ihnen brüten selbst schwarzen Verrath. Sie achten sich für verloren, und werden durch das verzweifelste Mittel, ihre, nach ihrer Meinung durch die Weiterfahrt bedrohte, Existenz zu sichern suchen. Ich kann zwar etwas Gewisses über die verderblichen Anschläge dieser Feiglinge nicht sagen, aber auf jedem dieser verzweifelten Gesichter ist verhaltener Grimm in deutlichen

Zugen zu lesen. Admiral! folget meinem Rathe. Kehrt um, oder Euer Leben stehet auf dem Spiele!"

„Ihr rathet mir umzukehren, Fernandez?" entgegnete Columbus ruhig. „Nimmermehr! mag erfolgen was da wolle. Zu einer Rückkehr, bevor ich mein Ziel erreicht, wird mich Niemand, auch nicht meine aufrührerische Mannschaft bewegen, und mein Leben liegt in der Hand des Allerhöchsten."

„Könntet Ihr Euch aber nicht für jetzt dem Drange der Umstände fügen," wandte Fernandez ein, „und auf einer zweiten Reise Euren Zweck um so sicherer erreichen?"

„Nahe bin ich bereits an meinem Ziele," antwortete Columbus, „sehr nahe. Dieß sagen mir nicht nur die nunmehr gar zu häufigen Zeichen einer unfern liegenden Erdfeste, sondern auch meine Berechnungen. Wollte ich, der ich bereits so weit bis in die bisher unbekannten Seegegenden vorgedrungen bin, mein Vorhaben jetzt aufgeben, wer würde wol als mein Nachfolger eine neue Entdeckungs-Expedition unternehmen mögen, da er doch die Gewißheit hätte, daß über achthundert Seemeilen westwärts von mir kein Land entdeckt worden sei? Würden nicht meine abergläubischen furchtsamen Matrosen ganz Spanien mit mährchenhaften Schrecken unserer Fahrt erfüllen, und wo würde ich dann wieder Leute finden, welche vor diesen durch das Gerücht noch fabelhafter gewordenen, Erzählungen einiger engherzigen Feiglinge erbebend, eine zweite Reise mit mir machen wollten? — Nein, nein, lieber Fernandez — es ist unmöglich. Zurück kann ich nicht. Dort vor uns liegt mein Heil, und fest bin ich überzeugt, daß ich einer fröhlichen Bestätigung meiner Ahnungen entgegen schiffe."

Der Admiral hatte diese Worte kaum ausgesprochen, als Diego Mendez, der Bootsmann, aus dem Raum heraufstieg. — „Rettet Euch, Admiral!" rief er ängstlich, an Columbus herankommend. „Noch liegt Eure Rettung bei Euch, morgen ist es zu spät; die Rädelsführer der Mannschaft, welche sich von jeher durch ihr Ungestüm und widerspenstiges Benehmen auszeichneten, haben ein Complot geschmiedet, in welches sie mich zwar nicht hineingezogen, welches sie aber vor mir auch nicht geheim hielten, da ich ebenfalls einer derjenigen gewesen bin, welche Euch so dringend um die Rückkehr baten. Sie wollen Euch morgen mit Gewalt zwingen umzukehren, und wenn ihr auf die Fortsetzung der Reise beharrt, so verabredeten sie sich, Euch zu tödten. Noch ist es Zeit, Admiral — kehrt um — morgen ist es zu spät."

Columbus blieb bei seinem Vorsatze. Vergebens war das freundschaftliche Zureden Garcia's, vergebens die Bitten Diego's. In hoher Glaubensfreudigkeit, daß das so heiß ersehnte Ziel bereits nahe, obgleich noch nicht im Bereiche des Horizontes sei, in der festen Ueberzeugung, daß eine allwaltende Vorsehung kein Haar ohne den Willen des Allmächtigen von seinem Haupte werde fallen lassen, beharrte der Admiral fest auf seinem Entschlusse, und eilte in seine Hängematte, um einige Stunden des Schlummers zu genießen.

Des andern Morgens war er schon zeitig, bevor noch der Tag angebrochen, wie er gewöhnlich zu thun pflegte, auf dem Verdecke. Hier traf er zwei Matrosen, welche unter den Unzufriedenen immer die ersten gewesen waren.

„Warum schon so frühe auf den Beinen?" rief der Admiral sie an. „Was hat Euch so bald aus Eurem Schlafe aufgestört?"

„Wir wollten nur ausschauen, ob das Land schon angekommen sei, welches uns Euer Excellenz seit lange her versprochen haben," versetzte der eine der Matrosen mit beleidigendem Hohn, und eilte von seinem Gefährten gefolgt schnell unter das Deck. Der Admiral erkannte, daß Diego Mendez die Wahrheit gesprochen, doch ward sein starkes Vertrauen auf Gott nicht wankend, und als die Sonne aus dem Meeresspiegel emporstieg, und den Ocean weithin mit Gold bestreute, erweckte dieß erhabene Schauspiel in ihm er=

hebende Gedanken, welche ihn in seinem Entschlusse, und in seinem Benehmen, nur noch mehr festigten.

Die Schiffsglocke ertönte, und rief die Mannschaft zum Gebete zusammen. Sie erschienen, die Meuterer, aber nicht mit den Mienen der Andacht, Tücke und unterdrückter Grimm spiegelten sich auf ihren Gesichtern, und dem Admiral wurde es klar, daß die Aufrührer diesen Augenblick dazu bestimmt hatten, um ihre bösen Anschläge in das Werk zu setzen.

Mit bewundernswürdiger Gegenwart des Geistes ließ Columbus denen ihrer Pflicht treulos gewordenen Schiffsleuten keine Zeit, sondern begann mit kräftiger eindringlicher Stimme den Gottesdienst, indem er ihnen durch die Worte seines zum Himmel gerichteten Gebetes zu erkennen gab, daß er um ihre Anschläge wisse. Er suchte sie zu rühren, welches bei einigen, die schon früher Anhänglichkeit an die Person des Admirals bewiesen hatten, die Wirkung nicht verfehlte.

Plötzlich erscholl von der „Pinta" her ein Freudengeschrei. Ein Matrose dieser Caravelle hatte einen künstlich geschnitzten Stab aus den Wellen gezogen, während ein anderer einen grünen Strauch mit frischen, rothen Beeren emporhob, und ein dritter auf einen grünen Fisch deutete, von einer Gattung, wie sie sich nur unfern von der Küste aufzuhalten pflegt.

Durch das Zusammentreffen aller dieser Umstände überrascht, hatten die Meuterer den verabredeten Augenblick zur Ausführung ihrer Gewaltthat versäumt, und nun fehlte ihnen der Muth, etwas Neues zu unternehmen, während die weniger Verstockten, welche ohnedieß nur durch die Drohung der Rädelsführer in diese meuterischen Anschläge verflochten worden waren, dem Allmächtigen dankten, daß er sie von einer That abgehalten, vor der sie nunmehr, da sie offeneren Gemüthes waren, erbebend zurückschauderten.

Wie offenbar hatte die Vorsehung über unsern Columbus gewaltet.

Ueberdieß wurden der Anzeichen des herannahenden Landes nunmehr so viele, daß Niemand zweifelte, ein solches müsse man binnen vierundzwanzig Stunden zu Gesichte bekommen. Der Tag verlief, während die stummen Boten vom Lande sich fortwährend mehrten.

So brach die Nacht herein. Der Admiral stellte auf dem Verdecke eine Wache auf, und ließ die meisten Segel einziehen, damit man nicht während der Nacht Gefahr laufe auf den Strand getrieben zu werden. Aber die Aufstellung einer Wache war für dießmal überflüssig gewesen, denn die ganze Nacht hindurch war sämmtliche Schiffsmannschaft auf dem Verdecke, um sich die Belohnung zu verdienen, welche der Monarch dem ersten Entdecker von Land zugesichert hatte.

Daß Land in der Nähe sei, war nun außer allen Zweifel gestellt. Allein würde es eine Insel oder ein Festland sein? Würde man eine wüste oder fruchtbare Gegend finden? Würde sie bewohnt sein oder nicht? Würden die Bewohner civilisirt sein, oder rohe Naturmenschen? — Alle diese Fragen schwebten Columbus vor, und nahmen seinen Geist in Anspruch, als er in der Ferne ein sich bewegendes Licht zu bemerken glaubte. Er rief einen Matrosen, und zeigte ihm diese Erscheinung, die bald verschwand, bald wieder deutlich zu sehen war.

Der Herbeigerufene bemerkte dasselbe. Eben so ein Dritter und Vierter, und die ganze Bemannung. Man hatte also ein Land vor sich, das bewohnt war, denn woher sonst das Feuer?

Kurz darauf, ohngefähr um die zweite Stunde nach Mitternacht ertönte von der „Pinta" her der freudige Ruf: „Land! Land!" und eine Salve von Hakenbüchsen donnerte krachend über die Wellen herüber.

Es war unbestreitbar. In der Entfernung von beiläufig zwei Seemeilen lag der dunkle, sich über den Meeresspiegel erhebende Küstenstrich.

Die Schiffe legten bei, und erwarteten das Licht des Morgens.

Fünftes Kapitel.

Die Insel Guanahani — Beschaffenheit der Eingebornen — die lukaische Inselgruppe — Cuba.

Als die Morgensonne des zwölften Oktobers aus den Wellen empor tauchte, bot sich den entzückten Blicken der Spanier ein reizendes, flaches Eiland dar, dessen Boden mit üppig grünem Rasen und duftigen Wäldern bedeckt war. Freudenthränen im Auge, fiel das Schiffsvolk nieder auf die Knice, und stimmte eine Lobhymne zu Ehren des Allmächtigen an, welcher sie durch die Gefahren einer unbekannten See glücklich zu dem ersehnten Ziele geführt hatte.

Als die Bewohner dieser Insel die niegesehenen schwimmenden Häuser auf den Wellen erblickten, strömten sie schaarenweise dem Ufer zu, und betrachteten mit Erstaunen die unerhörte Erscheinung. Der Admiral aber ließ Anker werfen, von jedem der drei Fahrzeuge ein Boot aussetzen, und ruderte in Begleitung der Vornehmsten seiner Gefährten gegen die Insel hin, um dieselbe im Namen des spanischen Monarchen feierlich für die Krone Spaniens in Besitz zu nehmen. Mit einem Scharlachkleide angethan, das bloße Schwert in seiner Hand, betrat Columbus der erste die von ihm entdeckte neue Welt. Ihm nach trug man die spanische Fahne, auf welcher ein grünes Kreuz mit der spanischen Krone, und den Namenszügen Ferdinands und Isabellens prangte. Kaum hatte der Admiral den festen Boden betreten, als er sich mit seinen Gefährten niederwarf, voll heißen Dankgefühls gegen Gott, welcher sie schützend durch große Gefahren geleitet, die Erde küßte, und hierauf als Vicekönig des von ihm entdeckten Landes seinen Untergebenen im Namen des Monarchen den Eid der Treue abnahm.

Er erinnerte seine Leute an die von ihnen versuchten meuterischen Anschläge, verzieh jedoch den ihm wohl bekannten Rädelsführern der Mißvergnügten, während diese sich zu den Füßen des Admirals niederwarfen, und Vergebung des von ihnen begangenen Verbrechens erflehten. Viele thaten so, weil aufrichtige Reue sich ihrer bemächtigt hatte, andere dagegen blos aus sklavischer Furcht vor der Strafe ihres Vergehens.

Während dieser Vorgänge drängten sich die Eingeborenen um die Spanier umher, indem jede ihrer Mienen Erstaunen und Verwunderung verrieth.

Im ersten Augenblicke, als sie die noch nie gesehenen bemasteten Schiffe mit den sie einhüllenden Segeln und den seltsam gekleideten weißen Männern erblickt hatten, hielten sie dieselben für eine unheilbringende Erscheinung, welche über Nacht aus dem Abgrunde der

See emporgestiegen sei, und flohen scheu und erschreckt vom Gestade zurück in die Waldung, von welcher her sie das Thun und Treiben der Spanier ängstlich beobachteten. Als sie jedoch bemerkten, daß die neuen Ankömmlinge nicht Miene machten, ihnen ein Leid zuzufügen, kamen sie allmählig aus ihren Verstecken hervor, und beobachteten mit ehrfurchtsvoller Neugier die Ceremonien der Besitznahme der Insel, welche Columbus mit einem entsprechenden Pompe vornahm.

Ein Eiland der lukaischen Inselgruppe war es, auf welchem Columbus gelandet war, von den Urbewohnern Guanahani, von Columbus San Salvador benannt. Die Insulaner befanden sich im rohesten Naturstande, und waren von den, den Spaniern bisher bekannten Menschenracen ihrem äußeren Ansehen nach gänzlich verschieden. Die Meisten von ihnen gingen ganz nackt, einige hatten ihre Häupter mit bunten Federn geschmückt, während goldene Ringe sich an ihren Armen und Beinen befanden, und Blättchen von demselben Metalle als Zierde an Nase und Ohren hingen.

Ihre Hautfarbe war kupferroth, jedoch hatten sie den größten Theil ihrer Leiber mit grellen bunten Farben in seltsamen Zierrathen bemalt, wodurch sie ein wildes und fremdartiges Ansehen gewannen. Ihre Gesichtszüge waren freundlich, ihr Kinn bartlos, während ihr braunes Haar schlicht über ihre Schultern herabfiel. Die meisten von ihnen waren jugendliche, kräftige Gestalten, deren einzige Waffe jedoch blos in einer Lanze bestand, welche mit einem scharfen Steine oder einer Fischgräthe zugespitzt war. Eisen schien ihnen ganz unbekannt, auch war nichts bei und an ihnen wahrzunehmen, was auf eine Bekanntschaft der Insulaner mit diesem nützlichsten der Metalle hingedeutet hätte. Ueber alles, was sie an den Spaniern sahen, äußerten sie eine ungemessene Verwunderung, zugleich gab sich in dem Benehmen dieser Natursöhne eine so naive Zutraulichkeit kund, daß sie, als die erste Scheu des Anblickes der spanischen Ankömmlinge verschwunden war, Gesicht, Bart, Waffen und Kleidung der Spanier betasteten, um ihre Neugier zu befriedigen. Jedoch thaten sie Alles dieß in einer Weise, durch welche sie zugleich ihre Ehrfurcht gegen die weißen Fremdlinge an den Tag legten. Denn es begann die Vorstellung in den Wilden aufzukeimen, daß die Spanier himmlische Gäste seien, welche zur Zeit der Nacht mit Hilfe ihrer wunderbaren, schwimmenden und beflügelten Häuser von oben herabgestiegen seien. Vor Allem aber war es die Person des Admirals, welcher durch seine scharlachrothe Kleidung, und die ihm von seinen Gefährten erwiesene Ehrfurcht, die Aufmerksamkeit der Insulaner an sich zog. Columbus ließ die kupferrothen Wilden ruhig gewähren, als sich einige derselben ihm nahten, sich zuerst zum Beweise ihrer Verehrung zu Boden warfen, dann aber sich emporhoben, und sein Wamms, seinen leichten Brustpanzer, sein Baret, ja selbst sein Gesicht berührten, um sich von dessen Beschaffenheit zu überzeugen.

Auch befahl der Admiral seinen Untergebenen, das liebreichste Benehmen gegen die Insulaner zu beobachten, und beschenkte diese mit Schellen, Glasperlen, bunten Mützen und andern Kleinigkeiten, die in den Augen der Wilden von unendlichem Werthe waren. Mit tausend Freudenbezeugungen brachten sie ihren Dank für derlei Geschenke dar, welche sie sogleich zum Schmucke anlegten, und im Triumphe durch die Reihen ihrer leer ausgegangenen Gefährten dahin trugen. In Lust und Freude brachten die Spanier den ganzen Tag auf der Insel hin, und kehrten erst mit dem sinkenden Abende zu ihren Schiffen zurück. Des andern Morgens schon frühe kamen die Eingebornen theils schwimmend, theils in Kähnen, welche, aus Baumstämmen gehöhlt, beiläufig vierzig bis funfzig Menschen zu fassen vermochten, zu den Schiffen der Spanier, und brachten Baumwolle, zahme Papageien nebst einer Art von Brod, welches sie Cassava*) nannten. Mit Freu-

---

*) Cassava, eine Art Brod, welche die Indianer aus der Yucca-Wurzel bereiteten.

den tauschten sie diese ihre ganze Habe gegen europäische Spielwaaren aus.

Die Spanier, welche die goldenen Nasenringe der Insulaner mit habsüchtigen Blicken betrachteten, fragten durch Geberden, wo dieses Metall zu finden sei. Hierauf deuteten die Wilden gegen Süden, wo ein Land liege, welches Ueberfluß an Gold habe.

Da es dem Admiral vorzüglich daran lag, seiner Unternehmung, die ihm bisher so gelungen war, auch eine Vortheil bringende Seite abzugewinnen, um die Anforderungen seiner Schiffsmannschaft sowohl, als auch des Spanischen Herrschers, dem er die Entdeckung eines reichen Landes verheißen hatte, zu befriedigen, so beschloß er, bei Guanahani nicht lange zu verweilen, sondern in der von den Insulanern angegebenen Richtung südwärts zu steuern, um das reiche Goldland aufzufinden, welches dort liegen sollte. Nachdem man sich für die fernere Reise mit Holz und Wasser versehen hatte, nahm man sieben Eingeborene von Guanahani mit sich, um sie auf andern Inseln als Dolmetscher zu gebrauchen, und segelte in der von den Indianern angegebenen Richtung fort.

Columbus schiffte zwischen den lukaischen Inseln hin, und genoß auf dieser Fahrt des entzückenden Anblickes der vielen malerisch und reizend aus dem Ocean emporsteigenden Eilande, er besuchte mehrere derselben, und fand überall dieselbe in viel großartigerem Maßstabe, als in Europa, wirkende Natur, überall dieselbe natürliche Gutmüthigkeit der Eingeborenen, die aber aller höheren Gesittung ermangelten. Ueberall wurden die Spanier als höhere Wesen betrachtet und verehrt, und die Bereitwilligkeit der Insulaner, ihnen zu dienen, war ohne Grenzen.

Doch keine dieser Inseln bot die von den Spaniern so sehr gesuchten Artikel, nämlich Gold und Specereien dar, und auf die Erkundigungen darnach, zeigten die Bewohner stets nach Süden. Bei keiner derselben verweilten daher die Schiffe lange, sondern hielten ihren Cours stets nach der angedeuteten Weltgegend.

Am achtundzwanzigsten Oktober endlich traf Columbus auf ein weitgestrecktes Gestade, aus dem sich stärkere Flüsse in die See ergossen, als es in allen übrigen bisher aufgefundenen Inseln der Fall gewesen war. Auch waren die Gebirge, deren man ansichtig wurde, viel höher, und ließen auf ein weit ausgedehntes Land schließen.

Der Admiral, welcher einen Verkehr mit den Eingeborenen der Insel Cuba, denn diese war das nun aufgefundene Land, anknüpfen wollte, um über die nähere Beschaffenheit derselben Erkundigungen einzuziehen, sah einen Versuch hiezu an der Scheu der vor den weißen Fremdlingen zurückfliehenden Eingebornen scheitern, und machte sich deshalb in Begleitung einiger Gefährten selbst auf den Weg, um den vor ihm liegenden Küstenstrich näher zu erforschen.

Columbus wurde getäuscht, wenn er geglaubt hatte, auf Cuba einen höhern Grad von Cultur zu finden. Dieselben Wilden sah er hier vor dem Anblicke der herannahenden Spanier zurückweichen, um in den Wäldern und Gebirgsgegenden ihre Verstecke aufzusuchen; dieselben einfachen aus Palmzweigen erbauten Hütten, wie auf Guanahani und den übrigen von ihm berührten lukaischen Inseln.

Nur ein einziger bejahrter Bewohner wagte es, den herankommenden Spaniern Stand zu halten, und solcher wurde durch Geschenke und ein liebreiches Benehmen der spanischen Gäste schnell für diese eingenommen.

In Begleitung dieses Insulaners fuhr Columbus in einem Boote auf dem Strome, an dessen Mündung er sein Geschwader zurückließ, tiefer in das Land hinein, wo ihn die Großartigkeit der in reicher Mannigfaltigkeit wechselnden Naturscenen, die üppige Kraft einer ungeschwächten Vegetation, und die vielfachen Erscheinungen einer niegesehenen Thierwelt in Bewunderung und Erstaunen versetzten. Ein ewiger Frühling, eine ungetrübte Ruhe schien über diesen Gegenden zu walten, nie gestört durch die in anderen Zonen zuweilen eintretenden Natur-Erschütterungen.

Die mit mannshohem Grase bewachsenen Ufer zeigten colossale Blumen von den prächtigsten Farben, die Haine, deren Bäume Blüthen und Früchte zugleich, und so mehrere Jahreszeiten vereint zur Schau trugen, waren von wunderseltsamem Geflügel belebt. Hier sah man die bunt gezeichneten Papageien von einem Aste zu dem andern klettern — dort prangten Schaaren von hochrothen Flamingos — während unzählige Colibri, gleich Diamanten, in Regenbogenfarben strahlend, von Blüthe zu Blüthe schlüpften. Ein Reichthum der Thier- und Pflanzenwelt legte sich dar, von welchem unsere Spanier bisher keinen Begriff gehabt hatten.

Wie das Boot stromaufwärts ruderte, kamen zuweilen die leicht hingebauten Hütten eines Dorfes, welches unter dem Schatten der Bäume versteckt lag, zum Vorscheine. Columbus besuchte einige derselben, aber überall fand er die Bewohner vor dem Anblicke der Fremdlinge entflohen. Die einfachen runden Hütten, in welche sich der Admiral begab, enthielten blos einiges kunstlose Hausgeräthe, Netze aus Palmenfasern angefertigt, Harpunen mit Knochen zugespitzt, Angeln aus demselben Materiale, und anderes Fischerwerkzeug. Nichts zeigte von einer höhern Cultur der Bewohner. Columbus befahl seinen Gefährten, Alles unverrückt an seiner Stelle zu lassen, und begab sich zu seinem Geschwader zurück. Der Eingeborene von Cuba, welchen man an Bord der „Santa Maria" mitgenommen hatte, wurde durch das freundliche Benehmen des Admirals ganz zutraulich, und deutete auf Befragen durch Zeichen an, daß in der Mitte der Insel eine größere Stadt liege, woselbst ein mächtiger Häuptling seinen Sitz habe.

Der Admiral, welcher aus der großen Ausdehnung der Küsten mit Grund vermuthen zu können glaubte, daß er nicht eine Insel, sondern ein Festland, und zwar die äußerste Ostgrenze Asiens vor sich habe, und daß weiter im Innern des Landes gebildetere Nationen ihre Wohnsitze haben müßten, beschloß deshalb eine Gesandtschaft abzuschicken, um sich über diesen Umstand Gewißheit zu verschaffen. Er wählte hiezu zwei Spanier, von denen der eine, ein getaufter Jsraelit, bedeutende orientalische Sprachkenntnisse besaß, um sich, da Columbus die vor ihm liegende weitgedehnte Insel für den äußersten östlichen Punkt der asiatischen Landfeste hielt, bei den Bewohnern der Binnengegenden durch Hilfe dieser Idiome verständlich machen zu können. Diesen zwei Männern gesellte er außerdem noch den am Bord befindlichen Eingeborenen von Cuba, und einen der von Guanahani mitgenommenen Indianer bei.

Sechstes Kapitel.

Expedition in das Innere von Cuba — Alonzo Pinzon trennt sich von dem Geschwader — Die Insel Haiti — Die „Santa Maria" läuft auf eine Sandbank.

Während der Admiral seine Fahrzeuge kielholen*) und kalfatern**) läßt, da die Schiffe dieß nach der bereits zurückgelegten geraumen Reise dringend bedurften, folgen wir der aus zwei Spaniern und zwei Indianern bestehenden Gesandtschaft in das Innere von Cuba, um zu sehen, was ihnen Merkwürdiges auf ihrem Zuge zustößt. Indem sie in der, von den Eingeborenen angedeuteten Richtung, in soweit die gar zu dichten Waldungen nicht hieran hinderten, fortzogen, trafen sie ziemlich häufig auf Dörfer, aus den schon geschilderten runden Palmhütten bestehend, welche ohne Ordnung, je nach Geschmack und Gefallen der wilden Besitzer meist unter dem Schatten der Bäume zerstreut

---

*) Kielholen — das Schiff auf die Seite legen, um den untersten langen Balken des Schiffsrumpfes, den Kiel, auszubessern.

**) Kalfatern — die Ritzen des Schiffs mit Werg verstopfen, und mit Theer und Pech überstreichen.

umher lagen. Diese Wohnplätze wechselten zum Theile mit unbebauten, zum Theile mit kultivirteren Landstrecken ab, auf welchen letzteren Felder von Mais, Kartoffeln und Bohnen zu sehen waren. Auch die Yucca-Wurzel fanden sie sehr häufig, ebenso bedeutende Pflanzungen von Baumwollstauden. In den Hütten der Indianer waren große Vorräthe von Baumwolle aufgehäuft, welches sie zu Garnen und Netzen verarbeiteten. Im Allgemeinen zeigten sich die Gegenden entzückend schön, das Land von erstaunenswerther Fruchtbarkeit, doch zumeist noch unbebaut in ursprünglicher Wildheit liegend.

In jenen glücklichen Himmelsstrichen, wo die Natur freiwillig den Bedürfnissen der Menschen zu Hilfe kommt, waren diese nicht gezwungen, dem Grund und Boden ihren Lebensunterhalt abzuringen. Geringe Arbeit war blos erforderlich, um eine tausendfältige Ernte zu erhalten. Kein Wunder, daß nur kleine Bodenstrecken sich bebaut fanden, um die wenigen Bedürfnisse roher Natursöhne zu decken. — Kein Wunder, daß diese sich auf einer so niedrigen Stufe der Bildung befanden, da die erste Bedingung einer solchen nicht vorhanden war, indem die Menschen keine Veranlassung fanden, behufs der Erzeugung ihrer Nothdürfte ihre Erfindungskraft anzustrengen, und also ihren Geist schärfen. Aber an Gutmüthigkeit fehlte es den Eingeborenen nicht, denn überall, wo unsere Gesandten sich sehen ließen, wurden sie von den Indianern auf das zuvorkommendste und gastfreundlichste empfangen; sie wetteiferten mit einander, den weißen Männern Geschenke darzubringen, welche in den kunstlosen Erzeugnissen ihres Bodens bestanden, und hielten die Spanier für himmlische Wesen, weßhalb sie auch vor ihnen die tiefste Ehrfurcht an den Tag legten. Die Glasperlen, Nägel, Stricknadeln und andere Geringfügigkeiten, mit welchen der Admiral seine Abgeordneten, anstatt des europäischen Geldes, zur Reise versehen hatte, waren in den Augen der wilden Bewohner von unschätzbarem Werthe.

Die Gesandten waren beiläufig zwölf Meilen mit in das Innere des Landes vorgedrungen, als sie zu einem Dorfe gelangten, welches etwa an funfzig der schon beschriebenen Hütten, und tausend Einwohner zählen mochte. Dieß war nach den Andeutungen des Eingebornen von Cuba, der die Spanier begleitete, die Residenz eines gewaltigen Königs, den die Indianer einen „Kaziken" benannten.

Mit großer Zuvorkommenheit wurden die Spanier von den Bewohnern dieses Dorfes empfangen. Die Vornehmsten des Ortes kamen ihnen in feierlichem Zuge entgegen, warfen sich zum Zeichen ihrer Ehrfurcht vor den, ihrer Meinung nach himmlischen Gästen zu

Boden, brachten ihnen Sühnopfer dar, bestehend in Papageien, Cassavabrod, Baumwolle und anderen einfachen, ihrem Naturstande angemessenen Dingen, und dann wagten sie es erst, sich den Spaniern zu nähern, und sie in eine der größten Palmhütten einzuführen, welche sie ihnen zur Wohnung anwiesen.

In einem geräumigen Gemache dieses Hauses fanden die Abgesandten den Kaziken mit seiner Familie und den Aeltesten des Stammes bereit, die weißen Fremdlinge zu empfangen. Man erwies diesen abermals die höchsten Ehrenbezeugungen, und nöthigte sie, sich auf künstlich geschnitzte Stühle niederzulassen, welche die Gestalten vierfüßiger Thiere hatten, deren Augen und Ohren von Gold waren, und deren Schwanz zur Rücklehne diente.

Die Spanier ließen sich auf diesen sonderbar geformten Sitzen nieder, und da sie sich bereits überzeugt hatten, daß sie mit Hilfe der orientalischen Sprachen, deren Kenntniß der eine von ihnen besaß, sich nicht würden verständlich machen können, so überließen sie es den beiden Dolmetschern, die Eingebornen über die Absicht ihrer Ankunft zu verständigen. Sämmtliche Indianer kauerten am Boden um die, auf den in Thierformen geschnitzten Stühlen sitzenden Spanier umher, einer der indianischen Wegweiser ließ sich nun auch auf die Lehmtenne nieder, und sprach zu den übrigen in der ihnen eigenthümlichen Weise. Der Inhalt der Rede, den man später in Erfahrung brachte, war beiläufig folgender: „Oeffnet eure Ohren, Brüder! und horchet meiner Rede. Es sind weiße Männer gekommen über das Salzmeer, die wollen Freundschaft mit uns schließen. Viermal ist die Sonne aus dem großen Wasser emporgestiegen, seit ich an das Ufer ging, um Fische zu holen für mein Weib und meine Kinder. Da erblickte ich drei große Häuser auf dem Wasser, und auf den Häusern standen hohe Bäume ohne Aeste, und die Bäume hatten große, weiße Flügel. Und wenn sie die Flügel bewegten, so flogen die Häuser über die Wellen, wie der Pfeil fliegt von unserem Bogen. Und als ich zum Ufer lief, um die Häuser zu besehen, da sah ich weiße Männer auf den Häusern und an dem Ufer. — Ich fürchtete mich und wollte entfliehen. Allein die weißen Männer winkten mir, und als ich näher kam, thaten sie mir kein Leid an. Brüder! die weißen Männer sind gute Männer, und wollen ein Schutz sein für die rothen Männer. Ihre Kleider sind glänzend wie Gold und Sonnenstrahlen, und in ihren Händen halten sie lange Messer wider ihre Feinde, und Donner und Blitz ist in ihren Händen. Sie haben lange schwarze Röhren, und wenn sie diese Röhren mit Feuer berühren, so speien sie Rauch aus und Feuer und Donner. Und Kugeln fliegen aus den Röhren, die alles durchbohren, was ihnen im Wege steht. Aber der Kazike der weißen Männer ist ein guter Mann. Er nahm mich bei der Hand, und sprach: laß uns Freunde sein, ich will Boten an deine Brüder senden, um Freundschaft mit euch zu schließen. Brüder! die weißen Männer sind vom Himmel herabgestiegen, um die rothen Männer vor ihren Feinden zu schützen. Schließet einen Bund mit den weißen Männern."

In dieser Art sprach der Dolmetscher lange noch eifrig zu seinen Stammgenossen, und als er geendet hatte, nahten sich sämmtliche Eingeborenen unseren beiden Spaniern, und küßten ihre Hände und Füße, und selbst den Ort ihrer Fußtapfen. — Hierauf ließ man die Weiber in das Gemach, welche den spanischen Gästen dieselben Ehrenbezeugungen erwiesen.

Da die Abgesandten des Admirals sich überzeugt hielten, daß bei der niederen Culturstufe, auf welcher die Insulaner standen, weit und breit sich kein höher gebildetes Volk befinden werde, und sohin die Vermuthung des Columbus, daß man sich an der äußersten Ostgrenze Asiens befinde, hierin keine Unterstützung fand, so kehrten sie nach einem kurzen Aufenthalte wieder zu dem, an der Küste harrenden Geschwader zurück, bei welchem sie nach einer Abwesenheit von vier Tagen wieder anlangten. — Die Hälfte der Einwohnerschaft der Residenz des Kaziken, hatte sich erboten, sie zu der Küste zurück zu begleiten, allein sie lehnten diese Ehre ab, und nahmen nur den Häuptling selbst, und seinen Sohn mit sich. — Noch stieß ihnen auf ihrem Rückwege eine Gewohnheit der Eingeborenen auf, über deren Beschaffenheit sie sich höchlich verwunderten. Sie trafen nämlich viele Indianer, welche zusammengerollte Kräuter an dem einem Ende anzündeten, während sie das andere Ende in den Mund nahmen, und den Rauch abwechselnd einzogen, und wieder ausstießen. Einen solchen Glimmstengel nannten sie Tobacko.

Da, nach den gemachten Beobachtungen, die Lebensweise der Eingeborenen auf Cuba von denen der lukaischen Inseln beinahe gar nicht verschieden war, die Einwohner überdieß auf die angelegentliche Nachfrage der Spanier nach den gesuchten Artikeln, nämlich Gold und Specereien, stets nach Osten deuteten, so beschloß Columbus in dieser Richtung fortzusteuern, ohne sich länger an den weitgedehnten Gestaden von Cuba, welche er noch immer für Festland hielt, aufzuhalten.

Columbus beschenkte den Häuptling, der ihn mit seinem Besuche beehrt hatte, reichlich, und verließ am neunzehnten November die Küsten von Cuba. Anfangs wurde die Fahrt von einem herrlichen Westwinde begünstigt, allein da später die Witterung ungünstiger wurde, und die plötzliche geänderte Luftströmung es unmöglich machte, in geradere Richtung fortzuschiffen, so sah sich der Admiral genöthigt, in den Gewässern von Cuba zu kreuzen, und am Ende sogar wieder in den Hafen zurück zu kehren, aus dem er ausgelaufen war. Er gab daher der Niña und der Pinta das Signal zu wenden. Die erstere gehorchte, allein die letztere leistete dem Befehle keine Folge. Mit Unwillen mußte Columbus bemerken, daß Martin Alonzo Pinzon, der Kapitain dieser Caravelle, absichtlich keines der Signale beachtete, welche bis zur hereinbrechenden Nacht mit Lichtern und Kanonenschüssen wiederholt wurden. Die Pinta, als die beste Seglerin unter den Schiffen, stets voran, war bald außerhalb des Bereichs der „Santa Maria."

Martin Alonzo Pinzon, welchem zwei Fahrzeuge des Geschwaders eigenthümlich zugehörten, war ein Seefahrer von einigem Rufe, hatte deshalb sich schon in Spanien äußerst ungern dem Oberbefehle des Columbus gefügt, und nun wahrscheinlich die Gelegenheit benutzt, um auf eigene Faust das von den Indianern angedeutete Goldland aufzusuchen, um dieses auszubeuten, bevor die übrigen Schiffe dahin zu gelangen Zeit gehabt hätten. Der Admiral mußte gute Miene zum bösen Spiel machen, und kehrte nach Cuba zurück, wovon er erst, als eine günstige Witterung eingetreten war, absegelte, nachdem er zwölf Eingeborene an Bord genommen hatte, um sie auf seiner Rückreise einst nach

Spanien mitzunehmen. Kaum hatten die Schiffe beiläufig funfzehn Seemeilen zurückgelegt, als sich gegen Südost unsern Reisenden die Umrisse hoher Berge am Horizonte zeigten. Man hielt darauf zu, und entdeckte bald eine der reizendsten Inseln der Welt, Hayti. Der Admiral nannte sie wegen der Aehnlichkeit mit einigen der schönsten Provinzen Spaniens, Hispaniola (Klein-Spanien), gegenwärtig heißt sie St. Domingo.— Als man landete, flohen die Einwohner erschreckt aus ihren Uferhütten zurück in die Wälder; da es also dem Columbus für den Augenblick unmöglich war, mit den Eingeborenen einen Verkehr anzuknüpfen, und überdieß von der „Pinta" nirgend eine Spur zu entdecken war, so fuhr er längst der Nordseite der Insel weiter, und warf in einer Bucht Anker, welche er Conception nannte.

Hier gelang es bald, mit den Insulanern in nähere Berührung zu kommen, obgleich man sich hiezu eines anfänglich ziemlich gewaltthätigen Mittels bediente. Als nämlich der Admiral (am zwölften Dezember) eben beschäftigt war, die, mitten im Winter die Erscheinungen eines reizenden, noch nie gesehenen Frühlings darbietende Insel in Besitz zu nehmen, und zum Zeichen dieses feierlichen Aktes auf einer hervorragenden Landzunge ein Kreuz aufzurichten, sahen die Urbewohner neugierigen Blickes aus der Ferne dem Treiben der

Spanier zu. Einige Matrosen schlichen sich zu der Gruppe der lauschenden Insulaner hin, doch kaum wurden sie bemerkt, so stoben die Wilden, wie Spreu im Winde, auseinander. Jedoch wurde man einer jungen Weibsperson habhaft, welche die Seeleute zu Columbus hinführten. Dem freundlichen Benehmen des Admirals gelang es bald, das Weib mit der gewaltsamen Maßregel der Matrosen auszusöhnen, und als sie die ihr zugedachten Geschenke, nämlich eine schöne Kleidung, Glaskorallen, Glöckchen, Armbänder und dergleichen in Empfang genommen hatte, war sie für die weißen Männer vollends gewonnen.

Die Erzählungen dieses Weibes, welches man nun wieder zu den Ihrigen abschickte, bewirkten bald das zuerst scheue, dann aber immer dreistere Herbeikommen der übrigen Insulaner, welche gleichfalls nach den Herrlichkeiten der Spanier begierig waren, so daß endlich selbst der Kazike dieser Gegend mit einem bedeutenden Gefolge an Bord der „Santa Maria" ging.

Columbus, der eben im Speisen begriffen war, ließ den Häuptling zur Tafel einladen, setzte ihm von den Gerichten vor, welche der Kazike nur vorkostete und das übrige seinen Leuten sandte, die außerhalb der Kajüte geblieben waren. — Nach dem Essen beschenkte der Häuptling den Admiral mit einem kunstreich gearbeiteten Gürtel und zwei Stücken Goldes. Columbus erwiederte diese Artigkeit mit einem europäischen Anzuge, einigen Bernsteinperlen und einem Fläschchen wohlriechenden Wassers. Hierauf kehrte der Kazike vergnügt an das Land zurück, während seine Leute die erhaltenen Geschenke ihm vortragen mußten. —

Am neunzehnten Dezember setzte Columbus seine Reise fort, um neue Entdeckungen zu machen, allein widrige Winde nöthigten ihn schon am folgenden Tage wieder seine Anker in einer geräumigeren Bucht fallen zu lassen. Bald erhielten die Spanier neue Besuche von den Eingeborenen, welche köstliche Früchte schwimmend und in Kähnen zu den Schiffen brachten. Unter andern näherte sich auch ein sehr großes Canoe der „Santa Maria," welches die Abgesandten des mächtigen Kaziken Guacanagari an Bord hatte. Indem diese den Admiral zu einem Besuche bei ihrem Herrscher einluden, boten sie ihm, im Namen desselben, Geschenke dar, unter welchen sich ein kunstreich gearbeiteter Gürtel und eine hölzerne Maske, deren Ohren, Augen und Nase von Gold waren, vorzüglich auszeichneten. Gerne hätte Columbus dieser Einladung sogleich Genüge geleistet, allein widrige Winde hielten ihn vom Gebiete Guacanagari's fern; der Admiral sandte also vorerst zwei seiner Offiziere nebst mehreren Matrosen als Abgeordnete zu diesem Häuptling, um ihm zu melden, daß er von der Einladung Gebrauch machen würde, sobald sich der Wind günstig gewendet hätte. Diese Abgesandten wurden von Guacanagari sehr ehrenvoll aufgenommen, und kehrten, jeder von dem Kaziken mit einem Baumwollkleide beschenkt, zu dem Geschwader zurück, wo sie ihren Landsleuten die Gutmüthigkeit und Gastfreundlichkeit der Insulaner nicht genug rühmen konnten.

Am vierundzwanzigsten Dezember sprang der Wind um und Columbus stach in die See, um Guacanagari's gastfreundschaftlicher Einladung Folge zu leisten. Da aber blos ein sehr schwacher Luftzug wehte, so waren schon die Schatten der Nacht herabgesunken, als die „Santa Maria" sich noch immer einige Meilen von ihrem Ziele entfernt sah. Die Wellen lagen spiegelglatt in der See, und der Luftzug war sanft und stetig. Columbus hatte die vorige Nacht mit dem Niederschreiben seines Tagebuchs zugebracht, und glaubte bei der herrschenden ruhigen Witterung einige Stunden des Schlummers nachholen zu dürfen.

Nachdem er also dem Steuermann die größte Wachsamkeit empfohlen hatte, zog er sich in seine Kajüte zurück. Nach Art gewissenloser Untergebenen beachtete der pflichtvergessene Steuermann den Befehl seines Admirals nicht zu sehr, und wollte ebenfalls seine Nachtruhe nicht missen. Er übergab daher das Steuerrad einem Schiffsjungen und ging in seine Hängematte, so daß in Kurzem Alles auf dem Schiffe im tiefsten Schlafe versunken lag, den auf dem Verdecke die Wache haltenden Matrosen nicht ausgenommen.

Während die „Santa Maria," dem Einflusse des Windes nur wenig nachgebend, in sicherer Ruhe schien, folgte sie jedoch den unsicheren und gefährlicheren an der Küste ziehenden Strömungen, und ging so immer näher an ihr Verderben, ohne daß der unerfahrene Schiffsjunge, welcher allein wachend am Steuer saß, Etwas davon geahnet hätte. Selbst die immer lauter und vernehmbarer tosende Brandung vermochte es nicht, den gedankenlosen Schiffslehrling aufzuscheuchen. Da erhielt das Schiff plötzlich einen gewaltigen Stoß, so daß die Mastbäume erbebten, und alle seine Rippen krachend erzitterten.

Siebentes Kapitel.

Schiffbruch der Santa Maria — Des Kaziken Guacanagari Benehmen — Des Admirals Ausflug in Haiti, während Garcia Fernandez und Diego Mendez zur Bewachung der geretteten Ladung der „Santa Maria" zurückblieben.

Das Anlaufen der „Santa Maria" auf den Strand hatte eine so mächtige Erschütterung des Schiffes zur Folge, daß die sämmtliche Bemannung aus ihrem sorglosen Schlafe gewaltsam emporgerüttelt wurde. Columbus war der erste auf dem Verdecke.

Mit unnennbarem Schrecken sah er sein Fahrzeug gestrandet, und ob er auch auf alle möglichen Wechselfälle des Schicksals gefaßt war, so drohte doch dieser Schlag ihn gänzlich niederzubeugen, da er das Zurückbringen seiner wichtigen Entdeckungen in die alte Welt nun alleinig auf die Wirksamkeit der schwachen, gebrechlichen Niña beschränkt sah.

Doch nur einen Augenblick erlahmte vor diesem niederdrückenden Gedanken der energische Geist des Admirals, um sich mit desto größerer Schnellkraft wieder emporzurichten, und Alles zu versuchen, was etwa noch die Rettung der „Santa Maria" möglich machen könnte.

„Die Boote niedergelassen," rief er seiner bestürzten

Schiffsmannschaft mit einer Stimme zu, welche ganz geeignet war, den gesunkenen Muth seiner Leute wieder emporzuheben. „Werft die Anker aus! Vielleicht daß sich das gute Schiff mittelst der Strömung wieder von dem Sande losarbeitet."

Schnell wurden zwar die Boote ausgesetzt — noch schneller drängten sich die Seeleute in dieselben, allein sie waren zu sehr von Furcht und unerwartetem Schrecken eingenommen, um dem Befehle des Admirals, welcher vielleicht die „Santa Maria" noch gerettet hätte, Folge zu leisten. Sie ruderten im Gegentheile so schnell als möglich zur „Niña" und verlangten von dieser an Bord genommen zu werden.

Vincente Yanez Pinzon, der Führer der Niña, aber verweigerte den pflichtvergessenen Leuten des gestrandeten Schiffes die Aufnahme und drohte, als sie die „Niña" selbst mit Gewalt zu ersteigen versuchten, auf sie Feuer zu geben. Dieß bewog die feigherzigen Matrosen, zu ihrem verlassenen Admiral zurückzukehren. Indeß hatte sich die „Santa Maria" bereits tief in den Sand gewühlt, und die von Columbus anempfohlene Maßregel des Ankerwerfens, welche sich vielleicht Anfangs heilsam erwiesen haben würde, zeigte sich nunmehr unnütz, und das größte Schiff des Admirals war verloren. Columbus ließ die „Santa Maria" auf alle mögliche Weise erleichtern, und selbst ihre Masten kappen. — Alles vergebens. Das Schiff erhielt nahe am Vorderkiel einen mächtigen Leck, durch welchen das Wasser in Strömen eindrang.

Krampfhaft beinahe schien die Maschine noch einige Zeit auf der trügerischen Sandbank umherzuarbeiten, dann begannen die Rippen des Schiffes sich mit Krachen zu lösen, so daß nun auch der Admiral eilen mußte, sich von dem Wrack zu entfernen, auf welchem das längere Verweilen gefährlich zu werden anfing.

Columbus ging an Bord der Niña, von welcher aus er manchen Trauerblick nach dem formlosen Schiffsrumpfe zurückwarf, der, nunmehr ein Spiel des Elements, seine ganzen Hoffnungen auf das von Vincente Yanez Pinzon befehligte schwache Fahrzeug verwies; denn der Bruder dieses letztern, Martin Alonzo, hatte Columben aus habsüchtigen Beweggründen mit der „Pinta" verlassen, um auf eigene Faust zu kreuzen, und den, ihm oft ungelegen kommenden, Befehlen des Admirals keine Folge leisten zu müssen.

Guacanagari, der Kazike der angrenzenden Küsten-Gegenden, war indeß durch zwei von dem Admirale an ihn abgesendete Officiere in die Kenntniß des Unfalles gekommen, der seinen Gästen widerfahren, und zeigte die aufrichtigste Theilnahme an dem Schicksale derselben.

Er ließ Columben seiner Hülfe und seines Beistandes versichern, und augenblicklich alle ihm zu Gebote

stehenden Canoes herbeibringen, um so viel als möglich von der Ladung der „Santa Maria" zu bergen. Er selbst sammt seinen Angehörigen legte mit Hand an, um alles Brauchbare von dem gestrandeten Fahrzeuge nach der Küste zu schaffen, so wie er auch seine Unterthanen auf das eifrigste anhielt, den Schiffbrüchigen alle mögliche Unterstützung zu gewähren.

Durch das gemeinsame Zusammengreifen so vieler Hände gelang es bald, die ganze Ladung der „Santa Maria" zu sichern, und selbst auch den größten Theil des aus dem Warck herrührenden Holzmaterials nach dem Strande zu schaffen, wo die geborgenen Güter sorgfältig untergebracht, und von einer, von dem Kaziken eigends aufgestellten Wache bewahrt wurden, obgleich dieß wahrlich nicht Noth gethan hätte; denn die rohen Inselbewohner zeigten sich so ehrlich, gutmüthig und voll Achtung für fremdes Eigenthum, daß von der, an der Küste aufgestapelten Ladung des verunglückten Fahrzeuges auch nicht einer Stecknadel an Werth entwendet wurde.

Nachdem man, was möglich, von der „Santa Maria" an das Land gebracht hatte, kam Guacanagari an Bord der Niña, um den Admiral seinen Besuch abzustatten, ihm in Betreff des ihm widerfahrenen Unfalles sein Beileid zu bezeigen, und ihm zugleich zu versichern, daß Alles, was er besitze, seinem Gaste zu Gebote stehe. Da er Columben über das Mißgeschick seines guten Schiffes niedergeschlagen fand, so rührte ihn dieß bis zu Thränen, und er verdoppelte die Versicherungen seines möglichsten Beistandes.

Ueberhaupt trug das Benehmen dieses Häuptlings ein solches Gepräge von Aufrichtigkeit und unerkünstelter Würde, einen solchen Anstand, verbunden mit einer zarten Aufmerksamkeit, an sich, daß Columbus sich sehr eingenommen für ihn fühlte.

Nachdem der Kazike am Bord der Niña festlich bewirthet worden war, lud er den Admiral ein, ihm zu seiner Residenz zu folgen, wo ein nach indianischer Sitte aus Utias*) — Früchten, Wurzeln und Fischen bestehendes Mahl zur Bewirthung der Fremdlinge in Bereitschaft stand.

Nach dem Essen führte Guacanagari den Admiral in die reizenden Auen, welche seinen Wohnsitz umgaben; mehr als tausend Insulaner waren hier versammelt, um den Spaniern zu Ehren einige ihrer nationalen Tänze aufzuführen.

Ueberhaupt waren die Haitier den Tänzen sehr ergeben, und diese bildeten bei ihnen nicht so sehr ein Vergnügen, als vielmehr Ceremonien von ernsthafter und mystischer Bedeutung, in welchen die Eingebore-

---

*) Eine Art von Kaninchen.

nen zum Theil ihre merkwürdigsten historischen Erinnerungen, zum Theil ihre religiösen Gebräuche feierten.

Mit ihren buntesten Flittern und Zierathen angethan, Kronen von glänzenden Federn auf den Häuptern, Keule und Tomohawk*) in den Händen führten die Insulaner, in große Gruppen abgetheilt, die verschiedensten rhytmischen Bewegungen aus, indem sie eine Art metrischer Lieder, Areytos genannt, sangen, welche, Ueberlieferungen von Geschlecht zu Geschlecht, die Hauptmomente ihrer früheren Geschichte enthielten.

Zugleich zeigten die Stellungen und Geberden der Tänzer bald einen wilden und leidenschaftlichen Ausdruck, bald einen friedlichen und milden Charakter, je nachdem die Scene, welche sie in ihren Spielen eben darzustellen in Begriffe waren, in ihnen diese oder jene Erinnerungen rege machte.

Freilich mochten die Spanier die Bedeutsamkeit, welche dieses Fest für die wilden Unterthanen des Kaziken hatte, nicht fassen — denn erst einer spätern Forschung blieb es aufbehalten, einiges Licht auf den Charakter dieser Tänze zu werfen.

Nachdem die aus den Muscheln und Schildern gewisser Schalthiere verfertigten Trommeln, mit deren Tönen die Indianer ihren Reigen begleitet hatten —

---

*) Ein eigenthümlich gestaltetes Beil.

verstummt waren, beschloß auch Columbus dem Guacanagari ein Schauspiel zu geben, welches den Insulanern eine wo möglich große Vorstellung von der Macht und Gewalt der Spanier beibringen sollte.

Der Admiral ließ eine Gruppe seiner Landsleute zusammentreten, und sie verschiedene militärische Evolutionen und Bewegungen ausführen, welche die Indianer höchlich in Erstaunen versetzten. Hierauf rief er einzelne Bogenschützen hervor, welche Pfeile mit einer solchen Genauigkeit nach einem gestecktem Ziele schossen, daß die rohen Natursöhne, die wie natürlich nur äußerst unvollkommen konstruirte Waffen besaßen, sich vor Verwunderung hierüber nicht zu fassen vermochten.

Guacanagari insbesondere erklärte hiebei dem Admiral, daß auf einer südwärts von Haiti gelegenen Inselgruppe (Antillen) ein Volksstamm lebe, der sehr kriegerisch sei, und mit Bogen und Pfeilen ebenfalls gut umzugehen wisse. Zuweilen kämen die Insulaner, welche er Caraiben nannte, auf zahlreichen Canoes nordwärts, landeten an den Küsten von Haiti, thäten räuberische Einfälle in das Gebiet der friedliebenden Kaziken Haiti's, und führten ihre Unterthanen mit sich fort, um sie, auf ihren Eilanden angekommen, als gute Jagdbeute zu verspeisen.

Das Haar sträubte sich auf den Häuptern der Spanier, als sie diesen bei den Caraiben herrschenden gräulichen Gebrauch in Erfahrung brachten.

Zum Beschlusse ließ Columbus den Indianern noch eine Probe von der Gewalt der Feuerwaffen geben. Eine Kanone wurde aufgeführt. Mit Neugier betrachteten die Eingeborenen dieses ihnen unbekannte Kriegswerkzeug; als aber der Donner des Geschützes durch die Luft erdröhnte, stürzten sie allesammt zu Boden, als wären sie vom Blitze getroffen worden. Nur langsam unter Zittern und Beben wagten sie es sich wieder emporzurichten, und während sie die verheerenden Wirkungen beobachteten, welche die Kugel an mehreren Bäumen angerichtet hatte, schöpften sie die bei ihnen ohnedieß schon herrschende Ueberzeugung nur um so tiefer, daß die Spanier, denen Donner und Blitz zu Gebote standen, himmlische Wesen von einer übermenschlichen Abkunft seien. Columbus versicherte Guacanagari und seinen Unterthanen, daß die eben gesehenen furchtbaren Angriffswaffen fernerhin dazu bestimmt sein sollten, die Einfälle der Caraiben von Haiti abzuhalten, und daß diese Menschenräuber künftighin keine Gefangene mehr fortschleppen sollten, um sie zu schlachten und zu verzehren.

Als dieß die kindlich vertrauenden Haitier vernahmen, äußerten sie ihre Fröhlichkeit über einen so kräftigen Schutz auf alle Weise, und Guacanagari, in dessen Augen Columbus durch das Darlegen der ihm zu Gebote stehenden wunderbaren Vertheidigungsmittel an Ansehen gar sehr gewonnen hatte, näherte sich dem Admiral mit kreuzweise über die Brust gelegten Armen, und gelobte demselben eine unverbrüchliche Freundschaft.

Während dieser Vorgänge war der Rest des Tages entflogen, und die Sonne in einem auf dem Ocean weithin gezeichneten Gluthenstrome hinabgesunken. Die Spanier wurden in eigends für sie zubereitete Hütten geführt, wo sie übernachteten, und des andern Morgens Guacanagari weiter in das Innere des Landes begleiteten, nachdem der Häuptling die Absicht angedeutet hatte, den Admiral, auf dessen Wunsch, in seinem Gebiete umherzuführen. Denn da man bei den Eingeborenen Gold in größerer Fülle angetroffen hatte, als bei andern bisher besuchten Insulanern, und die Bewohner von Haiti überdieß durch Geberden zu verstehen gaben, daß im Innern der Insel ein Strich Landes befindlich sei, welcher an diesem Metalle Ueberfluß habe, so wollte Columbus sich durch den Augenschein persönlich überzeugen, in wie weit die Angaben der Eingeborenen gegründet seien, oder nicht. Deßhalb benutzte er mit Freuden das Anerbieten Guacanagari's zu einem Ausfluge in die Binnengegenden Haiti's.

Obgleich diese Begierde, goldene Schätze zu sammeln, Manchem als ein Flecken in dem Charakter des Admi=

rals erscheinen könnte, so darf zur Entschuldigung desselben gesagt werden, daß Columbus sich blos deshalb so sehr nach den Fundorten dieser Metalle erkundigte, um theils der Habgier seiner Gefährten Genüge zu thun, theils der spanischen Krone von der Wichtigkeit seiner Entdeckungen dadurch einen Begriff beizubringen, daß er bedeutende Quantitäten dieses kostbaren Metalls mit nach Spanien zurückbrachte.

Der Admiral begab sich daher mit dem größten Theile der Mannschaft des verunglückten Schiffes unter der Leitung des Kaziken auf seine Fahrt in das Innere Haiti's, um über das Land und die Bewohner desselben seine Beobachtungen anzustellen, und ließ blos zwei von seinen Gefährten zurück, um die gerettete Ladung der unglücklichen „Santa Maria" in wachsamer Obhut zu behalten, denn der Stapelplatz der geborgenen Güter war außerhalb des Bereiches der in einer Bai vor Anker liegenden Niña.

Wir erkennen in den zwei zurückgebliebenen Spaniern Garcia Fernandez und Diego Mendez, jene zwei Männer, welche dem Admirale treu zur Seite gestanden waren, als die meuterischen Anschläge der, durch die so lange erfolglos gebliebene Seereise entmuthigten Mannschaft die höchste Gefahr über dem Haupte desselben zusammengezogen hatten.

Columbus setzte also in diese Beiden ein vorzügliches

Vertrauen, und erlas sie vor allen Andern, um zur Bewachung der gestrandeten Güter zurückzubleiben, weil er sich sowohl ihrer Treue, als auch ihres klugen Benehmens gegen die Insulaner versichert wußte.

Um für jeden Fall vorbereitet zu sein — wurden Garcia und Diego mit Schutz und Angriffswaffen gehörig versehen. Ein jeder von ihnen führte eine gute Toledoklinge, einen schirmenden Schild und beide erhielten Hackenbüchsen mit der nöthigen Munition.

Noch einmal empfahl ihnen der Admiral die nöthige Vorsicht, und ein würdiges Benehmen gegen die Insulaner, um die Begriffe derselben von den Spaniern nicht herabzustimmen, und trat dann die Abreise in Begleitung eines ziemlich zahlreichen Gefolges seiner Leute an — während Guacanagari mit einer Anzahl seiner Unterthanen die Mühewaltung eines Führers übernahm. Indeß wir den Admiral auf diesem Zuge, welcher ihm im Allgemeinen keine wichtigeren Resultate darbot, als die früheren Ausflüge auf andere Inseln, unbeobachtet lassen wollen, fassen wir die zwei zurückgelassenen Europäer in's Auge, denen vom Schicksale für dießmal ein Abentheuer ernsthafterer Gattung aufbehalten war.

Das Gebiet der Insel Haiti befand sich unter der Herrschaft mehrerer Kaziken, von denen alle, gleich Guacanagari einheimischen Stämmen entsprossen, friedliebend, sanftmüthig und arglosen Charakters waren, bis

auf einen Einzigen, einen Eindrängling von caraibischer Abstammung, welcher gelegentlich eines von seinen Landsleuten unternommenen Raubzuges mit einem Theile seines wilden Kriegsvolkes auf Haiti zurückgeblieben war, und hier über die unkriegerischen Bewohner eines Landstriches bald die Gewaltherrschaft errungen hatte.

Caonabo, dieß war der Name des Kaziken caraibischer Abkunft, hatte nicht sobald von der Landung der weißen Fremdlinge gehört, als er, vielleicht in Voraussicht der Folgen, welche die Eingriffe der Spanier für seine eigene Herrschaft haben dürften, die wunderbaren Erzählungen, die man ihm von den Europäern hinterbrachte, mit Mißtrauen und Eifersucht aufnahm und beschloß, sich durch den eigenen Anblick von dem Wesen der Fremdlinge zu überzeugen.

Schnell hatte er einen Haufen Krieger aufgeboten, und sich mit demselben in Guacanagari's Gebiet geworfen, während dieser Häuptling in einer entgegengesetzten Gegend beschäftigt war, dem Wunsche des Admirals gemäß, diesen in seinen Ländern umherzuführen. Caonabo war mit seiner Horde bald in jenem Bezirke angelangt, den die Spanier bei ihrer Landung berührt hatten. Unbemerkt, mit einer, nur den wilden Stämmen eigenthümlichen Gewandtheit, die dichten Waldstrecken zur gänzlichen Verborgenheit seines wandernden

Haufens zu benutzen, was ihm übrigens um so leichter gelang, als seine Kriegerschaar nicht übermäßig groß war, kam der caraibische Kazike ganz in die Nähe des Ortes, wo die Ladung des gescheiterten Admiralsschiffes aufgestapelt lag.

Achtes Kapitel.
Garcia's und Diego's Abentheuer.

Garcia Fernandez machte es sich auf dem üppigen Rasen bequem, während die Eingebornen, bald gehend, bald kommend, ihn als eine verwundernswerthe Erscheinung anstarrten, und sich an den Spaniern noch nicht satt sehen konnten, obgleich seit der Landung derselben bereits viele Tage verstrichen waren. Immer neue Gruppen der gutmüthigen Insulaner näherten sich Fernandez, um neugierig seine Kleider und Waffen zu berühren, und ihm das weiße Gesicht und die Hände zu betasten. Besonders aber erregte sein Bart ihr Erstaunen, denn auch die Haitier waren, gleich den übrigen angetroffenen Insulanern, ganz bartlos. Fernandez überließ willig seine Person den neugierigen Untersuchungen der Eingebornen, und hatte sein Ergötzen daran, wie sich Ehrfurcht und Erstaunen vor dem weißen Manne in ihren Gesichtszügen darlegten.

Diego Mendez war eben in das nahe Dorf gegangen, um in einer der Hütten der Ruhe zu pflegen, während die Wache Garcia überlaſſen blieb, als die Gruppen der Indianer, die bisher friedlich um unſern Europäer umhergeſtanden waren, plötzlich wie Spreu im Winde zerſtoben, und mit dem Geſchrei: „Caonabo! Caonabo!" nach allen Richtungen entflohen.

Erſchrocken richtete ſich Fernandez empor, raffte Schild und Schwerdt auf und forſchte ſpähend nach der Urſache dieſer Flucht, die alle die Eingeborenen, welche ſich bisher ſo arglos in ſeiner Nähe gehalten, bereits ſeinen Augen entſchwindend gemacht hatte. Die im Hintergrunde durch einen Urwald kurz begrenzte Gegend zeigte ſich von Menſchen ganz leer, bis auf eine Gruppe von Männern, welche mit Bogen und Pfeilen, und mit Streitkolben bewaffnet, in lebhaftem Geberdenſpiele unter einander ſprechend, und auf Garcia hindeutend, ſich gemäßigten Schrittes näherten. Fernandez bemerkte in dem langſamen aber entſchloſſen ſcheinenden Herankommen der Wilden etwas Gefahrdrohendes. Er nahm deshalb ſeine Gelegenheit wahr, und zog ſich mit dem Rücken an eine in der Nähe befindliche Felswand zurück, ſo daß ihm die Wilden, im Falle ſie einen Angriff beabſichtigten, nur vorwärts beikommen konnten. Garcia hatte in der Beurtheilung der Abſichten der Inſulaner nicht geirrt.

Caonabo's Haufen war bereits bis zu dem erwähnten Waldessaume vorgedrungen, und der caraibische Häuptling, welcher seinen Landsleuten, wie wir aus den spätern Ereignissen ersehen werden, an Verstand weit voraus war, hatte die Absicht, sich eines der weißen Ankömmlinge zu bemächtigen, um seinen Gefährten den Irrwahn einer übermenschlichen Abkunft der Spanier zu benehmen.

Er hatte deshalb einige seiner Leute vorausgesendet, um der Person Garcia's, welchen er unter dem Haufen der friedlichen Unterthanen Guacanagari's ganz allein wahrgenommen, habhaft zu werden. Allein durch die plötzliche Flucht dieser Letzteren, welche die gefürchteten Söhne eines feindlichen Stammes im kriegerischen Schmucke herbeikommen sahen, war der beabsichtigte Ueberfall Garcia's vereitelt, und dieser noch bei Zeiten darauf aufmerksam gemacht worden, seinen Rücken zu sichern.

Vor dem Häufchen Eingeborener mit ihren stumpfen mit Knochen zugespitzten Pfeilen, obgleich sie sich nunmehr mit drohenden Geberden näherten, die sie mit dem Schwingen ihrer Keule und Tomohawks und einem verworrenen Kampfgeschrei begleiteten, glaubte er vermöge der Ueberlegenheit seiner Waffen und der Fertigkeit sie zu führen, nicht zittern zu dürfen. In einer geringen Entfernung von unserem Europäer machten die Indianer Halt und schienen sich über die beste Art des Angriffes zu berathen, während Garcia jede Bewegung seiner Feinde mit scharfem Auge beobachtete. Endlich schienen die Wilden einig: einer von ihnen trat einige Schritte vor, legte einen Pfeil auf den Bogen und zielte lange und fest nach Garcia. Das Geschoß schwirrte und prallte wie ein Spielwerk von dem vorgehaltenen Schilde des Spaniers ab. Der Schütze ließ sich dadurch nicht irre machen und zielte um so eifriger wiederholt nach Garcia, als dieser, erstaunt über die Schwäche und Stumpfheit des nach ihm gerichteten Pfeiles, seine Brust frei und wie zum Spott zur Zielscheibe darbot.

Abermals durchzischte die Waffe die Luft, und Fernandez parirte den schlecht geschnitzten Pfeil mit seinem Schwerte so geschickt, daß dieser machtlos weit gegen den Schützen zurückflog. Mit einem Schrei, welcher Wuth und Entsetzen zugleich ausdrückte, sahen dieß die Indianer und beschlossen, ihren Angriffsplan zu ändern. Sie zogen alle zugleich befiederte Bolzen aus den Köchern und sandten einen Hagel derselben auf den Spanier auf einmal ab. Großentheils rasselten die Pfeile an dem vorgehaltenen Schilde Garcia's hernieder, nur ein einziger riß ihm ein Loch in sein sammetnes Wamms.

Als die Wilden nach mehrmaliger Wiederholung solcher Salven ihren Gegner noch immer unverletzt an die Felsenwand gelehnt stehen sahen, beschlossen sie, ihm näher zu Leibe zu gehen, um so mehr, als nunmehr ein Mann von riesenhaftem Körperbau, ein Verwandter des Kaziken Caonabo, aus dem erwähnten Waldsaume hervorkam und wegen ihrer Feigheit mit ihnen zu zürnen schien, die ihnen nicht erlaubte, eines einzelnen Mannes habhaft zu werden.

Angefeuert durch die Ermahnungen des kolossalen Wilden, stürzten sie unter der Anführung dieses letztern insgesammt gegen Garcia los, welcher, auf das Aeußerste gefaßt, seine Feinde mit kaltblütiger Entschlossenheit erwartete. Ungestüm drangen sie in einem Klumpen auf ihn ein, einer den andern an dem freien Gebrauche der Waffen verhindernd; schon hatte der Vorderste seine schwere Keule zu einem zerschmetternden Schlage niedergelassen, den der Schild des Spaniers nur mit Mühe abhielt, und wiederholt wollte der Angreifer die schwere Wucht seiner Waffe auf Garcia's Haupt niedersenken — da blitzte das gute Toledaner Schwert in der Sonne, und Hand und Keule des Feindes sanken zum Schrecken und Erstaunen der Indianer zu Boden, denn noch niemals hatten sie die Wirksamkeit der Eisenwaffen erfahren.

Mit Heulen und Jammern flohen sie entsetzt zurück und ließen Garcia einige Augenblicke Rast; aber nur kurz war der Moment der Ruhe, denn an der Spitze eines zahlreichen Haufens seiner Krieger war nun Caonabo selbst aus dem Walde gekommen und machte offenbar seinen Leuten Vorwürfe, daß sie einen Einzelnen nicht zu gewältigen vermochten. Als wollte er seine verlorene Kriegerehre retten, stürzte der riesige Verwandte Caonabo's nun ganz allein gegen Garcia los; die übrigen Indianer schienen den Ausgang des Kampfes abwarten zu wollen. Mit gewaltiger Hand eine Keule schwingend, war er eben im Begriffe, selbe auf das Haupt Garcia's niederschmettern zu wollen, als dieser, alle Kraft zu einem wohlgeführten Hiebe zusammennehmend, den muskulösen Hals des Wilden so gut mit seinem Schwerte traf, daß das Haupt des riesigen Feindes ein Paar Schritte weit zu Boden kollerte. Einige Sekunden behauptete der Rumpf seine aufrechte Stellung, dann fiel er schwer zur Erde nieder. Eben ließen die Wilden ein Geheul des Jammers und der Wuth über solchen nie gesehenen Kampf hören, als aus dem seitwärts gelegenen Buschwerke her donnernd der wohlgezielte Schuß einer Hakenbüchse knallte und abermals einen Wilden zu Boden streckte. Im höchsten Schrecken über die verheerende Wirkung der Feuerwaffen gaben die Wilden die regelloseste Flucht, und in einigen Sekunden war keiner der böswilligen Unterthanen Caonabo's mehr zu erblicken; alle flüchteten, ihren Häuptling an der Spitze, unaufhaltsam durch die Waldung zurück.

Nach einigen Augenblicken trat Diego Mendez, eine Hakenbüchse auf der Schulter, aus dem Gebüsche hervor. Im entscheidenden Augenblicke hatte er den Sieg zu Gunsten Garcia's gewandt, welcher die Unvorsichtigkeit begangen hatte, sein Feuergewehr zu vergessen, als er, sich seinen Rücken zu schirmen, an die Felswand zurückzog, und sich daher außer Stand gesetzt sah, sich gegen die Angriffe der Insulaner anders als mit dem Schwerte zu vertheidigen.

Diego Mendez hatte im nächsten Dorfe von den sich vor Caonabo's Schaar flüchtenden Indianern die Gefahr vernommen, in welcher sein Gefahrte schwebte, und war auf den Flügeln des Windes dahergeeilt, um dem Kampfe Garcia's mit den Insulanern im glücklichen Augenblicke eine erwünschte Wendung zu geben. Hätte der Gebrauch der Feuerwaffe nicht eine so vortheilhafte Diversion zu ihren Gunsten hervorgebracht, so wären unsere beiden Spanier wahrscheinlich verloren gewesen, denn von der „Niña" her, welche zwei Wegstunden fern vor Anker lag, konnten sie im Augenblicke keine Hülfe erwarten.

Garcia und Diego blieben indeß, obgleich sich Vincente Yanez Pinzon auf ihr Ansuchen ganz in der Nähe vor Anker legte, bis zur Rückkunft des Admirals un-

gestört, und erfuhren von den ihnen freiwillig freundschaftlich ergebenen Unterthanen Guacanagari's, daß der böswillige Angriff von einem Stamme gekommen war, der unter der Herrschaft Caonabo's, des Caraibenhäuptlings, an kriegerischem Sinne viel gewonnen hatte und allen übrigen Stämmen Haiti's feindlich gegenüber stand.

Neuntes Kapitel.
Columbus beschließt die Rückfahrt auf der Niña — Bau einer Festung.

Nach einigen Tagen, während deren Garcia und Diego eines ungestörten Friedens genossen, kehrte Columbus von seiner Besichtigung der Binnengegenden Haiti's zurück. Mit Erstaunen und Unwillen vernahm er die feindselige Störung, welche seine beiden zurückgelassenen Gefährten erlitten hatten, und zog darüber den Kaziken Guacanagari zur Rechenschaft, von welchem er den Verdacht zu hegen begann, der Angriff auf die zwei Spanier sei ihm nicht unbekannt gewesen, ja vielleicht auf seinen Befehl geschehen. Allein Guacanagari gab so aufrichtige Versicherungen seiner Treue, daß Columbus nicht umhin konnte, ihm vollen Glauben beizumessen, und sich von der Schuldlosigkeit dieses

Häuptlings an dem unversehenen Ueberfalle völlig überzeugt zu halten. Die freundlichen Insulaner hatten Columbus in die geräumigsten Hütten des Dorfes bequem einquartiert und überhaupt für alle Bedürfnisse der Spanier auf eine äußerst zuvorkommende, obgleich eigenthümliche Weise Sorge getragen, und versuchten Alles, um die auf der Stirne des Admirals thronenden Wolken des Mißmuthes zu zerstreuen, welcher seit dem unglücklichen Untergange der „Santa Maria" sich seiner bemächtigt hatte. Schwere Sorgen hielten sein Gemüth befangen, wenn er die Geringfügigkeit der Mittel erwog, welche ihm zu Gebote standen, um Nachricht von seinen Entdeckungen nach Spanien zu bringen. Das stärkste seiner Schiffe welches dem Elemente des Oceans einigermaßen hätte widerstehen können, war zu Grunde gegangen, Martin Alonzo Pinzon hatte sich mit der „Pinta" den Befehlen des Admirals entzogen, oder war vielleicht gar in den unbekannten Gewässern der neu entdeckten See verunglückt, und es war Columben nichts übrig, als die schwache gebrechliche „Niña," ein Fahrzeug, das man blos aus der, bei der Ausrüstung der Expedition vorgeherrschten Oekonomie zum Range eines Schiffes erhoben und mit dem Namen einer Caravelle belegt hatte, obgleich diese wenig mehr war, als eine Barke, nur zur Küstenfahrt tauglich. Auf diesem morschen Gebälke nun sollte der Admiral die Rückfahrt nach Spanien durch einen mehr als achthundert Seemeilen weiten Raum des Oceans antreten, wo ein unglücklicher Windstoß hinreichend war, das kleine nur wenig über der Oberfläche der See emporragende, und mit seinen großen Segeln im Mißverhältnisse stehende Fahrzeug umzuschlagen, geschweige denn eines Sturmes zu gedenken, welcher die unermeßlichen Massen der Gewässer auf eine, den bisherigen Seefahrern ganz unbekannte Weise in Bewegung zu bringen im Stande war. Nichtsdestoweniger entschloß sich Columbus, am schwachen Bord der Niña seine Rückreise anzutreten. Denn es lag ihm daran, daß seine kaum gemachte Entdeckung nicht wieder dem Schooße der Vergessenheit anheim falle; es lag ihm daran, daß die Welt die Kunde von einem Erdtheile erhalte, dessen Auffindung, wenn Columbus nicht wiederkehrte, vielleicht auf einige Jahrhunderte weit hinausgeschoben werden konnte. Im festen Gottvertrauen auf eine allwaltende Vorsehung bauend, beschloß der Admiral, allen Gefahren, allem Ungemache kühn Trotz zu bieten, welches ihm auf dem schwankenden Wellen des atlantischen Oceans treffen mochte, er nahm sich vor, sein Leben an das Gelingen der Rückreise zu setzen, wie sehr auch dieses auf der unbedeutenden Barke, die ihm einzig noch zu Gebote stand, gefährdet werden möchte.

Aber was sollte aus der Mannschaft der gescheiterten „Santa Maria" werden, welche, wenigstens ohne große Vermehrung der Gefahr, auf der „Niña" keinen Raum finden konnte? Auch hierüber fand Columbus gar bald ein Auskunftsmittel. Sehr wohl hatte er bemerkt, daß viele seiner Gefährten die Indianer um ihr freies, sorgen= und müheloses Leben beneideten, indem sie damit die harte, beschwerliche Lebensweise in Spanien verglichen. Hier bot die Natur ein mildes, günstiges Clima, so daß der Mensch Bedeckung seines Leibes für etwas Ueberflüssiges zu halten vermochte; hier spendete der fruchtbare Boden freiwillig und ohne Bearbeitung alle Bedürfnisse, welche blos zum Genusse einluden; Lust, Fröhlichkeit und Tanz herrschten unter den Eingeborenen, nachdem sie ihre Nothdurft auf eine Art befriedigt hatten, die gar keine Mühe, gar keine Arbeit erforderte.

Wie ganz anders aber war es im spanischen Vaterlande daheim, und in Europa überhaupt! Im Schweiße seines Angesichts mußte der Mensch dort seine Nahrung dem hartnäckigen Boden abzwingen; Armuth, Mangel und Elend, mit all den Würgerinnen des Menschengeschlechtes, welche gleich Furien sich im Gefolge der Dürftigkeit befinden, verfolgten in Europa meistens den Arbeiter ungeachtet seiner erschöpfendsten Anstrengungen.

Es war nicht schwer zu bestimmen, auf welche Seite das Zünglein der Wage hinüberschlagen würde, wenn die Gefährten des Admirals diese Vorstellungen erwogen, ob auf die Seite der mit Mühen und Anstrengungen verbundenen Civilisation, oder auf die Seite einer sorgenfreien Ungebundenheit in den Wildnissen eines unkultivirten Landes.

Auf diesen Voraussetzungen fußend, glaubte Columbus nicht mit Unrecht, daß viele seiner Untergebenen sich wohl bereit finden würden, auf Haiti zurückzubleiben, während er mit den Uebrigen die Nachricht der gemachten Entdeckungen nach Spanien brächte.

Der Admiral erwog ferner, daß die Zurückbleibenden bis zu seiner Wiederankunft mit einer größeren Anzahl von Schiffen und bedeutenderen Colonisationskräften im Stande sein könnten, mit den Eingeborenen in nähere Berührung zu treten, ihre Sprache, Sitten, Lebensweise und vor Allem die Fundgruben des Goldes kennen zu lernen, daß man bei den Haitiern häufiger als sonst irgendwo getroffen hatte.

Ueberdieß konnte zum Schutze der zurückbleibenden Ansiedler aus den Trümmern des Schiffsrumpfes der „Santa Maria" eine Art von Festung aufgeführt werden, welche den ungeregelten Horden der Indianer gegenüber, falls diese ja einmal in Feindseligkeiten aus-

5

arteten, ein ziemlich Achtung gebietendes Bollwerk abgeben konnte.

Der Admiral überdachte seinen Plan reiflich bei sich, und fand ihn sehr ausführbar, ja sogar vortheilhaft, wenn sich die Ansiedler während seiner Abwesenheit genau nach jenen Klugheits- und Verhaltungsregeln richteten, welche er ihnen vorzuzeichnen beabsichtigte. Columbus hatte richtig gerechnet, als er auf die Bereitwilligkeit eines guten Theiles seiner Schiffsgenossen hoffte, auf Haiti zurückzubleiben, während er selbst mit der „Niña" nach Spanien segelte, um neue und ergiebigere Unterstützung zur weitern Verfolgung seiner Entdeckungen und Pläne mitzubringen. Denn kaum war seinen Leuten von ihm der Vorschlag gemacht worden, eine Ansiedelung auf Haiti zu gründen, als viele von diesen mit Freuden hierauf eingingen, und sowohl Offiziere als Matrosen sich erbaten, auf Hispaniola zurückbleiben zu dürfen.

Guacanagari in seiner Einfalt war sehr erfreut, daß einige seiner spanischen Gäste, für welche man, nachdem das vorgefallene Scharmützel mit Caonabo kundbar geworden war, nur um so größere Achtung hegte, bei ihm zurückbleiben sollten, um ihm unmittelbaren Schutz gegen die kriegerischen Einfälle des caraibischen Häuptlings zu gewähren.

Ohne ferneres Zögern schritt nun Columbus zur

Ausführung seines Vorhabens. Es wurde eine Art Feste gebaut, deren Mittelpunkt ein hölzerner Thurm bildete, um welchen her die Wohnungen der Spanier errichtet wurden, während man das Ganze mit einem Graben umgab, um es vor einem unvorhergesehenen Andrange der Indianer zu schützen. Die Kanonen der gestrandeten „Santa Maria" wurden zum Theile auf dem Walle des Forts, zum Theile auf dem erwähnten Thurme aufgestellt: und auf diese Weise glaubte Columbus die Ansiedler um so kräftiger gegen mögliche Feindseligkeiten der Indianer verwahrt, als diese Wilden von einer regelmäßigen Art Krieg zu führen, keinen Begriff hatten.

Ueberdieß meinte der Admiral, werde es zwischen den sanftmüthigen, aufrichtigen und friedliebenden Unterthanen Guacanagari's und den spanischen Ansiedlern wohl nicht zu Feindseligkeiten kommen, besonders wenn diese sich klug gegen die Indianer benähmen; und Caonabo hatte ja vor Kurzem eine blutige Lehre erhalten, welche seinem Gedächtnisse wohl nicht so leicht entschwinden würde.

Der kleine Festungsbau ging rasch von Statten, denn auf Befehl Guacanagari's waren die Insulaner eifrig beschäftiget, den Spaniern ihr Werk fördern zu helfen, ohne zu ahnen, daß sie dadurch nur an ihrem eigenen Verderben mitwirkten.

Denn mit dem Erscheinen der europäischen Gäste sollte das bisher gehegte Glück, die ungetrübte Zufriedenheit von diesen kindlichen Menschenstämmen auf ewig weichen; mit dem Erscheinen der Spanier im westindischen Archipel begann jener Vernichtungskrieg, welchen die Civilisation gegen die Eingeborenen dieser Erdfesten bis in die Gegenwart herein fortführte, und mit der beinahe gänzlichen Ausrottung der amerikanischen Ureinwohner beendigte.

Hätten die unglücklichen Unterthanen Guacanagari's im mindesten vermuthet, wie sie durch ihren Beistand beim Bau des Forts jene traurigen Perioden eines blutigen Verfolgungskrieges nur näher heranbeschworen, so würden sie wohl weit entfernt gewesen sein, den Spaniern ihre Hülfe anzubieten.

So aber sahen sie in dem Zurückbleiben ihrer weißen Gastfreunde und in dem Baue des festen Platzes nichts, als eine Maßregel, welche ihnen selbst gegen die Einfälle der Caraiben und die Feindseligkeiten Caonabo's Schutz bieten sollte, und arbeiteten demnach wacker fort.

Columbus benutzte die Zwischenzeit, um so viel Gold als möglich einzutauschen, und von allen jenen Naturerzeugnissen Haiti's, welche geeignet waren, den Werth der gemachten Entdeckungen am spanischen Hofe in das rechte Licht zu stellen, eine verhältnißmäßige

Menge aufzusammeln. Das Eintauschen des Goldes ging gut von Statten, weil auch die unbedeutendste Kleinigkeit in den Augen der Insulaner Werth hatte, sobald sie nur von einem Europäer herrührte; für ein Stückchen Leder, einen Nagelkopf und dergleichen gaben sie mit Vergnügen den goldenen Schmuck ihrer Nasen und Ohren hin. Ein vorzüglich gesuchter Artikel aber waren bei den Indianer die Schellen, deshalb, weil sie dieselben bei den von ihnen leidenschaftlich geliebten Tänzen, wie die Spanier die Castagnetten, benutzten.

Eines Tages bot ein Haitier einem Matrosen ein großes Stück gediegenen Goldes an, um dafür eine Schelle einzutauschen. Als der Matrose sich zum Handel bereit zeigte, nahm der Insulaner dem Spanier die Schelle aus der Hand, ließ das Stück Gold fallen, und lief wie ein Dieb, so schnell er es vermochte, davon, weil er glaubte, er habe den weißen Mann übervortheilt, und dieser könne, wenn er ihm Zeit dazu ließe, den Handel bereuen. Sobald Guacanagari in Erfahrung brachte, welchen Werth selbst Columbus auf das Gold lege, war er auf das eifrigste bemüht, dem Admiral zu Gefallen so viel als möglich von diesem Metalle herbeizuschaffen. Er machte ihm verschiedene aus Gold bestehende Geschenke, und nahm dagegen mit Vergnügen das europäische Flitterwerk hin, mittelst dessen ihm der Admiral sein Wohlwollen bezeigte. Einst kam Guacanagari mit fünf anderen ihm unterworfenen Kaziken zu dem Admiral. Jeder von diesen trug einen massiven Goldreif zum Zeichen seiner Würde auf dem Kopfe. Sie naheten sich mit großer Ehrfurcht, Guacanagari nahm seinen eigenen kostbaren Hauptschmuck ab, und setzte ihn auf den Scheitel des Admirals. Columbus machte den freundlich gesinnten Häuptlingen Gegengeschenke, bestehend in mehreren europäischen Kleidungsstücken und einem silbernen Fingerringe.

So dauerte das gute Einvernehmen zwischen den Spaniern und den Insulanern mittelst des klugen und leutseligen Benehmens des Admirals ungestört fort, während der Bau der befestigten Wohnung der spanischen Ansiedler sich schnell seiner Vollendung nahte, als eines Tages die Nachricht von den Indianer hinterbracht wurde, daß ein großes Schiff in der Nähe der Küstenstriche Haiti's gesehen worden sei, und am östlichen Ende der Insel Anker geworfen habe. Dieß konnte nach der gegebenen Beschreibung kein anderes Schiff sein als die „Pinta." Da es unserem Columbus gar sehr daran gelegen sein mußte, die „Pinta" zu seiner Unterstützung wieder an der Seite zu haben, so ließ er augenblicklich von dem Kaziken ein großes Canoe, und ließ es unter der Leitung des Diego Mendez, während die übrige Bemannung aus Indianern bestand, eine Fahrt ostwärts machen, um Martin Alonzo Pinzon mit seinem Schiffe aufzusuchen und zurückzurufen. Allein nach einer dreitägigen Abwesenheit und einer Fahrt von dreißig Meilen nach Osten kehrte das Canoe unverrichteter Sache wieder zurück, ohne von dem treulosen Schiffskapitain auch nur eine Spur angetroffen zu haben.

Zehntes Kapitel.

Das Fort La Navidad — Abreise von Haiti — Zusammentreffen mit der Pinta — Sturm — Ankunft bei den azorischen Inseln.

Es war am ersten Januar 1493, als die kleine Festung fertig da stand, an deren Vollendung Spanier und Indianer mit freundschaftlichem Wetteifer gearbeitet hatten.

Der Admiral erwählte aus denjenigen seiner Leute, welche sich zur Niederlassung auf Haiti erboten, neunundbreißig Männer und setzte ihnen Diego de Arana zum Befehlshaber, an dessen Stelle, im Falle seines Ablebens vor der Rückkehr des Columbus, Pedro Gutierez, und weiter Rodrigo de Escobido treten sollte. Letztere zwei sollten Diego de Arana zugleich als Lieutnants an der Seite stehen. — Die erste und strengste Pflicht, welche der Admiral den Ansiedlern einschärfte, war unverbrüchlicher Gehorsam gegen den Befehlshaber der kriegerischen Ansiedlung, welche den Namen La Navidad, d. h. die Geburt, erhielt, weil Columbus am Tage der Geburtsfeier unsers Erlösers nahe bei der Stelle, an welcher nunmehr das Fort stand, aus dem Schiffbruche errettet worden war.

Die zurückbleibenden Spanier gelobten Diego de Arana, welchen Columbus mit gutem Vorbedacht als einen tüchtigen und rechtlichen Mann zum Oberhaupte der Niederlassung gewählt hatte, den pünktlichsten Gehorsam. Der Admiral setzte den Ansiedlern ihre Pflichten in einer eindringlichen Rede auseinander. „Ihr seid Willens," sprach er, „in einem bisher gänzlich unbekannten Lande, fern von der Heimath, für den Augenblick gänzlich abgeschnitten von aller Unterstützung Eures Mutterlandes, in einem Gebiete zurückbleiben, welches ungebildete, dennoch aber von Natur aus gutmüthige Menschenstämme inne haben, die uns wegen unserer überwiegenden Cultur hochschätzen und als überirdische Wesen achten. Seid ja darauf bedacht, daß den Insulanern dieser schöne Irrthum nicht benommen werde, und gebet nicht durch ein unzartes Benehmen gegen sie, durch ein rohes, eigennütziges und ausschweifendes

Betragen Ursache, daß sie von ihrem unschuldigen Wahne zurückkommen, der sowohl uns, als auch diesen unwissenden Natursöhnen von großem Nutzen sein wird. Denn wenn sie durch das Vorleuchten Eures schönen Beispieles Euch höher achten gelernt haben, wie gerne werden sie bei meiner Rückkehr die Segnungen und das Licht des wahren Glaubens annehmen, das ich ihnen zu bereiten gedenke. Nächst dem strengsten Gehorsam gegen Diego de Arana empfehle ich Euch vor Allem die größte Eintracht, denn nur durch die innigste Vereinigung Eurer Kräfte könnt Ihr mit Hülfe der Euch zurückbleibenden Vertheidigungsmittel den wilden Einwohnern dieses Bodens gegenüber eine ehrfurchtgebietende Stellung behaupten. Denkt an die Geschichte von dem Bündel von Stäben, welche, zusammen genommen, Niemand brechen konnte, von denen aber jeder einzelne sehr leicht zersplitterte. Ueberschreitet nie das Gebiet des uns freundschaftlich ergebenen Häuptlings Guacanagari, denn schon habt Ihr eine Probe von der feindseligen Gesinnung Caonabo's, des Kazifen von Zibao, erlebt, welche indeß, Dank sei es dem Allmächtigen, für uns keine ferneren Nachtheile herbeigeführt hat. Denkt an eine zweckmäßige Beschäftigung während meiner Abwesenheit; an solcher kann es Euch nicht fehlen, bebauet den Boden mit den Euch zurückgelassenen Sämereien, betreibet den Fischfang, wozu

Euch das Boot der unglücklichen „Santa Maria" dienen mag.— Vor Allem aber mache ich es Euch zur Pflicht, Diego de Arana," so schloß der Admiral seine Rede, „die Sitten und Gewohnheiten der Eingeborenen und ihre Sprache kennen zu lernen, und so viel Ihr vermögt, natürlich nur mittelst rechtlicher Mittel, Gold aufzusammeln, welches Ihr, wenn Ihr genöthigt werden solltet, die Ansiedelung vor meiner Ankunft zu verlassen, in den Brunnen versenken möget. Denn ich beabsichtige nach meiner Wiederkunft unsern allergnädigsten Beherrschern einen Beweis von der Ergiebigkeit dieses neu entdeckten Landes an edlen Metallen dadurch zu geben, daß ich ihnen eine bedeutende Menge hievon übersende. Ihr kennt nun meinen Willen, und möget nur noch bedacht sein, in der Zwischenzeit meiner Abfahrt und Ankunft einen sichern Hafen für die Niederlassung aufzufinden, denn die trügerischen Strömungen des gegenwärtigen Landungsplatzes haben mich mein gutes Schiff gekostet."

Hiemit endigte Columbus. Wie seine Lehren und Ermahnungen befolgt wurden, wird die Zukunft enthüllen.

Am folgenden Tage ging der Admiral abermals an das Land, um Guacanagari von seiner nahen Abreise zu unterrichten. Mit großem Leidwesen vernahm der Kazike die Nachricht von der baldigen Trennung von

Columbus. Dieser lud den Indianerhäuptling zu sich in dasjenige Haus, welches ihm während der Errichtung der Feste am Lande zur Wohnung gedient hatte, bewirthete seinen Gast auf europäische Weise, empfahl ihm die Officiere und Besatzung von „La Navidad," und versprach, sobald als möglich zurückzukehren, um eine Menge von Kostbarkeiten mitzubringen, welche die bisher gesehenen bei Weitem übertreffen würden.

Um einen tieferen Eindruck von der Macht und dem kriegerischen Geiste der Spanier zu hinterlassen, veranstaltete der Admiral wie bei seiner Ankunft auf Haiti einige Scheingefechte, welche jene Untergebenen je nach den verschiedenen Waffengattungen im Angesichte der Wilden aufführen mußten. Mit ungetheilter Bewunderung sahen die Indianer diesen Kriegsspielen zu, und als zum Schlusse die Kanonen von La Navidad sich löseten, bemächtigte sich der Insulaner die größte Ehrfurcht vor den weißen Männern, eine Empfindung, welche jedoch von Scheu nicht ganz frei war; als sie sich aber der Versicherung der Spanier erinnerten, daß diese mächtigen Feuerschlünde, welche eben ihre Nerven erbeben gemacht hatten, bestimmt seien, sie vor den Einfällen der wilden Caraiben zu schützen, verwandelte sich ihre Furcht wieder in Fröhlichkeit und Wohlbehagen.

Während dessen war der Abend herabgesunken, und

Columbus beeilte sich an Bord der Niña zu kommen. Er nahm daher Abschied von dem gutmüthigen Guacanagari, reichte diesem die Hand, und deutete nach dem vor Anker liegenden Schiffe. Der Häuptling verstand die Geberden, und Thränen der Rührung drangen aus seinen Augen, denn hatte er Anfangs vor Columben Achtung empfunden, so war ihm durch das leutselige Benehmen desselben später Liebe eingeflößt worden, welche dem Häuptlinge, einem unverdorbenen Naturmenschen, die Trennung von dem Admiral sehr erschwerte.

Der Kazike umarmte die zurückbleibenden Officiere der Besatzung, versprach ihnen allen Beistand, Lieferung der Lebensmittel und jede mögliche Hülfe. Der Abschied war für die Zurücksegelnden sowohl, als auch für die Besatzung von La Navidad und die Insulaner sehr beklemmend.

Welche Unverdorbenheit des Gemüthes, welche Empfänglichkeit für zartere Gefühle fanden die Spanier bei diesen im rohen Naturzustande lebenden Insulanern. Welches Glück, welche Zufriedenheit herrschte in der Brust dieser ungekünstelten Kinder der Natur, die leider bestimmt waren, durch ihre europäischen Unterdrücker von Heerd und Heimath verdrängt zu werden, ein unglückseliges Geschlecht, von welchem nach dem Umschwunge weniger Jahrzehende kaum das Gedächtniß mehr vorhanden war!

Am Bord der Niña angekommen, ließ der Admiral alle Vorkehrungen zur morgigen Abfahrt treffen. Die untergehende Sonne beleuchtete die geschäftige Thätigkeit der rührigen Seeleute, welche zur weiten Reise Alles in den gehörigen Stand zu setzen hatten, und noch lange blickten die am Strande versammelten Indianer nach der Niña, so lange, bis jede ihrer schlanken Räen in der Dämmerung sich ihren Augen entzogen hatte, und auch die reizenden Anhöhen von Haiti für die Bemannung der Caravelle in Schatten gesunken waren.

Der vierte Januar graute kaum, als die Kanonen der Niña ihren Donner weithin über den Spiegel des Oceans verbreiteten, und an den Gebirgen von Haiti wiederhallen ließen; dieß war das Zeichen der Abfahrt, welches von den Feuerschlünden des Forts La Navidad beantwortet wurde.

Eine große Menge der Eingeborenen lief auf dieses Signal an den Strand, um die Spanier absegeln zu sehen, während der Admiral die Anker aufwinden ließ, und das Schiff, von einem leichten Winde getrieben, sich pfeilschnell aus dem Hafen entfernte.

Viele der Insulaner kamen auf ihren aus Baumstämmen gefertigten Canoes herangerudert, um die weißen Fremdlinge eine Strecke auf die See hinaus zu begleiten. Auch die Besatzung von La Navidad stand

(5)

am Ufer und winkte den abreisenden Landsleuten mit wehenden Tüchern ein letztes Lebewohl zu, während so manche Brust unter den Ansiedlern ängstlicher schlug über die gänzliche Vereinsamung auf der blos von wilden Völkern bewohnten Insel.

Der Anfangs günstige Wind, welcher die Niña eine Strecke weit frisch vor sich hergetrieben hatte, sprang bald um, und war dem Fahrzeuge gänzlich entgegen, so daß der Admiral sich genöthigt sah, auf der Höhe von Haiti zu kreuzen, und diese Insel über zwei Tage nicht aus dem Gesichte bekam. Dieser für Schiffer sonst äußerst widerwärtige Zufall gab Columben die Veranlassung, einige Küstenstriche von Haiti noch näher zu untersuchen, wobei der vom Mastbaum auslugende Matrose am dritten Tage in der Ferne ein Segel entdeckte, welches sich bei größerer Annäherung als die lange vermißte „Pinta" auswies, so daß Columbus die Vorsehung pries, die ihm durch das anscheinend unangenehme Vorherrschen eines widrigen Windes zu der so sehnlich gewünschten Vereinigung mit dieser Caravelle verholfen hatte.

Der Admiral legte sich an die Pinta*) und praiete**) sie.

---

*) An ein Schiff anlegen, sich demselben auf Sprechweite nähern.
**) Praien, anrufen.

Martin Alonzo Pinzon kam an Bord des Admirals, um sich wegen seiner unverantwortlichen Abwesenheit zu rechtfertigen. Die Signale, welche Columbus der „Pinta" gegeben hatte, wollte er nicht gesehen haben, wegen des bei der Trennung seines Fahrzeuges von der „Santa Maria" vorgeherrschten stürmischen Wetters. Der Admiral nahm diese und andere kahle Entschuldigungen des Martin Alonzo für baare Münze an, und war im Herzen froh, daß sich die „Niña" endlich mit dem schon verloren gegebenen Fahrzeuge zum wechselseitigen Beistand vereinigt hatte, welcher auf der weiten Fahrt über den großen Ocean nur wünschenswerth sein konnte. Deshalb unterließ es Columbus, Pinzon zu einer strengen Verantwortung zu ziehen. Er erfuhr aber, daß dieser pflichtvergessene Capitain beinahe einen Monat lang an der Küste von Hispaniola oder Haiti, nur fünfzehn Meilen von Navidad entfernt, einen einträglichen Tauschhandel getrieben habe, dessen reichen goldenen Ertrag er zum Theile für sich behalten, zum Theile an seine Mannschaft vertheilt hatte, um diese zum Schweigen zu bewegen.

Nichtsdestoweniger ließ Columbus die Entschuldigungen Pinzon's auf sich beruhen, denn es wäre unklug gewesen, diesen in den weiten Einöden des atlantischen Oceans zur Rechenschaft zu ziehen, da er auf die Mannschaft einen nicht geringen Einfluß ausübte.

Daß Columbus nur aus weiser Zurückhaltung und nicht etwa aus Furcht vor Pinzon diese Handlungsweise befolgte, zeigte ein Vorfall, der sich Tags darauf ereignete. Der Admiral hatte in Erfahrung gebracht, daß der Befehlshaber der „Pinta" auf seinen eigenmächtigen Streifzügen auch einige eingeborene Männer und Weiber mit Gewalt festgenommen habe, um sie in Spanien als Sklaven zu verkaufen. Empört über ein solches recht- und gesetzloses Verfahren, sagte zwar Columbus augenblicklich hierüber nichts; kaum waren aber des folgenden Tages die Fahrzeuge, des widrigen Windes wegen noch immer an der Küste kreuzend, an einem Orte angelangt, wo eine Landung bequem ausgeführt werden konnte, so befahl er Pinzon, die geraubten Eingeborenen unverzüglich an das Land zu setzen. Ungeachtet alles Widerstrebens und selbst des erbittertsten Widerspruchs mußte Pinzon gehorchen und die Indianer, zum Ersatz der an ihnen verübten Gewalt, reichlich mit Geschenken begabt in ihre Heimath entlassen. Da Columbus sich nun wieder im Besitze zweier Schiffe befand, so hätte er sich über die Beschaffenheit seiner Entdeckungen gerne nähere Aufklärung verschafft; allein dieß war bei der hochmüthigen und gereizten Stimmung des ehrgeizigen Pinzon gegenwärtig nicht rathsam, und so mußte es schon bei der Rückfahrt nach Spanien sein Bewenden haben, zu welcher auch bald ein günstiger Wind eintrat, der die Caravellen schnell aus dem Bereiche der Küste auf die offene See hinausbrachte. War die Herreise, gleichsam unter der unmittelbaren leitenden Obhut der Vorsehung, welche das Streben Columbens begünstigte, von Statten gegangen, so häuften sich dagegen auf der Rückreise so gewaltige Gefahren an, daß die schwachen Fahrzeuge denselben jeden Augenblick zu erliegen drohten. Zuerst gelangten sie in den Bereich der Passatwinde, welche, wie sehr sie auch die westliche Reise gefördert hatten, doch der jetzigen östlichen Fahrt ein Hemmniß anlegten, vermöge dessen die Schiffe kreuzen mußten und nur langsam vorwärts kamen. Als man diesen stetigen Luftströmungen entgangen war, begann der Wind günstig zu wehen, so daß man bald hoffte, die Azorischen Inseln zu erreichen.

Allein die größten Gefahren hatten die armen Seefahrer noch zu übersteyen. Am zwölften Februar fing die Luft an in heftige Bewegung zu gerathen, und die See ging in hohlen Wellen; am folgenden Tage nahm die Luftströmung an Gewalt zu, und das Meer schlug ungestümer an die Rippen der Caravellen, welche noch immer standhaft das aufgeregte Element durchschnitten. Gegen Abend aber bemerkte der Admiral bei Nordnordost drei starke Blitze, für seine Witterungskenntniß die sichern Vorzeichen eines nahenden Sturmes.

Kaum hatten die Matrosen dem vorsorglichen Befehle Columbens, die Segel einzureffen, Folge geleistet, als der Orkan mit der fürchterlichsten Wuth losbrach, die schwachen Caravellen bald auf die Spitze der riesigen Wellen emporhob, bald wieder in der Tiefe der Gewässer begraben zu wollen schien, so daß sich die Fahrzeuge krachend unter der Wellenlast emporarbeiteten, und beim jedesmaligen Emporsteigen und wiederholten Niedersinken beinahe umschlagen zu wollen schienen.

Die ganze Nacht hindurch arbeiteten die Schiffe in den wildempörten Gewässern, beim heranbrechenden Morgen legte sich jedoch der Sturm ein wenig, so daß man wieder einige Segel aufziehen konnte. Aber mit erneuerter Kraft brach die Wuth der Elemente abermals los, und die kaum angesetzten Segel mußten schleunig wieder eingezogen werden.

Thurmhoch schlugen die Wellen empor, und führten die Fahrzeuge mit sich auf ihre schwankenden Gipfel, und schleuderten sie wieder in den Abgrund herab, wo ein nasses Grab jeden Augenblick dem mit Erfolg gekrönten Streben der Entdecker einer neuen Welt das Ziel setzen zu wollen schien. Mit rastloser Anstrengung arbeiteten die Matrosen und Steuerleute, um die Schiffe gegen den Wind zu halten und nicht umzu=

schlagen; und wieder brach die Nacht herein, und das Ungestüm eines rasenden Oceans schien die geängstigten Schiffe in jedem Momente verschlingen oder zertrümmern zu wollen. Der Admiral ließ zuweilen eine Laterne am Mastbaume emporheben als Signal für die Pinta, um sich von ihrer Nähe zu vergewissern, einige Zeit hindurch beantwortete sie die Zeichen mit gleichen Lichtern, aber immer entfernter wurden diese, bis sie endlich ganz aufhörten und verschwanden. Es war dieß ein neuer Grund zur Entmuthigung der Schiffsmannschaft, da der Mensch sich um so unglücklicher und hoffnungsloser fühlt, je mehr vereinsamt ihn die Schläge des Schicksals treffen.

Die Verzweiflung der Reisegefährten unsers Columbus, durch den schrecklichen Sturm, den das Schiff nicht überdauern zu können schien, ohnedieß schon hoch gesteigert, brach nun in laute Klagen und Verwünschungen aus und Viele fluchten der Stunde, in welcher sie sich zu Genossen des Admirals hergegeben hatten. Nach einer furchtbaren Nacht brach endlich der Tag an; aber kein Trost — keine Hoffnung brachte sein Licht in die Herzen der geängstigten Seeleute. Die Wogen thürmten sich haushoch und schienen mit den niedrig dahinschwebenden Wolken in Eins verschweben zu wollen. Eine Welle nach der andern spülte über das Fahrzeug hin, welches beständig in Gefahr stand, von einer Woge ausgefüllt zu werden und in den Abgrund der tobenden See hinabzusinken.

Es war nun nichts Anderes übrig, als die Caravelle vor dem Sturme hertreiben zu lassen. Während sich das Schiffsvolk der Verzweiflung in der verschiedensten Weise überließ, bemühte sich Columbus die Gedanken seiner Leute himmelwärts zu richten und sprach ein kräftiges Gebet, um den Schutz des Allmächtigen in dieser höchsten aller Bedrängnisse zu erflehen. Es gelang ihm, die Gemüther der Seeleute emporzurichten und mit dem Vertrauen auf eine allwaltende Vorsehung zu erfüllen.

Columbus erbebte nicht vor der Gefahr seiner Person; er verzagte nicht vor dem Gedanken an seine zwei unmündigen in Spanien zurückgelassenen Söhne; denn er wußte sie im kräftigen Schutze des Vaters über den Sternen; aber er bangte für das Schicksal seiner Genossen und zitterte vor der Vorstellung, daß die wichtige Entdeckung, welche er gemacht hatte, der Welt verborgen bleiben und er den Namen eines träumerischen Plannmachers ernten würde, wenn die tobenden Wellen der See jetzt seinem Leben ein Ziel setzen sollten. Deß war es, was der Admiral fürchtete, und er beschloß, so viel als es in seinen Kräften stand, die Kunde von der Entdeckung der neuen Welt zu sichern. Er begab sich in seine Cajüte — schrieb einen kurzen

Bericht seiner Erfahrungen nieder, legte das Perga-
ment mit Wachstuch verhüllt in einen Wachskuchen,
verschloß das ganze wohl in eine Tonne und warf sie
in die See, nachdem er der Adresse des Briefes das
Versprechen einer Belohnung von eintausend Dukaten
für denjenigen beigefügt hatte, welcher das Schreiben
unerbrochen an die Souveräne von Spanien übergeben
würde. Eine ähnliche Tonne wurde auf den Hinter-
theil des Schiffes gelegt, damit, wenn dieses zu Grunde
gehe, jene davon schwimmen und erhalten werden könne.

Als Columbus diese Vorsichtsmaßregeln vollführt
hatte, fühlte er seine Brust sehr erleichtert und trat
auf das Verdeck, um der Mannschaft Trost zuzuspre-
chen. Drei volle Tage wüthete bereits das gräßliche
Unwetter, kein Sonnenstrahl, kein blaues Fleckchen des
Himmels war durch die dichte Wolkendecke gedrungen
und Sturm und Wogen tobten in gleichem Maße fort.
Eben als er im Begriffe war, seinen verzagten Seeleuten Muth einzuflößen, bemerkte der Admiral, daß
sich die Wolken trennten und, ob auch nur auf einen
kurzen Augenblick, einen schmalen Streifen blauen Fir-
mamentes sehen ließen. Den Meisten war dieß entgangen; aber der Admiral sah hierin das Zeichen eines baldigen Witterungswechsels, und wie sehr auch
noch der Sturm die Caravelle auf den emporgepeitsch-
ten Wogen vor sich her trieb — Columbus weissagte

ein baldiges Nachlassen des Unwetters. Zwar wurde noch eine Nacht hindurch die Niña in dem gräßlichen Wellengetümmel umhergeworfen, gegen Morgen aber legte sich der Zorn des Elements und der freudige Ruf „Land" ließ die geängstigte Mannschaft eine baldige Erholung von den ausgestandenen Bedrängnissen an einem wirthlichen Strande hoffen.

Die aufgehende Sonne bestätigte die während der Morgendämmerung gemachte Entdeckung und mit einem Jubel, der nur jenem gleichkam, mit welchem Columbens Gefährten die Insel Guanahani ansichtig wurden, begrüßten die geretteten Seeleute die Insel Santa Maria, die südlichste von der Gruppe der Azoren.

Eilftes Kapitel.
Abreise von den Azoren — Ankunft Columbens in Spanien, dessen Aufnahme am Hof.

Obgleich nun Land im Bereiche des Horizontes lag, so war der Admiral, der noch immer herrschenden widrigen Winde wegen, noch einige Zeit hindurch verhindert, sein Fahrzeug in einen sichern Port zu bringen, und erst am achtzehnten Februar konnte er auf St. Maria den Anker fallen lassen. Columbus beabsich=

tigte sein Schiff von den erhaltenen vielen Schadhaftigkeiten auszubessern und der erschöpften Mannschaft am Lande einige Rast zu vergönnen. Allein wie verschieden war der Empfang, der ihn beim ersten Berühren des civilisirten Bodens erwartete, von jenem, welchen er bei den ungebildeten Indianern genossen hatte. Kaum hatte man auf der Insel über die Beschaffenheit der angekommenen Caravelle Näheres erfahren, als der portugiesische Statthalter Johann de Castañeda noch an demselben Abende ein schmeichelhaftes Schreiben an Columbus, begleitet mit Erfrischungen aller Art, absandte und sich entschuldigen ließ, daß ihn als einen alten Bekannten des Admirals blos die späte Tageszeit verhindert habe, persönlich an Bord der Niña zu kommen. Obgleich sich nun Columbus der Person des Statthalters nicht erinnerte, so war er doch über dessen freundschaftliche Zuvorkommenheit sehr erfreut, welche ihm vergönnen würde, eine Zeit hindurch der lang entbehrten Ruhe zu pflegen.

Am folgenden Morgen schickte Columbus einen Theil seiner Leute in einem Boote an die Küste, um der Dankbarkeit gegen Gott, dessen Vorsicht sie jüngst aus den drohendsten Gefahren errettet hatte, Genüge zu thun und eine nahe am Ufer liegende Kapelle zu besuchen, wo sie feierliche Dankgebete zum Himmel emporsenden sollten; bis dieser Theil der Mannschaft von ihrer Botschaft zurückgekehrt wäre, wollte Columbus selbst mit den noch übrigen Seeleuten an das Land gehen, um ebenfalls seine Andacht zu verrichten. Allein eine Stunde um die andere verstrich und die ausgesandte Mannschaft kehrte nicht zurück, so daß der Admiral in arge Befürchtungen verfallend etwas weiter der Küste entlang segelte, wo er die besagte Kapelle übersehen konnte. Die tückische Gleißnerei des portugiesischen Machthabers hatte nun das Rauhe nach Außen gekehrt, die Seeleute von der Niña waren in der Kapelle von einem Trupp Bewaffneter umzingelt und in der Meinung gefangen genommen worden, daß unter ihnen auch der Admiral befindlich sei, dessen Person sich Johann von Castañeda mit Hinterlist zu bemächtigen getrachtet hatte, um den Spaniern die Ehre der Entdeckung einer neuen Welt zu entreißen.

Columbus war über die Beweggründe dieser Handlungsweise sogleich im Klaren; er befahl seiner noch übrigen Mannschaft sich zu bewaffnen und erwartete das Boot, welches sich vom Lande her der Niña näherte, in feindlicher Stellung. Der Statthalter selbst war am Bord desselben und erbat sich sicheres Geleit, um auf das Verdeck der Caravelle zu kommen. Obgleich der Admiral dieß zugestand, wagte es Castañeda im Bewußtsein seines gesponnenen Verrathes doch nicht, von der Erlaubniß Gebrauch zu machen. Entrüstet erklärte nun Columbus, daß er nicht von hinnen weichen werde, bis er hundert Portugiesen gefangen genommen und der Insel den möglichsten Schaden zugefügt hätte, wenn nicht augenblicklich seine widerrechtlich gefangen genommenen Leute losgegeben würden.

Nach einer in trotzigem und anmaßendem Tone gegebenen Antwort des Statthalters ruderte das portugiesische Boot wieder dem Lande zu. Wegen der nunmehr abermals beginnenden ungestümeren Winde war Columbus genöthigt, zur Sicherheit seines Schiffes, welches an der Küste leicht hätte Schaden nehmen können, die hohe See zu suchen und konnte erst nach zwei Tagen, als die Witterung günstiger geworden war, sich bei der Insel St. Maria wieder vor Anker legen.

Die Drohung des Admirals aber hatte auf den portugiesischen Statthalter eine größere Wirkung gethan, als es schien, und da dieser seine List, sich der Person des Columbus zu bemächtigen, einmal mißglückt sah, so beschloß er, nachdem das bereits Geschehene nicht mehr rückgängig zu machen war, doch der Sache die bestmöglichste Deutung zu geben. Kaum hatte sich die Niña an der Küste gezeigt, als ein Notar am Bord derselben erschien, welcher erklärte, daß falls der Admiral wirklich in den Diensten der spanischen Krone stehe, die sämmtliche gefangene Mannschaft losgegeben werden solle, so wie auch Castañeda in diesem Falle zu allen möglichen Freundschaftsdiensten erbötig sei. Columbus beantwortete diese Botschaft durch die stillschweigende Vorweisung seines Beglaubigungsschreibens, und am andern Morgen waren Boot und Mannschaft wieder in Freiheit. Ohne sich länger bei einer Insel aufzuhalten, wo man ein so tückisches und hinterlistiges Benehmen gegen ihn beobachtet hatte, segelte Columbus am vierundzwanzigsten Februar weiter, und wurde Anfangs von einem sehr gelegenen Winde begünstigt, so daß er hoffte, Spaniens heimathliche Küste binnen wenig Tagen glücklich zu erreichen. Allein nach drei Tagen schon zeigte sich die See unruhiger als jemals; muthig kämpften die Seeleute gegen die widrigen Umstände, und es kostete sie die männlichsten Anstrengungen, um die Richtung des Schiffes gehörig beizubehalten.

Die unruhigen Bewegungen der Gewässer, obgleich an und für sich der kleinen Caravelle gefährlich genug, waren jedoch nur das Vorspiel des wüthendsten Sturmes, welcher die erschöpften Seeleute auf der ganzen Rückreise treffen sollte.

Am zweiten März begann der Orkan plötzlich sein Toben mit einem so entsetzlichen Windstoße, daß alle Segel, welche die „Niña" beigesetzt hatte, mit einem Male zischend in Stücke zerrissen, und jede weitere Bemühung für die Rettung des Schiffes zwecklos schien.

Die Matrosen geriethen in die heftigste Verzweiflung und äußerten sie auf die verschiedenartigste Weise. Einige weinten, andere tobten, noch andere beteten, während viele ihre Sinne durch starke Getränke betäuben wollten, um die Gefahr nicht wahrzunehmen, in welcher sie schwebten. Der Admiral konnte die Mannschaft nur mit Mühe zur Einraffung der Segel und zur angestrengten Handhabung des Steuerruders bewegen.

Ueber alle Beschreibung furchtbar war die Gewalt des Sturmes, welcher diesen Tag und die darauf folgende Nacht über wüthete. Thurmhohe Wellen schienen der bedrängten Caravelle von Augenblick zu Augenblick den sicheren Untergang zu drohen, und der Orkan das Gefüge des Schiffsrumpfes in jedem Momente aus einander reißen zu wollen. Der Donner rollte, Blitze zischten durch das undurchdringliche Dunkel der Nacht, um von Zeit zu Zeit den Seeleuten die furchtbare Größe der Gefahr zu zeigen, der Regen floß in Strömen von der schwarzen niedrigen Wolkendecke herab, während Woge um Woge schäumend über das Verdeck hinspülte, eine jede groß und furchtbar genug, um die beängstigte Caravelle mit ihrer Wellenlast in die Tiefe des Abgrundes niederzudrücken.

6*

Da ertönte in dieser entsetzlichen Nacht der Ruf „Land!" aber dießmal war er unseren bedrängten Seefahrern nicht willkommen, wie sonst, denn sie liefen Gefahr, an den Strand getrieben zu werden und zu scheitern. Mit der äußersten Anstrengung war der Admiral daher genöthigt, sich Seewärts zu halten. Nur die Leitung eines so überwiegend kräftigen Geistes, wie unser Columbus ihn besaß, vermochte es, den verzweifelten Trupp seiner Gefährten zu fortdauernden mannhaften Anstrengungen zu bewegen, wie sie sich geeignet zeigten, das schwache Fahrzeug vor dem unvermeidlich scheinenden Untergang zu bewahren. Denn das Schiffsvolk hatte bereits alle Hoffnung einer möglichen Rettung aufgegeben, glaubte sich dem gewissen Wellentode verfallen, und war daher wenig geneigt, sich die vermeintlichen letzten Lebensaugenblicke durch zwecklos scheinende Arbeiten zu verbittern. Hätte der Admiral nicht jenen kräftigenden Einfluß auf seine Leute ausgeübt, den der stärkere Geist über den schwächeren, wie nach einem Naturgesetze, stets geltend macht, die Caravelle wäre dem unabwendbaren Verderben anheim gefallen. So aber wurden die entmuthigten Seeleute durch den trostreichen Zuspruch ihres Admirals mitten unter den stürmenden Unwettern aufrecht und ihr Geist in einem so thatkräftigen Zustande erhalten, daß die wundersamen Resultate vereinten, festen Zusammenwirkens die „Nina" endlich am vierten März unfern der Felsen von Cintra in die Mündung des Tajo brachten.

Obgleich Columbus in Erinnerung des Vorfalles auf den Azoren nur ungern an der portugiesischen Küste Schutz suchte, so ließen ihm doch die noch immer fortwährenden Stürme keine Wahl übrig, und er sah sich genöthigt, einem kleinen Dorfe, Namens Restello, gegenüber vor Anker zu gehen.

Der Admiral ließ es sein erstes Geschäft sein, sogleich einen Boten mit einem Schreiben an den spanischen Hof zu senden, um dem Könige von seiner glücklichen Wiederkehr nach Europa, so wie auch von dem erwünschten Erfolge seiner Entdeckungsfahrt Nachricht zu hinterbringen. Ueber die Einzelnheiten seiner Reise behielt er sich vor, dem spanischen Herrscherpaare bei Gelegenheit einer Audienz mündlich Bericht zu erstatten.

Hierauf wandte er sich bittlich an den König Johann II. von Portugal um die Erlaubniß, mit seiner schadhaften Caravelle im Tajo aufwärts bis an die Stadt Lissabon kommen zu dürfen, weil sein durch die überstandenen Stürme äußerst leckes Fahrzeug der Ausbesserung dringend benöthigt sei. Man gestattete dieß unweigerlich, und da das Gerücht mit seinen tausend Zungen gar schnell weit umher die Nachricht verbreitet hatte, daß Columbus, über dessen Entdeckungsunternehmen selbst gelehrte Männer gleich Anfangs den Stab gebrochen hatten, trotz dem mit thatsächlichen Resultaten von seiner Reise wiedergekehrt sei, welche die Zweifler gar sehr beschämten, so strömten viele Tausende von Neugierigen dem Ufer zu, um den Admiral und seine Gefährten, die nunmehr die Helden des Tages geworden waren, zu sehen. Der Tajo wimmelte von Fahrzeugen jeder Gattung, welche sich an die Seiten der „Niña" drängten, um die bisher unerhörten Merkwürdigkeiten und vorzüglich die Menschen zu erblicken, die Columbus dem Schoße einer fremden, unbekannten Welt entführt hatte.

Obgleich es nun König Johann II. gar sehr bereute, daß er, da einst Columbus am portugiesischen Hofe die Mittel suchte, seine Entdeckungspläne auszuführen, demselben nicht Gehör geschenkt habe, so wurde der Admiral doch mit den größten Ehrenbezeugungen aufgenommen, als er auf Verlangen des Königs am Hofe erschien. Sitzend und mit bedecktem Haupte gab er in einer Audienz, zu welcher ihn der König einladen ließ, einen kurzen Abriß seiner Entdeckungsreise. Man suchte ihn zu bewegen, aus dem spanischen in portugiesische Dienste zu treten, um die von ihm zu Tage geförderten Vortheile für die Krone Portugal zu gewinnen. Allein Nichts vermochte den rechtlichen Charakter des Admirals zu erschüttern; so lockend auch die Anerbietungen waren, die man ihm machte, er blieb den spanischen Herrschern, welchen er sich einmal zu dienen verpflichtet hatte, unverbrüchlich getreu.

Die Ausbesserungen der „Niña" waren rührig betrieben worden, so daß Columbus seine Abreise von Lissabon sehr bald antrat, und bereits am fünfzehnten März in den Hafen von Palos einlief. Denn der Admiral wollte an derselben Stelle den spanischen Boden zuerst betreten, von welchem er in die unsicheren Fluthen des Oceans ausgelaufen war.

Glockengeläute, der festliche Donner der Kanonen und der Jubelruf von Tausenden und aber Tausenden von Menschen begrüßten hier unseren zu Palos wohlbekannten Helden. Dessen Gefährten, die schon längst von ihren Freunden und Verwandten als Gestorbene betrauert worden waren, flogen aus einer freudigen Umarmung in die andere.

Allerdings wäre ein solcher Empfang ganz geeignet gewesen, das Gemüth so manches Andern, als Columbus, mit Stolz und Hochmuth zu erfüllen; allein er betrachtete sich nur als ein Werkzeug der Vorsehung, dessen diese sich zur Erreichung eines großen Zweckes bedient habe, und demüthig richtete er seinen ersten Gang nach der Kirche, derselben, in welcher er vor seiner Abfahrt um Muth und Ausdauer zu Gott gebetet hatte, und in der nun frohe Dankgebete für das Gelingen des umfassenden Unternehmens von seinen, und von den Lippen der ganzen zusammengeströmten Menschenmenge emporstiegen, die sich dem Admiral angeschlossen hatte.

Hierauf säumte Columbus nicht sich nach Barcelona zu begeben, wo die spanischen Majestäten, Ferdinand und Isabella, der Zeit ihre Hofhaltung aufgeschlagen hatten. Seine Reise dahin glich dem Zuge eines römischen Triumphators; mit so ausgezeichneter Aufmerksamkeit, mit so lautem Jubel und vorzüglichen Ehrenbezeugungen empfing man ihn aller Orten.

Als er zu Barcelona angelangt war, ging ihm die Blüthe der spanischen adeligen Jugend an die Stadtmarkungen entgegen, und geleitete ihn bis zum Platze vor dem königlichen Palaste, wo Ihre spanische Majestäten, um unseren Columbus einen Beweis ihres ganz ausschließlichen Wohlwollens zu geben, diesen mit einer öffentlichen Audienz im Angesichte des gesammten Volkes beehren wollten.

Straßen, Plätze, Giebel und Fenster, Dächer und Gesimse starrten von Zuschauern, welche begierig waren, den berühmten Seehelden zu erblicken. Der Zug, in welchem der Admiral vor dem reich geschmückten Throne der spanischen Herrscher erschien, hatte folgende Anordnung.

Voran bewegten sich die sechs Indianer, welche der Admiral von den neu entdeckten Inseln eigends mitgenommen hatte, um einen Begriff von dem dort einheimischen Menschenschlage zu geben. Durch ihre kupferbraune Haut, an manchen Stellen nach ihrer nationellen Weise bemalt, durch den goldenen in Ohren und Nasen befindlichen Schmuck, durch die auf ihren Häuptern sitzenden bunten Federkronen, so wie überhaupt durch die Seltsamkeit ihrer vorher noch nie erblickten Erscheinung, zogen diese Wilden die allgemeine Aufmerksamkeit und Verwunderung ganz besonders auf sich. Auf selbe folgte eine Anzahl gleichförmig gekleideter Seeleute, welche die von Columbus mitgebrachten Merkwürdigkeiten der neuen Welt, den eingetauschten Goldsand, das gediegene Gold, die lebendig mitgebrachten Papageyen von den wunderherrlichsten Farben, ausgestopfte noch nie gesehene Thiere und die überreichen Erzeugnisse einer üppigen Pflanzenwelt, wie sie in den neu entdeckten Ländern einheimisch war, zur Schau dahertrugen.

Endlich kam Columbus zu Pferde im Geleite derjenigen Adeligen, welche ihm entgegen geritten waren.

Mit der höchsten Huld von Ferdinand und Isabella empfangen, mußte er sich in Gegenwart der Majestäten auf einen Sitz niederlassen, um über seine Reise einen ausführlichen Bericht abzustatten, welcher das höchste Erstaunen des gesammten Hofes zur Folge hatte. Der Admiral verbreitete sich über die Wichtigkeit seiner Entdeckung und zeigte bei der Erwähnung der Eigenthümlichkeiten des Bodens der neuen Welt dem Herrscherpaare die mitgebrachten Merkwürdigkeiten als Proben vor.

Als Columbus geendigt hatte, warfen sich Ferdinand und Isabella und mit ihnen der ganze Hofstaat sowie das gesammte Volk auf die Kniee, um der Vorsehung für ein Ereigniß zu danken, welches so sehr dazu diente, der spanischen Krone und dem spanischen Namen überhaupt neuen Glanz zu verleihen. Hierauf bemühten sich die Herrscher, ihr Wohlwollen gegen die Person des Admirals auf jede Weise an den Tag zu legen und ihn mit den ausgezeichnetsten Ehrenbezeugungen zu überschütten.

Columbus gegenüber fiel die weltkundig gewordene steife spanische Hofsitte gänzlich weg; wenn er auch erschien — er war selbst unangemeldet den Beherrschern stets willkommen, welche sich mit ihm mit Vergnügen und dem höchsten Interesse über den Zuwachs an Ländereien unterhielten, den das spanische Gebiet durch ihn erhalten hatte. Es wurden unserem Seehelden Ehren zu Theil, die bisher nur Prinzen von Geblüt genossen hatten, und wenn der König ausritt, so mußte Columbus an seiner Seite sein, während Seine Majestät sich lebhaft mit ihm unterhielt. Alle die Zugeständnisse, über welche die spanischen Beherrscher mit dem Admiral vor seiner Abreise zu Santa Fé überein gekommen waren, wurden erneuert, Columbus in dem ehrenvollen Amte eines Vicekönigs der neuen Welt auf das feierlichste bestätigt und ihm die Gewalt ertheilt, in den neu entdeckten Ländern die Staatsämter mit hierzu geeigneten Männern zu besetzen. Auch ward ihm das königliche Insiegel in die Hände gegeben, um die von ihm im Namen der spanischen Souveräne zu erlassenden Verordnungen und Befehle zu unterzeichnen.

Zugleich wurde ihm und seinen Nachkommen von dem Könige ein Wappen ertheilt, das die Schilder von Castilien und Leon, eine Burg und einen Löwen und zwischen beiden eine von den Wellen umgebene Inselgruppe darstellte und die Umschrift führte: „Für Castilien und Leon fand Columbus eine neue Welt*)."

---

*) Es ist hier am Platze, Einiges über das Schicksal Martin Alonzo Pinzons zu sagen:

Derselbe wurde mit der „Pinta" durch jenen Sturm, der ihn zuletzt von dem Admirale getrennt hatte, an die französische Küste in der Nähe von Bayonne verschlagen. Von hier aus schrieb er an den Souverän von Spanien einen Bericht über die mitgemachte Entdeckungsreise und beeilte sich dann so sehr als möglich, um Columben in

Kein Wunder war es, wenn Columbus eines Theiles durch den ruhmgekrönten Erfolg seines Strebens, andern Theiles durch die unerhörten Auszeichnungen, welche sonst nur Personen aus königlichen oder den höchsten fürstlichen Häusern zu Theil geworden waren, die Eifersucht und den Neid so mancher niedrigen Seelen erregte, bei denen es ein hinreichender Grund zum Hasse ist, sich von irgend Jemand in was immer für einer Sache übertroffen zu sehen. Jetzt, wo unserem Helden die Sonne der königlichen Gunst so hell aufgegangen war, wagten sie es zwar noch nicht, so wie später mit Verläumdungen gegen ihn aufzutreten, allein sie nahmen sich vor, die erste Gelegenheit zu ergreifen, um den hohen Genius eines Mannes zu verkleinern, der so unendlich weit über ihnen stand.

Ein Beispiel möge hier Platz finden, um zu zeigen, daß Columbus eben so sehr wie ein jeder andere große Mann sich den Angriffen kleinlicher Rachegeister bloßgestellt sah.

---

dem Hafen von Palos zuvorzukommen und der Erste den Ruhm und die Auszeichnung, welche dem Entdecker einer bisher unbekannten Welt werden mußte, vorweg zu nehmen.

Mit Aerger mußte er wahrnehmen, daß Columbus früher bei Palos Anker geworfen hatte, und als er vollends von dem Monarchen ein verweisendes Antwortschreiben erhielt, welches ihm verbot, ohne den Admiral am Hofe zu erscheinen, so verfiel er vor Neid und Mißgunst in eine Krankheit, die ihn nach Kurzem in das Grab senkte.

Während seines Aufenthaltes in Barcelona wetteiferten die höchsten fürstlichen und adeligen Personen mit den Majestäten selbst gegen den Admiral die größten Beweise ihrer Achtung an den Tag zu legen; er wurde in die Häuser der sonst in gesellschaftlicher Beziehung ekelsten Granden gebeten, und mit der schmeichelndsten Aufmerksamkeit wurden seine Erzählungen und Bemerkungen aufgenommen.

Eines Tages wurde Columbus auch von Pedro Gonzalez de Mendoza, Erzbischof von Toledo und Großcardinal von Spanien zur Tafel geladen, bei welcher Alles, was auf Auszeichnung Anspruch hatte, erschienen war.

Der Admiral erhielt den Ehrenplatz und wurde auf Befehl seines Wirthes mit einem Ceremoniel bedient, wie es sonst nur bei fürstlichen Personen üblich war. Alles hörte den interessanten Reden unseres Seehelden zu und selbst die stolzesten Großen bemühten sich, ihm ihre Achtung auf alle mögliche Weise zu erkennen zu geben.

Unter den Gästen befand sich auch ein ahnenstolzer Hofmann, den es gewaltig verdroß, daß ein Fremdgeborener von dunkler Herkunft so viele Ehrenbezeugungen hinwegnahm, wie sie nach seinen Vorstellungen nur einem Spanier und zwar von der höchsten Geburt zukamen.

Je mehr sich die allgemeine Aufmerksamkeit der Gesellschaft dem anziehenden, die neue Welt zum Gegenstande habenden Vortrage des Admirals zuwandte, desto höher stieg der Aerger des erwähnten Hofmannes; jedes Wort unseres gefeierten Helden, jeder ihm gespendete Beifall vermehrte seinen Verdruß.

„Glaubt Ihr denn wirklich," unterbrach er den Admiral, während sich Gift und Hohn in seinen Gesichtszügen malten, „glaubt Ihr denn wirklich, Señor Almirante, es hätte in Spanien Niemanden gegeben, der fähig gewesen wäre, die von Euch gepriesene Entdeckung ebenfalls zu machen, wenn ihr nicht von Genua zu uns gekommen wäret?"

Allgemeines Stillschweigen erfolgte auf diesen unziemlichen und boshaften Angriff und schon wollte der Cardinal Mendoza zur Vertheidigung seines geehrten Gastes selbst das Wort ergreifen, als Columbus lächelnd statt aller Antwort ein vor ihm liegendes Ei ergriff und den frechen Spötter fragte, ob er denn vermöge, das Ei auf die Spitze zu stellen?

Vergebens versuchte dieß sowohl der neidische Beleidiger als auch jeder in der Gesellschaft.

Da ergriff der Admiral das Ei, stieß es mit der Spitze auf den Tisch, so daß es brach und feststand.

„Dieß hätte ich auch gekonnt," rief der Hofmann.

„Nachdem ich Euch es gewiesen habe, — nicht

wahr?" entgegnete Columbus und das Gelächter der ganzen Tafelrunde war der Lohn, welchen der böswillige Neider mit hinwegnahm.

Zwölftes Kapitel.

Columbus tritt seine zweite Reise an — die Caraiben — Schicksal des Forts La Navidad.

Ihre spanische Majestäten hatten dem Admiral gleich nach seiner Ankunft den Auftrag ertheilt, für die Ausrüstung einer ansehnlichen Flotte zu sorgen, um mit derselben die kaum gemachte Entdeckung für Spanien auch zu sichern. Die umfassenden Vollmachten, die Columbus in dieser Hinsicht erhielt, setzten ihn in den Stand, mit Hülfe der ihm möglich gemachten außerordentlichen und allseitig unterstützten Thätigkeit binnen der unglaublich kurzen Zeit von vier Monaten siebzehn Schiffe im Hafen von Sevilla segelfertig herzustellen und auszurüsten.

Jedoch waren auch die Verhältnisse, unter welchen sich der Admiral nun thätig zeigte, ganz andere, als sie bei der nämlichen Instandsetzung seiner drei Fahrzeuge in dem Hafen von Palos vorgeherrscht hatten.

Damals hatte sich Jedermann geweigert, ein Schiff

zu dem gewagten Unternehmen Columbens herzugeben, die Schiffszimmerleute entwichen von ihren Arbeitsplätzen und mit der größten Mühe nur konnten Leute aufgefunden werden, welche geneigt waren, dem Admiral zu folgen. Nun aber eilten sie zu Tausenden herbei, Menschen aus allen Ständen, um sich dem Zuge nach der neuen Welt anzuschließen, glücklich, wenn sie nur die Erlaubniß erhielten, in die Reihen derjenigen eintreten zu dürfen, welche in den fernen Goldländern unermeßlichen Reichthum zu finden hofften.

Columben wurde die Wahl schwer unter den Vielen, die sich zu seinen Begleitern erboten, doch nahm er vorzüglich Rücksicht auf Handwerker, Künstler und Gewerbsleute, welche geeignet wären, den in der neuen Welt anzulegenden Pflanzstädten Nutzen zu bringen. Desgleichen befrachtete er seine Schiffe mit Hausthieren aller Arten, mit Getreidegattungen, vielen Sämereien und Pflanzen, welche er in Westindien*) einheimisch machen wollte.

---

*) Columbus nannte die von ihm entdeckten Inseln, welche er nach Westen zusteuernd auffand, sehr bezeichnend deshalb Westindien, weil er der Meinung war, hinter diesen Eilandern müsse sich das Festland von Asien, daher diejenigen Länder befinden, welche, Indien genannt, bisher nur auf dem Wege nach Osten hin mittelst Umsegelung des Caps der guten Hoffnung besucht worden waren und von nun an Ostindien hießen.

Im September lagen die erwähnten siebenzehn Schiffe, worunter drei von schwererem Tonnengehalte und vierzehn Caravellen befindlich waren, nebst fünfzehnhundert Menschen zum Absegeln bereit. Am fünfundzwanzigsten desselben Monats erfolgte die Abreise unter dem Jubel und den Beglückwünschungen einer zahllosen Menge von Zuschauern, welche sich im Hafen von Sevilla zusammengefunden hatte, um die Flotte die Anker lichten zu sehen.

Der Admiral hielt sich während seiner sehr vom Wetter begünstigten Reise drei Tage lang bei den kanarischen Inseln auf, wo er noch einige Vorräthe, vor Allem aber edle Baumreiser und Zuchtschweine einnahm, welche letztere die Urältern jener zahllosen Generationen von Ferkeln sein sollen, mit denen sich seither das Festland Amerika's bevölkert hat.

Ohne daß der Flotte etwas Merkwürdiges zugestoßen wäre, traf selbe bereits am dritten November 1493 auf ein hohes Eiland, bei dessen Anblick ein freudiges Gefühl sich in einem durch alle Fahrzeuge laufenden Jubelgeschrei Luft machte.

Es war eine Insel von der caraibischen Gruppe, denn der Admiral hatte geflissentlich seinen Lauf dießmal mehr südwestlich, als auf seiner ersten Reise genommen, um die Caraiben, von denen ihm die Einwohner von Haiti so viel Merkwürdiges erzählt hatten, in ihrer Heimath aufzusuchen.

Columbus benannte dieses Eiland „Dominika," weil der Tag seiner Entdeckung gerade ein Sonntag war, und dieser in der lateinischen Sprache dies dominica heißt.

Die Flotte befand sich nun inmitten des Archipelagus, den die kleinen Antillen bilden, und ein Eiland nach dem andern, bewachsen mit einer üppigen Vegetation, tauchte aus den Wellen des Oceans empor.

Nachdem der Admiral Dominika für die spanische Krone in Besitz genommen hatte, benannte er die Inseln, wie sie auf seiner Fahrt emporstiegen, ohne jedoch alle zu besuchen. Dieß waren: Mariagalante, Guadeloupe, Montserat, Santa Maria la Redonda, Santa Maria la Antigua und San Martin. Alle lieferten Beweise eines vorzüglichen Pflanzenwuchses und der auf ihnen wuchernden Naturkraft.

Auf der Insel Guadeloupe erlaubte Columbus einigen seiner Leute an das Land zu gehen. Man fand hier eben so einfache Hütten wie auf Haiti, jedoch waren sie nicht von runder, sondern viereckiger Form.

Derselbe Hausrath, in Fischerwerkzeugen, Vorräthen von Baumwolle, Baumwollengewändern, Bogen und mit Knochen zugespitzten Pfeilen bestehend, wurden hier so wie auf Haiti angetroffen.

Aber die ebenfalls sich vorfindenden deutlichen Spuren des unmenschlichen Gebrauches, die gefangenen Feinde zu verzehren, brachte die bisher von Columbus nur gehegte Vermuthung zur Gewißheit, daß man sich auf den caraibischen Inseln befinde.

In einzelnen Hütten fand man Menschenknochen und Schädel, welche als Gefäße zu dienen schienen und offenbar von jenen gräulichen Festmählern herrührten, bei denen die Caraiben die Leiber ihrer getödteten Feinde zu verspeisen gewohnt waren, auch traf man das noch blutige Haupt eines eben geschlachteten jungen Mannes an, dessen einzelne Glieder neben dem Fleische der auf den caraibischen Inseln einheimischen Gänse und Papageyen kochten und brieten.

Mit Ekel und Entsetzen wandten sich unsere Europäer von diesem Abscheu erregenden Anblicke, um einen Boden zu verlassen, wo die Bewohner auf einer so niedrigen, beinahe der Thierheit sich nähernden Stufe standen. Doch würden sie gewiß nicht so weit in das Innere von Guadeloupe eingedrungen sein, wenn nicht gerade zufällig die sämmtliche männliche Bevölkerung auf einem ihrer Raubzüge, mit denen sie die benachbarten Eilande zu überziehen pflegte, abwesend gewesen wäre.

Einige Knaben und Weiber, welche als Gefangene von den wilden Caraiben von andern Inseln weggeschleppt worden waren, schlossen sich freiwillig dem Zuge unserer, voll Grauen über die wahrgenommenen unmenschlichen Gebräuche nach der Flotte zurückeilenden Spanier an und baten dringend, sie aus den Klauen ihrer Feinde zu erlösen.

Columbus nahm sie an Bord und setzte sie im Verfolge seiner Reise in ihrer Heimath an das Land. Nach den Berichten dieser Gefangenen waren die Caraiben ein furchtbarer Stamm von der ausgezeichnetsten Tapferkeit, mit vergifteten Pfeilen kämpfend.

Als das Wetter stürmisch zu werden begann, suchte der Admiral mit seiner Flotte in einer Bucht bei einer Insel Schutz, welche die Indianer Ayay nannten und der Columbus den Namen St. Crux beilegte.

Der Admiral sandte hier ein Boot an das Land, um Wasser zu holen; das nahe an der Küste liegende Dorf war verlassen, nur einige Knaben und Weiber kamen herbei, Gefangene des auch hier herrschenden Stammes der Caraiben. Als die Leute mit dem Boote zurückkehrten, sahen sie ein leichtes Canoe mit vier Indianern um die nächst gelegene Landspitze herumrudern. Beim Anblick der stattlichen europäischen Flotte geriethen die Wilden in ein mächtiges Erstaunen, so daß sie im Anschauen versunken mit rudern inne hielten

und das Herannahen des Bootes, welches auf sie
Jagd machte, nicht bemerkten. Kaum hatten sie jedoch
die Absicht der Europäer durchschaut, als sie kräftig
die Ruder einsetzten und nach dem Strande zu entfliehen versuchten. Obgleich das leichte Canoe schnell wie
ein Pfeil über die Wogen glitt, so waren die Spanier
im Boote doch auch nicht müßig und hatten bald den
Indianern den Rückzug zur Küste abgeschnitten, indem
sie sich zwischen diese und das Canoe legten. Als die
Caraiben die Unmöglichkeit, eine Flucht in's Werk
zu setzen, einsahen, zogen sie mit drohenden Geberden
ihre Pfeile hervor und begannen die Spanier in ihrem
Boote, welche keine Wurfgeschosse in Bereitschaft hatten, mit einem Pfeilregen zu überschütten.

Zwei von den Indianern in dem Canoe waren
weiblichen Geschlechtes, aber nichtsdestoweniger foch-
ten sie so kühn und kräftig wie die Männer. Eine
von den Heldinnen sandte einen Pfeil mit solcher Gewalt nach den Spaniern hinüber, daß derselbe einen
Schild durchdrang. Diese Amazone schien von den
übrigen Indianern mit Ehrfurcht und Aufmerksamkeit
behandelt zu werden und eine Standesperson zu sein.
Der jüngere der zwei das Canoe vertheidigenden männ-
lichen Caraiben war ein Mensch von jugendlich kräfti-
gem Körperbau, mit fürchterlichen wilden Stirnrunzeln
und einem löwenartigen Gesichte.

Wenigstens verglichen ihn die Spanier mit einem Löwen.

Das Gefecht hatte einige Zeit gedauert und schon waren zwei Spanier nicht unbedeutend durch die Pfeile der Wilden verwundet worden. Um nicht länger dem lästigen Pfeilregen der caraibischen Wilden ausgesetzt zu sein, welcher um so gefährlicher schien, als man die Wurfgeschosse der Indianer vergiftet glaubte, ruderten unsere Spanier gerade auf das Canoe los, stießen an dasselbe und warfen es um.

Doch hatten sie sich getäuscht, wenn sie glaubten, hierdurch dem Kampfe mit den Wilden mit einem Male ein Ende zu machen. Diese setzten noch in den Wellen schwimmend das Gefecht fort, zogen sich auf die aus dem Wasser hervorragenden Felsklippen zurück und schnellten von hieraus ihre Pfeile so kräftig und sicher gegen die Spanier, als wenn sie auf dem platten Lande ständen. Nur mit der äußersten Anstrengung und bereits verwundet, konnten die Caraiben festgenommen und an Bord der „Mariagalante," des Admiralschiffes, gebracht werden.

Einer der Wilden, der im Kampfe von einer Lanze durchstochen worden war, gab bald hierauf seinen Geist auf; doch auch einer der verwundeten Spanier bezahlte diesen Strauß mit seinem Leben. Die gefangenen Caraiben blieben fortan wild und ungebärdig, und obgleich ihre Glieder mit Fesseln belastet worden waren, zeigten sie doch gegen die Spanier stets nur Geringschätzung und Verachtung. So hatten denn die Europäer eine Probe von der Wildheit und Ungeberdigkeit dieses kriegerischen Stammes erhalten.

Die Insel Portorico war die letzte antillische Insel, welche Columbus besuchte; von hier ging es ohne ferneren Aufenthalt gerade gegen Hispaniola oder Haiti fort. Der Admiral wollte sich den Untersuchungen der Caraibeninseln nicht länger hingeben, denn er sehnte sich, über das Schicksal des Forts La Navidad Gewißheit zu erhalten. Die dort zurückgebliebenen Spanier würden ihm, glaubte er, nicht nur bedeutende goldene, sondern auch große Erfahrungsschätze übergeben, welche sie in der Zwischenzeit Gelegenheit gehabt hätten, über die Sitten und Sprache der Eingeborenen und die Beschaffenheit des Landes zu sammeln. Allein die Vorsehung hatte es anders über die erste europäische Niederlassung in der neuen Welt verfügt. Bald lag das Vorgebirge einer Küste im Angesichte der Flotte, welches sich als das östliche Ende Haiti's auswies. Längs dem Strande fortsegelnd gelangte man an einen Fluß, dem Columbus auf seiner ersten Reise den Namen Rio del Oro, Goldfluß, gegeben hatte.

Da dem Admiral die Lage dieser Gegend zur

Gründung einer Pflanzstadt vorzüglich geeignet schien, so sandte er einige Leute an das Land, um den Küstenstrich genauer zu untersuchen. Diese fanden am Ufer dieses Stromes zwei Leichname, an deren Hälsen Seile von spanischem Grase befindlich, während die Glieder ausgerenkt und die Hände derselben an einen Pfahl in Form eines Kreuzes gebunden waren. Uebrigens waren die beiden todten Körper schon zu sehr in Fäulniß übergegangen, als daß man hätte unterscheiden können, ob sie im Leben Europäer gewesen seien oder nicht. Düstere Vorahnungen bemächtigten sich des Admirals, und als man am folgenden Tage in geringer Entfernung von der ersten abermals zwei Leichen antraf, von denen die eine einen Bart hatte, also offenbar die eines weißen Menschen war, wurden diese Ahnungen in der Brust Columbens zu gegründeten Befürchtungen wegen des Schicksals seiner in La Navidad zurückgelassenen Gefährten.

Ohne Verweilen brach man nun nach der Gegend auf, in welcher La Navidad lag. Schon war die Abenddämmerung des siebenundzwanzigsten Novembers 1493 herabgesunken, als man vor dem Hafen des Forts ankam. Columbus, durch den hier erlittenen Verlust der „Santa Maria" gewitzigt, wagte sich während der Dunkelheit nicht in die durch Untiefen

und Sandbänke versperrte Bucht, sondern warf eine Seemeile weit vom Ufer entfernt Anker.

Ungeduldig jedoch, sich über das Schicksal des Forts möglichst bald zu vergewissern, ließ er mehrere Kanonen lösen; aber keine Antwort ertönte dem Donner der Geschütze von „La Navidad" her, und die trübsten Erwartungen bezüglich des Gedeihens dieses festen Platzes stiegen sowohl in dem Admiral selbst, als in seinem Schiffsvolke auf.

Wären die zurückgelassenen Spanier noch in „La Navidad" gewesen, gewiß hätten sie den Signalschuß ihrer europäischen Landsleute nicht unbeachtet gelassen. Mit dem ersten Morgenlichte entsandte Columbus einen Trupp seiner Leute unter der Anführung eines Seemannes, welcher schon die erste Reise mitgemacht hatte und die Lage des Forts genau kannte, nach dem Lande, um Nachforschungen vorzunehmen. Aber dießmal kamen die Indianer den Weißen nicht wie früher freundschaftlich und zuvorkommend entgegen, die Küste war menschenleer, nur hier und da ließ sich ein Insulaner hinter den Gebüschen blicken und entfloh, sobald er sich von den Spaniern bemerkt sah.

Eine üble Vorbedeutung, wie es dem Admiral schien, dessen Flotte nunmehr in dem Hafen von La Navidad Anker geworfen hatte.

Die ausgesandten Seeleute beeilten sich sehr, den
7

Pfad zu erreichen, wo das Fort errichtet worden war; allein wer beschreibt ihr Entsetzen, als sie Nichts vorfanden außer vom Rauche geschwärzte Ruinen.

Die Pallisaden waren ausgerissen, die Wohnhäuser zerstört und verbrannt, hier und dort gab es Bruchstücke europäischer Waffen und Kleidungen, die Vorräthe lagen verdorben und verwüstet zerstreut umher.

Mit Trauer hinterbrachten die Abgesandten diese üble Botschaft dem Admiral, der alsbald Anstalt machte, den bedauerlichen Zustand von La Navidad persönlich in Augenschein zu nehmen. Man hielt es für möglich, daß nicht die ganze Besatzung der Feste umgekommen sei und gab deshalb wiederholt Signale mit Feuerwaffen. Vergebens. Keine Spur von den unglücklichen zurückgebliebenen Spaniern. Nur einige Indianer beobachteten hinter Gesträuchen versteckt aus der Ferne das Thun und Treiben der weißen Männer und flohen erschreckt zurück, als man sie wahrnahm.

Auf welche Weise aber das unglückliche Fort in diesen Zustand der Verwüstung gerieth, hierüber wollen wir gleich hier die Nachrichten zusammenstellen, obgleich sie Columbus erst später und durch mühsames Nachforschen erhielt.

Wenige Tage nach der Abfahrt der Niña von La Navidad begannen bei der Besatzung dieses Forts die weisen Lehren, welche der Admiral vor seiner Abreise hinterlassen hatte, in Vergessenheit zu kommen. Außer Diego von Arana, der, wie erinnerlich sein wird, von Columbus zum Commandanten ernannt worden war, gab es unter den sämmtlichen zurückgebliebenen neunundreißig Männern kaum zwei oder drei, welche der Erfüllung der wichtigen ihnen obliegenden Pflichten gewachsen waren.

Alle waren entweder aus den untersten Volksklassen entsprossen, oder Matrosen, die sich auf dem Lande die Zügel der Mäßigung nicht anzulegen wußten.

Gar bald kündigten sie Diego von Arana, welcher sie zu nützlichen Beschäftigungen und gehöriger Bewachung ihres Wohnplatzes anhalten wollte, den Gehorsam auf. Pedro Gulierez und Rodrigo von Escobido, die beiden Lieutenants, waren die ersten, die sich gegen den Befehlshaber auflehnten.

Sie machten sich unter der Besatzung einen Anhang und sprachen Arana's Befehlen Hohn.

Weit entfernt, nach der Mahnung des Admirals den Wilden durch ein musterhaftes Benehmen vorzuleuchten und sich die Achtung, die sie in den Augen der Insulaner als Söhne des Himmels genossen, zu sichern, erlaubten sie sich vielmehr die größten Ausschweifungen. Ein Jeder legte sich eine eigene Schatzkammer an und um diese zu füllen, nahm er sich gegen die Wilden die gröbsten Ungerechtigkeiten heraus, so daß bald Haß gegen die weißen Eindringlinge an die Stelle der Verehrung trat.

Sie ließen die Bewachung ihrer Feste aus den Augen und erlaubten sich auf ihren Kreuz- und Querzügen durch das Land die ärgsten Erpressungen.

Da sie gehört hatten, daß in der Richtung von **Cibao**, einer dem Kaziken Caonabo unterworfenen Landschaft, sich Gold, das von ihnen so sehr gesuchte Metall, in Menge vorfinde, so zog ein Trupp von ihnen in diese bergige Gegend, um die dort ruhenden Reichthümer aufzusammeln.

Allein Caonabo, der wie früher bemerkt als Freibenter von caraibischer Abkunft auf die Insel gekommen war und sich durch Tapferkeit zum Häuptlinge ersten Ranges emporgeschwungen hatte, — Caonabo sah schon seit ihrem ersten Anlangen mit Eifersucht auf die Macht und das Ansehen der Spanier, weil er fürchtete, es könne seine eigene Gewalt dadurch Abbruch erleiden. Kaum waren also die gedachten Spanier, neun an der Zahl, in sein Gebiet gedrungen, als er sie ergreifen und dem Tode überliefern ließ. Er sammelte hierauf ein bedeutendes Heer, rückte durch Wälder und unwegsame Gegenden gegen La Navidad insgeheim vor, während die Besatzung von dem friedlichen Sinne der Wilden Nichts befürchtend und ohne Kunde von der ihr drohenden Bewegung sich hier und dort im Lande einem bequemen und müßigen Leben hingab und der Befehlshaber Arana kaum zehn Mann als Besatzung des Forts hatte zurückhalten können. Von einer Bewachung war keine Rede. So fand der caraibische Häuptling alle Umstände für sein Unternehmen günstig, brach eines Nachts aus dem Hinterhalte hervor, ließ von seinem mit furchtbarem Kampfgeschrei vordringenden Kriegerhaufen das Fort erstürmen, dessen Besatzung zum Theil niedergemetzelt wurde, zum Theil auf einem Boote Rettung suchte und in den Wellen ihren Tod fand. Die übrigen im Lande umherwohnenden Weißen wurden unnachsichtlich der blutigen Vergeltung übergeben, welche ihre Ungerechtigkeiten und Erpressungen gegen die Eingeborenen hervorgerufen hatten.

Zwar ergriff der Kazike Guacanagari bei dem Einfalle Caonabo's zur Vertheidigung seiner weißen Gastfreunde die Waffen, allein er unterlag nach einem kurzen Kampfe und trug selbst eine Quetschung davon, während sein Wohnsitz von den Unterthanen Caonabo's in einen Aschenhaufen verwandelt wurde.

Dieß die kurze Geschichte der ersten Niederlassung in der neuen Welt.

Mit innigem Bedauern betrat Columbus, der diese Nachrichten allmälig einsammelte, die Brandstätte des zerstörten Forts. Man stellte Nachgrabungen an, um

etwa die Schätze zu finden, welche Diego von Arana
bei allenfalls eintretender Gefahr den Auftrag hatte
zu verbergen oder in den Brunnen zu versenken. Das
Wasser wurde aus demselben vergeblich ausgeschöpft;
man fand Nichts.

Jedoch wurden in der Nähe die Leichname von
eilf Männern aufgegraben, welche schon geraume Zeit
über im Schoße der Erde liegen mußten, denn auf
ihren Gräbern wuchs bereits Gras.

Dreizehntes Kapitel.
Die Flotte verläßt den Hafen La Navidad — Die Gründung von Isabella — Zug des Admirals in das Innere von Haiti.

Auf wen sollte der Verdacht der Zerstörung des
Forts nun vorerst fallen? Columbus erhielt von den
Eingeborenen, welche bei weitem nicht mehr jenes kindliche Zutrauen zeigten wie vorher, nur verworrene,
kaum verständliche Nachrichten. Viele Spanier gaben
der Vermuthung Raum, Guacanagari habe den Verräther gespielt; allein der Admiral mochte sich mit
dieser Voraussetzung nicht befreunden, wenn er sich
der ungeheuchelten Aufrichtigkeit erinnerte, welche die

ser Häuptling stets gegen die Europäer gezeigt hatte. Es kam eine Gesandtschaft von Guacanagari, die den Admiral zum Besuche bei dem Kaziken einlud, welcher noch immer von der im Kampfe mit Caonabo bei Vertheidigung seiner spanischen Gäste erhaltenen Wunde gelähmt darniederlag.

Columbus folgte der Einladung und nahm, um die Begriffe von der Macht der Spanier zu befestigen, ein glänzendes Gefolge mit sich; der Kazike vergoß Thränen des Beileids, als er des zerstörten Forts La Navidad und seiner unglücklichen Besatzung Erwähnung that. Der Admiral konnte sich von der Untreue Guacanagari's nicht überreden, so wenig war dessen Trauer über das Schicksal der seinem Schutze anempfohlen gewesenen Europäer erheuchelt. Zum Zeichen des fortwährenden guten Einvernehmens beschenkte der Häuptling den Admiral mit achthundert Stückchen eines bei den Indianern sehr hoch geschätzten Steines, den sie Ciba nannten, mit hundert Goldplatten, einer goldenen Krone und drei Kürbisschaalen voll Goldsand. Columbus erwiederte diese Freigebigkeit mit einer Menge Glaskorallen, Schellen, Messern, Stecknadeln, Nähnadeln und dergleichen. Insbesondere erfreuten den Häuptling die ihm überreichten kupfernen Zierrathen, auf welches Metall er höheren Werth legte als auf Gold.

Viele der Spanier, welche die erste Reise nicht mitgemacht hatten und daher das frühere edle Betragen desselben nicht kannten, hielten die Lähmung Guacanagari's um so mehr für Verstellung, durch welche der Kazike die Europäer über seine Theilnahme an der Zerstörung des Forts zu täuschen suchte, als der von dem Admiral aus Besorgniß für den Gesundheitszustand des Häuptlings herbeigerufene Wundarzt an dem mit Baumwollbändern umwickelten Beine desselben nach Abnahme der Bandagen keine Spur einer offenen Wunde wahrnahm.

Der Kazike mußte nur eine Quetschung erlitten haben, welche Lähmung als Folge zurückließ.

Viele seiner Untergebenen suchten nun den Admiral zu überreden, in Erwägung dieses allerdings verdächtigen Umstandes an der Person Guacanagari's ein Exempel zu statuiren. Insbesondere war es Pater Boyle, der erste der aus Spanien zur Bekehrung der Indianer mitgekommenen zwölf Priester, welcher die Ausübung gewaltsamer Maßregeln an der Person des Häuptlings für geeignet hielt, die Indianer in einen heilsamen Schrecken zu versetzen. Pater Boyle wollte den Admiral bewegen, sich der Person des Häuptlings zu bemächtigen und die Strafe des vorgeblich geübten Verrathes an ihm zu vollziehen.

Columbus widersetzte sich diesem Vorschlage, weil

er von der Unschuld Guacanagari's die Ueberzeugung hegte. Mochte auch der Kazike die Bedeutung der erlittenen Quetschung vergrößert haben, um in den Augen der Spanier vor jedem möglichen Verdachte, der ihn hätte treffen können, gereinigt zu erscheinen — so trugen doch viele seiner Unterthanen die Narben von Wunden, welche offenbar von indischen Waffen herrührten, so war doch sein eigener Wohnsitz in einen Schutthaufen verwandelt worden bei derselben Gelegenheit, bei welcher das Fort zerstört worden war.

Ueberwiegende Gründe genug, um Columbens hohes Gerechtigkeitsgefühl gegen jeden Gewaltschritt zu stimmen.

Uebrigens wurde durch diesen Vorfall zwischen dem Admiral und dem Missionär Boyle der Grund zu einer Spannung gelegt, welche sich späterhin folgenreich zeigte.

Dem Kaziken Guacanagari war es nunmehr in der Gesellschaft der Spanier nicht mehr so wohl wie ehedem. Verstand er auch ihre Sprache nicht, so war er doch ein um so aufmerksamerer Beobachter ihrer Mienen und bemerkte genau die finsteren Blicke derselben; das stets gleich bleibende leutselige Benehmen des Admirals vermochte ihn hierüber nicht zu beruhigen und eines Morgens fand man seinen Wohnsitz verlassen.

Er hatte sich mit seiner ganzen Familie und beweglichen Habe in die Gebirge zurückgezogen.

Columbus begann nunmehr ernstlich die Gründung einer neuen Niederlassung auf Haiti in Erwägung zu ziehen.

Auf der Flotte war eine große Anzahl von Menschen schon durch geraume Zeit hindurch eingezwängt und verlangte nach Befreiung aus den beengenden Schiffsräumen; auch die mitgebrachten Hausthiere hatten frische Luft und grünes Futter schon sehr nothwendig.

Sowohl wegen der ungesunden Lage, als auch wegen der traurigen Erinnerungen, welche sich an den Ort knüpften, beschloß man die Gegend des Forts La Navidad bei Anlegung einer neuen Pflanzstadt zu meiden.

Nachdem mehrere kleine Untersuchungs=Expeditionen aus verschiedenen Gegenden der Insel zurückgekehrt waren, ohne einen zu einer Niederlassung geeigneter Platz aufgefunden zu haben, wollte man auf die andere Seite der Insel schiffen, um vielleicht dort einen günstigeren Ort zu treffen.

Die Flotte lichtete daher die Anker, und verließ am siebenten December 1493 den Hafen von La Navidad. Kaum hatte man zehn Seemeilen ostwärts zurückgelegt, als man wegen ungünstigen Wetters genöthigt war, in

eine Bucht einzulaufen, deren Ufer unvermutheter Weise
alle Vortheile vereinigten, welche man bei Gründung
einer Pflanzstadt nur verlangen konnte.

Die Bucht war geräumig, und wurde von einer
Landspitze beherrscht, die, Seewärts durch hohe Felsen,
und Landwärts durch einem undurchdringlichen Urwald
geschützt, zur Errichtung eines Forts die schönste Gele=
genheit darbot. Zwei Flüsse ergossen sich in die Bai,
nachdem sie eine schöne Ebene bewässert hatten, auf
welcher unweit vom Meere ein indianisches Dorf stand.
Da der Boden überdieß üppig, die Gewässer fischreich,
und das Klima ziemlich gesund schien, so wählte man
einstimmig diesen Ort zur Gründung der Pflanzstadt,
um so mehr, als die goldreichen Berge von Cibao nur
wenige Tagereisen weit in das Innere des Landes hin=
ein entfernt lagen.

Eine geräuschvolle Thätigkeit begann nunmehr in's
Leben zu treten, indem man sich eifrig bemühte, die
Schiffe zu entladen.

Truppen, Handwerker, Künstler, Handels = und Ge=
werbsleute — Alle stiegen an das Land, indem sie sich
mit Begierde nach dem Augenblicke sehnten, der ihnen
Gelegenheit bieten sollte, die ausbündigen Hoffnungen,
welche sie sich von ihrem Glücke in der neuen Welt
gemacht hatten, in Erfüllung zu bringen.

Die dumpfen Schiffszwinger entluden sich allmälig

der verschiedenen Vorräthe, Geschütze, Munition, Handelswaaren und Werkzeuge; man schaffte die mannigfaltigen zur Zucht mitgebrachten Hausthiere an das Land. Ueberhaupt gab dieß in den ersten Tagen des Auslandens ein so belebtes und freudiges Schauspiel, daß ein jeder Einzelne sein „Selbst" ob der allgemeinen Freude vergaß.

Man schlug vorerst ein Lager auf, bis festere Wohnsitze erbaut worden wären. Hierauf steckte man Straßen und Plätze aus, an welchen die Wohngebäude errichtet werden sollten. So wurde die erste Stadt auf amerikanischem Boden gegründet und Columbus nannte sie zu Ehren der Königin von Spanien Isabella.

Anfangs ging Alles mit einem großen Eifer an die Arbeit, die Stimmung der Colonisten war fröhlich; auch rechtfertigte das offenbare Gedeihen der Niederlassung die guten Hoffnungen der Ansiedler.

Allein dieser heilsame Zustand der Gemüther sollte nur zu bald einen gänzlichen Umschwung nehmen.

Schon durch die ungewohnte lange Seereise war die Gesundheit vieler Spanier erschüttert worden, und das neue Klima trug vollends dazu bei, Krankheiten hereinbrechen zu machen, welche viele Europäer in der Blüthe ihrer Jahre hinwegrafften.

Außerdem erkannten die Spanier, daß sie sich von

dem sie erwartenden Glücke der neuen Welt viel zu übertriebene Vorstellungen gemacht hatten.

Die meisten der Ansiedler, verzweifelte Leute, die auf europäischem Boden wenig mehr zu gewinnen oder zu verlieren hatten, waren der Meinung gewesen, in den unentdeckten Ländern ein müßiges, bequemes Leben voll Jubel und Wohlergehen zu finden; sie hatten geglaubt, sich hier auf jedem Pfade nur niederbeugen zu dürfen, um die kostbarsten Schätze, Gold und Edelgesteine von der Straße aufzulesen.

Ewige Jugend hatten sie von dem unter diesem Himmelsstriche fortwährend herrschenden Frühlinge erwartet.

Wie sehr fanden sie sich nun von der Wirklichkeit getäuscht, um so mehr, je höher, je ausschweifender ihre ungemessenen Erwartungen gewesen waren. Anstatt der gehofften ewigen Jugend fanden sie ein Klima, das, obgleich für die hier herrschende großartige Vegetation günstig, durch die heißen Sonnenstrahlen dem Boden Dünste entlockte, welche auf die, an die hochkultivirten Regionen Europa's gewöhnten Spanier giftig und zerstörend wirkten, Krankheiten und verheerende Fieber verursachten, und in die Reihen der Ansiedler furchtbare Lücken rissen. Anstatt der geträumten Reichthümer, welche sie nur aufzuheben brauchten, — fanden sie den Boden mit Urwald bedeckt, und die edlen

Metalle wollten erst durch angestrengte Bemühungen dem Schoße der Erde entrissen werden. Zwar brachten die Eingeborenen noch immer Stücke Goldes, allein Fermin Cado, ein Mann, welcher als Probirer der Metalle aus Spanien mitgekommen war, erklärte diese Metallstücke für verfälscht, und behauptete, daß auf der Insel selbst kein Gold vorfindig sei, sondern daß das bei den Wilden Gesehene seit undenklicher Zeit aufgesammelt, und von Geschlecht zu Geschlecht fortgeerbt worden sein müsse.

Anstatt des erwarteten trägen Nichtsthun fanden die erwähnten Abentheurer hier alle Hände voll zu schaffen, und mußten einen jeden Mundbissen, bevor sie ihn verzehrten, durch angestrengte Arbeit verdienen. Die mitgebrachten europäischen Lebensmittel, welche zum Theile auf der Reise schon verdorben waren, fingen an auszugehen, und die Spanier vermochten sich an die einfachen Nahrungsstoffe der Indianer nicht sogleich zu gewöhnen.

Der Mangel begann sich einzustellen, so daß der umsichtige Admiral nothgedrungen war, die täglichen Rationen zu verkleinern, um mit dem Vorrathe so weit als möglich auszulangen.

Was Wunder, wenn bei einer so herben Enttäuschung Unzufriedenheit unter den Colonisten rege zu werden begann, und Viele derselben den Admiral als

einen Abentheurer verwünschten, welcher sie durch fal=
sche Vorspiegelungen aus ihrer Heimath weg, und in
ein namenloses Elend gelockt habe.

Columbus hatte alle Mühe, um diese gefährliche
Stimmung seiner Untergebenen zu unterdrücken, und
obgleich ihn selbst ein durch übermäßige Anstrengung
herbeigeführtes Siechthum auf das Krankenlager warf,
so leitete er doch von hieraus alle Angelegenheiten der
Niederlassung auf das Umsichtigste.

Der Admiral war nunmehr genöthigt, sobald als
möglich eine Anzahl Schiffe nach Spanien zurückzusen=
den, um von dem Fortgange des Ansiedelungsgeschäf=
tes den spanischen Souverainen Bericht zu erstatten.
Er hatte gehofft, daß die Besatzung des Forts La Na=
vidad bei seiner Ankunft daselbst eine Menge kostbarer
Güter und wichtiger Nachrichten über die Beschaffen=
heit des Bodens würde gesammelt haben, welche er
beabsichtigte, an den spanischen Hof zu senden. Das
unglückliche Schicksal dieses festen Platzes machte diese
Erwartung zu Nichte. Um aber seinen Monarchen
wenigstens eine genauere Beschreibung der auf Haiti
verborgen liegenden Quellen des Reichthums zu lie=
fern, beordnete er zwei Cavaliere, Alonzo de Ojeda
und Gorvalan, zur Untersuchung des Innern der
Insel.

Dieß that er auch deshalb, um die gesunkenen Hoff=

mungen seiner verzweifelten Colonisten dadurch wieder in Etwas aufzurichten, wenn sie vernahmen, wie reich und vielversprechend der Boden der neuen Welt sich zeige.

Ojeda und Gorvalan kehrten bald von ihrer Sendung in das Innere des Landes zurück, und brachten, der Erwartung des Admirals gemäß die günstigsten Nachrichten über die Fruchtbarkeit der Insel, und über den Goldreichthum der Landschaft Cibao mit sich.

Columbus säumte nun nicht länger, zwölf Schiffe von den mitgebrachten siebenzehn mit diesen Nachrichten nach Spanien zurückzusenden*), indem er um die fernere Unterstützung der Colonie mit Arbeitern, Handwerkern und Künstlern bat, und um einen weiteren Zuschuß an Vorräthen und Lebensmitteln ersuchte, weil die von den Ansiedlern angebauten Landstrecken noch nicht das Vollständige zu liefern vermochten.

Kaum waren die erwähnten zwölf Fahrzeuge nach Spanien abgereist, als die bisher nur mühsam unterdrückte Unzufriedenheit der in ihren hochgespannten Erwartungen so herb getäuschten Ansiedler immer mehr rege zu werden begann. Sie fühlten jetzt das Verlassene ihrer Lage stärker als sonst, und kräftiger als jemals wirkte die Sehnsucht nach der Heimath.

---

*) Am zweiten Februar 1494.

Ebenso unbesonnen als sie sich ohne Ueberlegung mit den übertriebensten Hoffnungen der Expedition nach der neuen Welt angeschlossen hatten, eben so unbesonnen griffen sie immer mehr nach dem verzweifeltsten Mittel, ihre Rückkehr nach dem Mutterlande zu bewerkstelligen.

Die Aufrührer, an deren Spitze Bernal Diaz de Pisa stand, beschlossen, die Unpäßlichkeit des Admirals zu benutzen, um sich der im Hafen liegenden noch übrigen fünf Schiffe zu bemächtigen, mit selben nach Spanien zu segeln, und Columben am Hofe als einen betrügerischen Abentheurer anzuklagen, welcher durch die falschen Nachrichten von dem Reichthum und den Segnungen der neuentdeckten Länder sowohl die spanische Regierung als die ganze civilisirte Welt auf das gröbste hintergangen habe.

Zum Glücke wurde dieser meutrische Anschlag noch frühe genug offenbar, um unterdrückt zu werden. Bernal Diaz, welcher sich früher in Civildiensten des spanischen Hofes in einer ziemlich hohen Stellung befunden hatte, wurde zur Bestrafung nach Spanien geschickt, während die übrigen Theilnehmer des Complotes zwar ihre Strafe, aber eine viel zu gelinde, zu Isabella selbst erhielten.

Um dem unter den Ansiedlern stets herrschenden und immer noch steigenden Mißvergnügen mit einem

Male zu steuern, beschloß der Admiral in Person und in Begleitung seiner Truppen einen Zug nach den goldreichen Bergen von Cibao zu unternehmen, damit die Ansiedler sich durch eigenen Augenschein überzeugten, daß der Boden der neuen Welt, aber freilich erst nach Verlauf einer angemessenen Zeitfrist, alle auf ihn verwendeten Mühen und Anstrengungen hundertfältig zurückzahlen werde.

Am zwölften März 1494 brach Columbus an der Spitze von vierhundert Kriegern, wozu er alle waffenfähige und entbehrliche Männer der Colonie aufgeboten hatte, zu seinem Zuge auf. Glänzende Stahlwaffen, blanke Helme und Harnische, Schwerter und Lanzen, Armbrüste und Feuergewehre bildeten die Ausrüstung seines Heerhaufens, welcher in wohlgeordneten Reihen, die Cavallerie voran, unter kriegerischem Pomp, Trommelschlag und Trompetenklang von Isabella ausmarschirte, um hierdurch zugleich den Zweck mit zu erreichen, die Indianer durch den imposanten Anblick eines disciplinirten europäischen Heeres einzuschüchtern.

Dem Zuge folgten Pflanzer, Bergleute und eine Menge von Eingeborenen, welche sich zur Fortschaffung der Vorräthe und Bergwerksgeräthschaften hergegeben hatten.

Am ersten Tage gelangte man über eine Ebene, welche sich vom Seegestade bis in die Berge erstreckte,

zu einer steilen Gebirgsschlucht. Der Aufgang zu diesem rauhen Hohlwege war für die kleine mit einem bedeutenden Gepäcke belastete Armee um so mehr mit großen Schwierigkeiten verbunden, als der Weg in nichts weiter bestand, als einem indianischen Fußpfad, der sich, zuweilen an jähen Abgründen, durch das beinahe undurchdringliche Gesträuppe eines Urwaldes hindurchschlang.

Ein Trupp thatenlustiger junger Cavaliere stellte sich freiwillig an die Spitze des Heerhaufens, um demselben Bahn zu brechen. Mit Hülfe von Arbeitern und Pionieren gelang es ihnen bald, einen für die Armee gangbaren Weg herzustellen, welchen Columbus zu Ehren der ritterlichen Unternehmer desselben El Puerto de los Hidalgos oder den Paß der Edelleute nannte.

Am folgenden Tage gelangte der Heerhaufe mittelst der ersten gebahnten Straße in der neuen Welt auf die Höhe des Gebirges, wo sich den entzückten Spaniern der Anblick einer überaus schönen, unübersehbaren Landschaft darbot.

Sie standen stumm in freudigem Staunen, als sie den unermeßlichen Landstrich übersahen, der vor ihnen ausgebreitet lag.

Eine großartige Vegetation, wie sie nur in den Tropengegenden einheimisch ist, entfaltete hier vor den

Augen der bewundernden Europäer ihren reichen niegesehenen Schmuck. Die prächtigen Wälder breiteten weithin ihr buntfarbiges Laubwerk, Palmen von riesenhaften Formen und weithin reichende Mahagonybäume ragten unter ihren niedrigen Genossen hoch aufstrebend empor. Hier und da, wo die Landschaft weniger dicht mit Laubgehölzen bewachsen war, gewahrte man Dörfer und Weiler, und der aus den reicher mit Bäumen bekleideten Gegenden emporsteigende Rauch zeigte eine zahlreiche Bevölkerung an.

Trunkenen Blickes betrachteten die Spanier freudig diese schöne Landschaft, welche in üppiger, blüthenreicher Fülle vor ihnen ausgegossen lag, eine Gegend, die in ihrer sanften segenvollen Ruhe, deren Charakter sie trug, die Begriffe eines irdischen Paradieses zu verwirklichen schien.

Columbus nannte sie wegen ihrer großen Ausdehnung **Vega Real** oder **Königs Ebene**.

Nachdem das Heer eine steil abhängende Schlucht passirt hatte, breitete sich dasselbe, in der Ebene angelangt, in militärischer Ordnung aus, und zog beim Schalle der kriegerischen Instrumente mit fliegenden Fahnen und Waffengeklirre vorwärts. Als die einfachen Natursöhne, die Indianer, unsere stahlgepanzerten Krieger in ihrem glänzenden Aufzuge auf schnaubenden und stampfenden Rossen erblickten, mochten sie wohl das Ganze für eine übernatürliche Erscheinung halten. Die Reiter schienen ihnen besonders furchtbar. Sie hielten Roß und Mann für Eines, und staunten sehr, wenn die Reiter abstiegen. Sie flohen erschreckt in ihre Hütten, verschlossen diese hinter sich mit Rohrstäben, und glaubten Wunder, wie sicher sie sich hinter diesem Verschlusse befänden. Columbus lächelte über die Einfalt der Eingeborenen, und befahl, den Bereich ihrer Wohnungen strenge zu respektiren, und nicht über die Verzäunung einzudringen, indem er glaubte, die Indianer würden bald von selbst hervorkommen, wenn sie sähen, daß die Fremdlinge ohne böse Absicht gekommen seien.

Er täuschte sich hierin nicht. Denn kaum hatten die Wilden bemerkt, daß die weißen Männer nicht die Absicht hegten, ihnen ein Leid zuzufügen, als sie sich mit den das Heer begleitenden Indianern verständigten, und hinter ihren Rohrstäben hervorkamen.

Man machte den Insulanern einige kleine Geschenke, worüber sie unbegrenzte Freude und Dankbarkeit äußerten. Ein Jeder drängte sich herbei, um den Fremdlingen Alles, was in seinen Kräften stand, anzubieten. Dabei waren sie weit entfernt, Eigennutz zu verrathen; im Gegentheile zeigten sie gar kein Verlangen nach einem Gegengeschenke, sondern, wie alle Wilden, verschmähten sie es, mit der Gastfreundschaft Handel zu treiben.

Nach einem Marsche von zwei Tagen, während dessen man bei den Indianern überall dieselbe freundschaftliche Gesinnung antraf, kam das Heer an einer steilen Gebirgskette an, welche die Ebene begrenzte, und von der goldreichen Landschaft Cibao trennte.

Kaum hatte sich die Armee den steilen Bergpfad emporgearbeitet, als die Gegend einen ganz andern Charakter annahm, das Land war hier uneben und bergig, die Vegetation im Vergleiche mit jener der Königsebene ärmlich zu nennen, und bei Weitem nicht so üppig, als in dem Flachlande.

Hierfür wurden die Spanier aber reichlich dadurch entschädigt, daß sich in den vielen Flüssen und Bächen dieser Gebirgslandschaft Goldsand zeigte, und den sichern Beweis lieferte, daß in dem Innern der rauhen und unscheinbaren Höhen reiche Adern edlen Metalles verborgen seien.

Da die Armee bereits über achtzehn Stunden weit von Isabella entfernt war, und überdieß die Unbequemlichkeiten eines unebenen Berglandes den Transport des beträchtlichen Gepäckes bedeutend erschwerten, so beschloß Columbus, nicht weiter in das Gebiet von Cibao einzudringen, sondern an der Grenze desselben ein Fort zu errichten, von wo aus sowohl die weitere

Erforschung dieses Goldlandes, als auch die Bergwerksarbeiten behufs der Auffindung edler Metalle, geleitet werden könnten.

Zur Anlegung dieses festen Platzes wählte er eine Anhöhe, welche von drei Seiten her von einem Flusse umgeben war, und dadurch gegen mögliche Angriffe der Wilden Schutz gewährte. Die vierte Seite wurde mit einem tiefen Graben umzogen, und auf dem Gipfel des Hügels ein ziemlich starkes hölzernes Gebäude aufgeführt, welches gegen den Andrang nackter wilder Krieger vollkommen genügte.

Diesen festen Platz benannte der Admiral St. Thomas, um auf eine ironische und doch religiöse Weise an die Ungläubigkeit Fermin Cado's, des unwissenden oder böswilligen Metallprobirers und seiner Anhänger zu erinnern, welche nicht früher glauben zu wollen erklärt hatten, daß die Insel Gold hervorbringe, bis sie es mit ihren Augen gesehen und mit ihren Händen berührt hätten.

Vierzehntes Kapitel.

Reise Columbens nach Cuba — Entdeckung der Insel Jamaica. Rückkehr nach Isabella.

Nachdem der Admiral zu St. Thomas eine Besatzung von sechsundfunfzig Mann unter dem Befehle des Pedro Margarite zurückgelassen, und für die nöthige Verbindung dieses Forts mit der Niederlassung an der Küste gesorgt hatte, beeilte er sich, nach Isabella zurückzukehren; denn er hatte sich vorgenommen, seine Entdeckungen an der Küste von Cuba, welche auf seiner ersten Reise nicht weit gediehen waren, weiter fortzusetzen.

Allein bei seiner Ankunft fand er die Pflanzstadt in einem kläglichen Zustande. Krankheiten, durch das ungewohnte heiße und feuchte Klima veranlaßt, waren eingerissen, und hatten viele Europäer in ein frühes Grab gesenkt; der Mangel an Nahrungsmitteln — an die indianischen Lebensmittel waren die Spanier nicht gewohnt — begann stets fühlbarer zu werden, und das Mißvergnügen der Colonisten griff immer mehr um sich.

Columbus hatte alle Mühe, um die Verzagten aufzurichten, wozu die Gewißheit über den Goldreichthum Haiti's, welche man sich durch den Zug in das Innere der Insel verschafft hatte, nicht wenig beitrug.

Nachdem der Admiral die Gemüther der Ansiedler beruhigt hatte, beorderte er eine kleine Armee, aus allen Leuten bestehend, welche zu Isabella entbehrlich waren, in das Innere der Insel, um das Gebiet der verschiedenen Kaziken zu besuchen, und zu durchforschen. Das Commando über dieselbe sollte Pedro Margarite übernehmen, und in seiner Befehlshaberschaft zu St. Thomas von Alonzo de Ojeda abgelöst werden. Columbus schrieb an Margarite einen Brief, der die Instruktionen desselben und vornehmlich die Weisung erhielt, vor allen andern das goldreiche Gebiet Caonabos, des Kaziken von Cibao, zu untersuchen. Zugleich empfahl der Admiral dem neuen Befehlshaber die strengste Mannszucht, und Wohlwollen und Gerechtigkeit gegen die Indianer.

Columbus glaubte durch diese Maßregel nicht nur den Zweck der Auffindung edler Metalle zu fördern, sondern auch einen guten Theil seiner Leute allmälig an die Lebensweise unter dem tropischen Himmelsstriche zu gewöhnen, indem er sie zugleich von Isabella ferne hielt, und hierdurch sowohl eine heilsame Zerstreuung der mißvergnügten Ansiedler, als auch ein weiteres Auslangen mit den sehr zusammengeschmolzenen Lebensmitteln erreichte.

Nachdem Columbus Alles dieses veranlaßt hatte, setzte er einen Regierungsrath ein, welcher während seiner Abwesenheit die Angelegenheiten der Colonie leiten sollte. Zum Präsidenten ernannte der Admiral seinen Bruder Diego. Die übrigen Mitglieder dieses Rathes waren Pater Boyle und die Edelleute Coronal, Caravajal und Juan de Luxan.

Mit voller Beruhigung glaubte Columbus die Angelegenheiten seiner Pflanzstadt in die Hände dieser Männer niederlegen zu können, und segelte am vier und zwanzigsten April 1494 von Isabella mit drei Schiffen ab, um seine Entdeckungen bei Cuba weiter zu verfolgen.

Es währte nicht lange, so erreichte er die Küste dieser Insel. Je weiter er segelte, desto mehrere Spuren von Fruchtbarkeit und Bevölkerung zeigte das Gestade, an welches die Eingebornen voll Verwunderung herbeigelaufen kamen, um die niegesehenen Gäste anzustaunen. Sie hielten Lebensmittel und mannigfache Früchte mit den Händen empor, um die Spanier zur Landung zu bewegen; viele kamen in Canoes ebenfalls in der Absicht herbeigerudert, um den seltsamen Fremdlingen verschiedene Eßwaaren zum Geschenke zu machen.

So oft man jedoch bei ihnen nach dem Lande forschte, wo das Gold einheimisch sei, zeigten sie nach Süden. Columbus verließ daher die eingeschlagene Richtung, segelte nach Süden, und machte hier die merkwürdigste Entdeckung auf dieser Reise, die Insel Jamaica.

Wenige Seemeilen war er dieser neuen Richtung gefolgt, als zwar schon die blauen Spitzen der Berge von Jamaica emportauchten, aber erst nach zwei Tagen erreichten die Seefahrer diese Insel, und waren voll Bewunderung über den großen Umfang derselben, über die Schönheit ihrer Gebirgszüge, die Pracht ihrer Wälder, die üppige Fruchtbarkeit der Thäler und die große Anzahl von Wohnplätzen, womit die Ebene sich übersäet zeigte.

Columbus beabsichtigte an der Küste von Jamaica auf einige Tage vor Anker zu gehen, weil seine leckgewordenen Schiffe der Ausbesserung dringend bedurften. Als er sich der Küste näherte, kamen ihm wenigstens siebenzig Canoes mit buntbemalten und mit Federn geschmückten Wilden entgegen, machten allerhand drohende Bewegungen, und schienen ihm die Landung streitig machen zu wollen. Columbus hatte einige Leute in Böten vorausgeschickt, um die Küste zu sonden. Auch diese Böte sahen sich von Canoes mit kriegerisch bewaffneten Indianern umringt, welche Miene machten, die Europäer an der Landung zu verhindern. Da die Wilden in ihrem Vorsatze fest beharrten, die Spanier von ihrer Küste zurückzuweisen, so sandte die Bemannung der Boote einen Hagel von Pfeilen nach

8*

den feindlichen Fahrzeugen, die nun so schnell als möglich die Flucht ergriffen. Columbus ging vor Anker, und verweilte hier mehrere Tage. — Er fand die Wilden sowohl den Indianern von Haiti, als auch denen von Cuba an Kunstfertigkeit und kriegerischem Geiste weit überlegen.

Ihre Canoes waren größer, besser gearbeitet und am Vorder- und Hintertheile mit Malereien und Schnitzwerk geziert; Manche derselben waren von bedeutender Länge. Columbus maß eines von den größten dieser Fahrzeuge, und fand es bei hundert Fuß lang und acht Fuß breit. Es war aus dem Stamme eines einzigen Mahagonybaumes gehöhlt, jener riesigen Gattung von Gehölzen, die gleich Thürmen aus dem übrigen niedrigern Laubwerk emporsteigen. Ein jeder Kazike besaß ein solches großes Canoe, und war stolz auf dasselbe.

Da Columbus auf der Insel Jamaica kein Gold vorfand, so beschloß er, wieder nach Cuba zurückzukehren, um seine Entdeckungsreise fortzusetzen. Nunmehr erst begann für Columbus eine Reihe von Widerwärtigkeiten, gegen welche alle die Gefahren, die er bisher mit so hohem Muthe bestanden hatte, in Nichts zurücksanken.

Plötzlich geriethen seine Schiffe in eine See, welche mit einer großen Menge von größeren und kleineren meistens unfruchtbaren Inseln besetzt war. Jeden Augenblick schwebten die Fahrzeuge ungeachtet der vorsichtigsten Leitung in Gefahr, an den Strand eines der unzähligen wüsten Eilande getrieben zu werden, oder auf einem der häufigen Riffe sitzen zu bleiben. Das Senkblei, mittelst dessen jeder Faden Fahrwassers sondirt werden mußte, kam den Seeleuten gar nicht aus der Hand, und trotz allem Bemühungen liefen sie öfter auf den Sand, so daß sie sich nur durch unsägliche Anstrengungen wieder flott machen konnten, und nachher alle Hände voll zu thun hatten, um die Lecke der schadhaften Schiffsrumpfe auszubessern. Oefter kamen die Schiffe in enge Canäle, wo alle Segel eingezogen und die Fahrzeuge mittelst der Boote bugsirt werden mußten.*) Zur Ueberwindung so unsäglicher Schwierigkeiten konnte Columbus nur durch die hohe in ihm zur Reife gekommene Idee der Möglichkeit einer Erdumsegelung angeeifert werden. Er hegte wirklich zu dieser Zeit den für seine Gefährten allzukühnen Gedanken, bei Asien und Afrika vorüber zu segeln, um nach Umschiffung der Erde wieder an den Küsten von Spanien zu landen. Denn, wie es erinnerlich sein wird,

---

*) Der Admiral nannte diese gefährliche Seegegend die Gärten der Königin, wegen des mannigfaltigen Aussehens, welches das Meer durch die häufigen grünen Eilande erhielt.

hielt Columbus schon auf seiner ersten Reise die weit hinlaufenden Küsten Cuba's, mit ihren bedeutenden Gebirgszügen, für die äußersten Ostgrenzen der asiatischen Landfeste, und glaubte, daß er endlich an den, von dem berühmten Reisenden Marco Polo beschriebenen asiatischen Ländern, Cipango und Kitai ankommen werde.

Waren auch die Reisegefährten des Admirals mit diesem darüber von gleicher Meinung, so drangen sie doch täglich und stündlich in ihn, für jetzt von seinem Erdumsegelungsplane abzustehen, welcher ohnedieß unter so augenscheinlichen Gefahren beinahe unausführbar sei. — Durch die bisher überstandenen Schwierigkeiten waren sie muthlos geworden, und sahen in jeder neuen Erscheinung nichts, als neue drohende Gefahren; und die Natur schien gerade unter diesem Himmelsstriche an Ungewöhnlichkeiten besonders reich. Einmal zeigte sich ihnen die See ganz weiß, wie Milch, ein anderes Mal waren die Gewässer ganz mit Schildkröten bedeckt; dann verdunkelten wieder Schaaren von Wasserraben und Waldtauben die Strahlen der Sonne, und eines Tages zog eine so unendliche Menge von buntfarbigen Schmetterlingen durch die Lüfte, daß sie gleich Wolken das Tageslicht verdunkelten.

Alle diese Erlebnisse waren in den Augen der abergläubischen Spanier die Vorboten noch größerer Gefahren, als man bereits überwunden. Aber weit gegründetere Besorgnisse hatten sich indessen auch dem Admiral aufgedrungen. Die Fahrzeuge waren durch das öftere Anstoßen an Riffe und Sandbänke an den Kielen schadhaft geworden, die Kabeltaue*), so wie die ganze Takelage**) waren abgenutzt und morsch, und die Vorräthe zum Theil nahe daran, aufgezehrt zu werden, zum Theil durch das mittelst der vielen Lecke hereinströmende Seewasser verdorben. Diese mißlichen Umstände vermochten den Admiral, wiewohl mit widerstrebender Brust, seinen kühnen Entschluß einer Erdumsegelung aufzugeben, und an die Rückkehr zu denken.

Auf der Rückfahrt hatten sie mit ebendenselben Schwierigkeiten zu kämpfen, welche sie auf der Hinreise hatten zu überwinden gehabt; wie sehr erfreut waren sie daher, als sie nach Ueberwindung unendlichen Ungemachs die Küsten von Cuba wieder erblickten.

Columbus pflegte an jedem Orte, wo er landete, ein Kreuz aufzurichten, ein Zeichen seiner religiösen Gesinnung und der Herrschaft des christlichen Glaubens, den er in allen von ihm entdeckten Ländern zu verbreiten beabsichtigte. Als er daher nach den auf der Rückreise überwundenen mannigfachen Gefahren die Küste

---

*) Ankerseile.
**) So nennt man die gesammten Schiffsseile.

von Cuba abermals zu Gesichte bekam, begab er sich in der Absicht an das Land, um dort das Zeichen des christlichen Bekenntnisses aufzupflanzen.

Bei dieser Gelegenheit kam der Kazike der Gegend, begleitet von seinem Rathe, einem hochbejahrten Indianer, ihm entgegen. Columbus bewillkommnete Beide freundlich, und nahm sie nach dem Orte mit, wo das Kreuz errichtet werden sollte. Ein Haufe von Eingebornen folgte dem Zuge nach.

Es wurde ein Meßopfer gefeiert, welchem die Indianer mit ehrfurchtsvoller Scheu beiwohnten. Als die gottgefällige Handlung vorüber war, kauerte der alte Indianer, welcher mit dem Kaziken gekommen war, auf den Boden nieder, und hielt an den Admiral folgende Anrede: „Was Du gethan, das ist gut, denn es scheint, daß Du Gott auf diese Weise Verehrung bezeigst. Man sagte mir aber, daß Du kürzlich mit einer großen Macht auf diese Insel gekommen seiest und Schrecken unter den Völkern verbreitet habest. Laß Dich aber deshalb nicht vom Stolze beherrschen. Denn wisse, daß, so wie wir glauben, die Seelen der Menschen, sobald sie vom Leibe getrennt sind, zweierlei Reisen zu machen haben. Die eine führt zu einem traurigen, mit Finsterniß umgebenen Orte, bestimmt für Diejenigen, welche gegen ihre Nebenmenschen ungerecht und grausam gewesen sind. Die andere aber leitet zu einem Orte, lieblich und voller Freuden, für jene, welche den Frieden im Leben geliebt haben. Wenn Du also ein Sterblicher bist, und den Lohn Deiner Handlungen nach dem Tode erwartest, so hüte Dich, daß Du Niemandem Schaden zufügest oder Unrecht thuest."

Als Columbus den Sinn dieser Rede von seinem lukaischen Dolmetscher, welcher mit in Spanien gewesen war und die Taufe empfangen hatte, vernahm, war er sehr gerührt von der einfachen Beredtsamkeit des Wilden, und zugleich erfreut über dessen Glauben an die Fortdauer der Seele nach dem Tode. Er ließ dem alten Indianer sagen: „Er sei von seinen Gebietern, den Beherrschern von Spanien, entsendet, um die wahre Religion bei ihnen zu verbreiten, sie von ihren Feinden und Bedrückern zu befreien, und diese, besonders die Caraiben, zu unterjochen. Daher sei er der Beschützer aller unschuldigen und friedfertigen Leute."

Der alte Indianer war hierüber außerordentlich erfreut, es befremdete ihn jedoch, daß Columbus, den er für einen großen und mächtigen Mann ansah, blos ein Unterthan sei. Hierdurch stieg seine hohe Meinung von den spanischen Beherrschern; als aber der lukaische Dolmetscher von den Wundern Europa's zu erzählen anfing, von den volkreichen Städten, den großartigen Kirchen, von den blitzenden Kriegsheeren und den großen Schaaren von Reitern, von den gesehenen Festen und Turnieren, und vor Allem von den Stiergefechten zu Madrid — da glaubte der bejahrte Indianer nicht anders, als alle diese Herrlichkeiten könnten nur im „Turey" das ist im Himmel, zu Hause sein. Es verlangte ihn daher gar sehr, den Admiral in seine europäische Heimath zu begleiten, und nur die inständigen Bitten seiner Angehörigen und Verwandten vermochten es über ihn, der Begierde, den „Turey" der weißen Männer zu sehen, zu entsagen.

Columbus verließ sehr bald dieses gastfreundliche Küstengebiet, mit seinem zuvorkommenden Kaziken, und segelte weiter. Ungünstige Witterung und widrige Winde zwangen ihn jedoch einen Monat lang an den Küsten von Jamaika, welches er wieder zu Gesicht bekommen hatte, zu kreuzen.

Die Bewohner dieser Insel zeigten sich gegen die Spanier nicht mehr feindselig, wie früher; im Gegentheile kam eines Tages ein Kazike mit einem stattlichen Gefolge in mehreren künstlich geschnitzten Canoes voll Vertrauen an den Bord des Admiralschiffes herangerudert, und äußerte das dringende Verlangen, sammt seinen Weibern, Kindern und Begleitern in den „Turey" der weißen Fremdlinge mitgenommen zu werden. Nur mit Mühe vermochte Columbus den reiselustigen Kaziken von seinem Begehren abstehen zu machen.

Columbus lichtete die Anker, und hatte den Vorsatz, seine Entdeckungsreise nach den caraibischen Inseln fortzusetzen, ungeachtet der schon erduldeten namenlosen Mühseligkeiten und der schlechten Beschaffenheit seiner Schiffe. Allein die Kräfte seines Körpers entsprachen seiner Geistesstärke nicht.

Gleich jedem gemeinen Matrosen hatte er sich allen Entbehrungen unterzogen; er hatte sich auf dieselben dürftigen Rationen beschränkt, wie sie seinen Leuten in Fällen des Mangels an Lebensmitteln verabreicht wurden; er hatte sich mit seinen Untergebenen denselben Widerwärtigkeiten des Wetters und der Stürme ausgesetzt, ohne für seine Stellung als Admiral etwas Besonderes in Anspruch zu nehmen.

Aber noch andere Bedrängnisse und Sorgen nagten an seiner Seele, als jene, welche zunächst seine Seeleute peinigten, und die er getreulich theilte. Während der gemeine Matrose nach gethanem Dienste sich es in seiner Hängematte wohl sein ließ, brachte Columbus ganze Nächte schlaflos zu, denn von seiner Wachsamkeit hing die Sicherheit der Fahrzeuge ab. Vorzüglich aber war es die Vorstellung, die geistig auf ihn wirkte, daß eine ganze Nation, ja die ganze civilisirte Welt auf den Resultaten seiner Entdeckungen ihr Auge haften lasse. Dieß war es, was ihn zu den außerordentlichsten, beinahe übermenschlichen Anstrengungen befähigte; was seine

Geisteskraft zu einer Höhe anspannte, welche auf die Länge der Zeit nicht ausdauern konnte.

Kaum hatte er die Küste von Jamaica verlassen, als eine völlige Erschlaffung der Geistes- und Körperkräfte eintrat; eine Krankheit bemächtigte sich seiner, die ihn des Gedächtnisses, des Gesichtes und aller seiner Fähigkeiten beraubte. Er sank in eine tiefe Bewußtlosigkeit, die dem Tode ähnlich war.

Als die Seeleute den gefährlichen Zustand ihres Admirals erkannten, blieb ihnen nichts Anderes übrig, als den Cours nach den caraibischen Inseln aufzugeben, und nach Isabella zurückzukehren; im Zustande völliger Bewußtlosigkeit wurde Columbus in seine Pflanzstadt zurückgebracht. Hier stand Columben die Freude bevor, seinen Bruder Bartholomäus zu finden, welchen er bereits dreizehn Jahre nicht gesehen hatte.*)

---

*) Nachdem Christoph Columbus mit seinen Anträgen zur Ausrüstung einer Entdeckungs-Expedition vom portugiesischen Hofe, als ein träumerischer Schwärmer belächelt, zurückgewiesen worden war, sandte er, bevor er nach Spanien ging, seinen Bruder Bartholomäus an den Hof von England, um dem Könige Heinrich VII. den Antrag zur Entdeckung zu machen. Allein Bartholomäus erlitt auf der Reise nach den brittischen Inseln das Unglück, von Corsaren beraubt und gefangen genommen zu werden. Nachdem er die Freiheit wieder erlangt hatte, lebte er einige

Der sorgsamen Pflege dieses für die Genesung des Admirals zärtlich besorgten Verwandten gelang es, Columben aus seinem todtenähnlichen Zustande zu erwecken, und ihn auf den Pfad der Genesung zu bringen, welche bei dem Kranken durch den unvermutheten erfreulichen Anblick seines Bruders Bartholomäus mächtig gefördert wurde.

[...]eit lang in der bittersten Armuth, welche es ihm unmöglich machte, vor dem Souveraine von England zu erscheinen. Als Bartholomäus endlich im Stande war, das Ansuchen seines Bruders bei Heinrich VII. vorzubringen, zeigte dieser sich sehr bereit, ein Entdeckungsunternehmen zu unterstützen. Mit dieser Nachricht betrat Bartholomäus eben Frankreich, um nach Spanien zu reisen, und Christoph von dem Entschlusse des Königs von England in Kenntniß zu setzen, als er durch das Gerücht vernahm, die Entdeckung der neuen Welt sei bereits geschehen. Von dem Könige von Frankreich ausgezeichnet und unterstützt — denn der Ruhm Christophs begann bereits seine Strahlen auch auf seine Familie zu verbreiten — reiste Bartholomäus an den spanischen Hof. Er traf indeß Christoph nicht mehr allda. Dieser war bereits auf seine zweite Reise ausgelaufen; indeß erwählte man ihn zum Führer eines Geschwaders von drei Schiffen, bestimmt, Vorräthe nach Hispaniola zu bringen. Auch hier kam er zu spät, um Columbus zu treffen, welcher sich gerade auf seiner Entdeckungsreise nach Cuba befand.

(8)

Es war sehr an der Zeit gewesen, daß der Admiral in seiner Pflanzstadt ankam, und daß ihm die Vorsehung eine so kräftige Stütze zur Leitung der Angelegenheiten der Colonie beigab, als es Bartholomäus war; denn während der fünfmonatlichen Abwesenheit des Admirals von Haiti hatte die größte Verwirrung zu Isabella Platz gegriffen. Unordnungen waren eingetreten und hatten eine Entzügelung der in Parteiungen getheilten Colonisten bewirkt, welche den jungen Pflanzstaat in Kurzem gänzlich aufzulösen drohten.

Pedro Margarite, welcher zum Befehlshaber der Kriegsmacht auf der Insel ernannt worden war, vergaß in dem Augenblicke, als der Admiral Isabella verlassen hatte, um seine Entdeckungsreise zu unternehmen, alle die heilsamen Instruktionen, die ihm ertheilt worden waren.

Er ließ Alonzo von Ojeda als Befehlshaber des Forts St. Thomas zurück, und übernahm das Commando über die Truppen. Allein, anstatt seinem Auftrage gemäß das goldreiche Berggebiet des Kaziken von Cibao zu untersuchen, stieg er in die Vega Real (Königsebene) herab, und überließ sich hier allen möglichen Willkührlichkeiten und Ausschweifungen, indem er ein zweites Gebot des Admirals übertrat, welcher ihm die strengste Gerechtigkeitsliebe zur Pflicht machte.

Wenn der Vorgesetzte sich Gesetzübertretungen erlaubt, so hat er er von seinen Untergebenen keinen Gehorsam zu erwarten. Die unter dem Befehle Margarite's stehenden Truppen folgten dem Beispiele ihres Führers, und überließen sich gleichfalls den gröbsten Vergehungen und Gewaltthätigkeiten, deren Gegenstand, die harmlosen Indianer, nunmehr die Augen über die wahre Beschaffenheit ihrer weißen Gaste öffneten, ihre Meinung über deren himmlischen Ursprung aufgaben, und den Augenblick verwünschten, in welchem ihre europäischen Unterdrücker auf ihrer unglücklichen Insel den ersten Fuß gesetzt hatten.

In kleine Trupps auf der Insel zerstreut, verübte die entzügelte Soldateska an den harmlosen Indianern die nichtswürdigsten Gewaltthätigkeiten, und artete um so mehr aus, je länger sie der Schranke der Disciplin entbehrte. Als Diego, der Bruder des Admirals, welcher, wie erinnerlich sein wird, während der Abwesenheit Columbens als Präsident des eingesetzten Regierungsrathes die Angelegenheiten der Niederlassung leitete — als Diego den übermüthig gewordenen Margarite daran erinnerte, im Sinne der von dem Admirale erhaltenen Weisungen das goldreiche Gebiet Caonabo's zu untersuchen, antwortete dieser mit militärischem Trotze, und benahm sich als unabhängig, während er mit Pater Boyle ein Complot anspann, welches dahin ging, mit den noch im Hafen liegenden übrigen

Schiffen nach Spanien zu gehen, um dort den Admiral als einen Menschen anzuklagen, der durch falsche Vorspiegelungen von dem Reichthum und der Ueppigkeit der neuentdeckten Länder sowohl Spanien als auch die ganze civilisirte Welt angeführt habe.

Indeß waren die Uebel im Innern der Ansiedelung nicht im Abnehmen begriffen gewesen. Krankheiten und böse Fieber hatten einen großen Theil der Europäer dahingerafft, getäuschte Hoffnungen geträumten Glückes, überspannte Erwartungen, von denen keine in Erfüllung gegangen war, Furcht vor den üblen Folgen eines gefährlichen Klima — Alles dieses hatte das Mißvergnügen der Ansiedler auf das Höchste gesteigert, und in Vielen den sehnlichsten Wunsch erregt, nach Europa zurückzukehren, so daß sie mit Bereitwilligkeit in den Plan Margarite's und Boyle's, nach Spanien zurückzusegeln, eingingen, um dort wider den Admiral Beschwerde zu führen.

Margarite beeilte die Ausführung seines Vorhabens sehr, und schiffte mit einer Anzahl Unzufriedener nach Spanien zurück, wo er durch seine Stellung seinen Behauptungen und Anklagen gegen den Admiral einiges Gewicht zu geben hoffte.

Das auf der Insel in einzelnen Banden zerstreute und nun eines jeden Schattens von Subordination entledigte Heer verübte indessen die zügellosesten Gewalt=

thätigkeiten. Die Indianer, obgleich von Natur ein friedfertiges Volk, wurden aus zutraulichen, gastlichen Wirthen — die rachsüchtigsten Feinde der Spanier.

Wo sie ihrer einzeln oder in kleinen Trupps habhaft werden konnten, da ließen sie die strengste Vergeltung obwalten, und tödteten unnachsichtlich ihre weißen Unterdrücker. Muthiger gemacht durch die gelungenen und straflos gebliebenen Ueberfälle einzelner, bereiteten sie sich vor, die Forts, welche man zur Bewachung des Landes in der Königsebene aufgebaut hatte, anzugreifen und zu belagern.

Der furchtbarste Feind jedoch, den die Spanier hatten, war Caonabo, das ist in der indischen Sprache „der Herr des goldenen Hauses" der Kazike der Gebirgsgegenden von Cibao. Von Anfang her betrachtete er die Europäer mit Eifersucht und Haß; er hatte das Fort La Navidad zerstört und dessen Besatzung getödtet. Als er nun sehen mußte, wie mitten in seinem eigenen Gebiete das Fort St. Thomas errichtet wurde, da sann er um so mehr auf Rache, als die Gewaltthaten der spanischen Nachzügler, stets sich wiederholend, seinen ganzen Haß rege erhielten.

Von drei tapfern Brüdern und einem nicht unkriegerischen Stamme umgeben, versammelte er zehntausend Krieger, in der Absicht, das Fort St. Thomas anzugreifen, die Besatzung zu überfallen und sie unvorbereitet, wie jene zu Navidad, zu vernichten.

Allein dießmal hatte Caonabo falsch gerechnet, als er glaubte, das Fort St. Thomas auf gleiche Weise, wie La Navidad, zerstören zu können. Ein anderer Feind stand ihm gegenüber, Alonzo de Ojeda, der tapferste spanische Ritter der damaligen Zeit, der in den maurischen Feldzügen in Spanien sich im Gebirgskriege und im kleinen Gefechte vielfache Erfahrungen gesammelt hatte. Der Ueberfall mißlang. Ojeda hatte sich in seine, für nackte indianische Krieger unangreifbare, Festung eingeschlossen, und hielt strenge Mannszucht. Caonabo aber, durch das Fehlschlagen des ersten Versuches nicht abgeschreckt, faßte den Entschluß, die Spanier in ihrer Feste auszuhungern. Dreißig Tage lang hielt er das Fort enge eingeschlossen, so daß die Besatzung große Noth an Lebensmitteln litt; allein Ojeda ermüdete seinen indianischen Gegner durch öftere, tapfere Ausfälle so sehr, daß dieser sein an ein längeres Beisammenbleiben nicht gewohntes Kriegsheer täglich kleiner werden sah, und endlich voll Bewunderung für seinen tapfern Gegner von der Feste abzog.

Denn die indianischen Krieger verließen täglich zu Hunderten ihr Lager vor dem Fort, eines längeren Einschließens dieses Platzes überdrüssig.

Weit entfernt jedoch wegen des Fehlschlagens seines

Angriffes auf St. Thomas seine feindseligen Absichten gegen die Spanier aufzugeben, faßte Caonabo vielmehr den kühnen Plan, Isabella selbst zu zerstören, und die verhaßten Spanier von der Insel gänzlich zu vertreiben.

Zu diesem Behufe begab er sich vorerst in Geheim in die Nähe von Isabella, um die Lage und Befestigung der Niederlassung zu erkunden.

Hierauf suchte er die übrigen vier unabhängigen Beherrscher der Insel, deren Gebiet unter fünf Kaziken vertheilt war, zu einem Bunde gegen die Spanier zu vereinigen. Bei sämmtlichen Beherrschern erreichte er seinen Zweck; Alle zeigten sich zur Vertreibung der überlästigen weißen Bedrücker sehr geneigt. Nur Guacanagari — welchen die Spanier früher so sehr im ungerechten Verdachte der Zerstörung von La Navidad gehabt hatten, — dieser einzige Häuptling konnte es nicht über sich gewinnen, die den Spaniern angelobte Gastfreundschaft zu brechen und sich dem Bunde der übrigen Indianerfürsten anzuschließen.

Ungeachtet des Hasses seiner Landsleute, den er hierdurch auf sich lud, ungeachtet der vielen thätlichen Beleidigungen, die er deshalb erlitt, und der vielen in sein Gebiet von den übrigen Kaziken gemachten Einfälle, blieb Guacanagari seinen europäischen Gastfreunden stets treu ergeben, und Nichts vermochte ihn, mit den übrigen Häuptlingen gegen jene gemeinschaftliche

Sache zu machen, obgleich er der Erste gewesen war, welcher durch die Ausartung und Sittenlosigkeit der Spanier zu leiden gehabt hatte. Mit beispielloser Großmuth unterhielt er in seinem Gebiete über hundert spanische Krieger, welchen er alles Nöthige verabreichen ließ, insoweit dieß die beschränkten Mittel eines indianischen Häuptlings zuließen.

Funfzehntes Kapitel.

Gefangennehmung Caonabo's — Schlacht in der Königsebene — Folgen derselben.

Zu dieser Sachenlage war der Zustand der Dinge auf Haiti gediehen, als Columbus von seiner Reise krank nach Isabella zurückgebracht wurde. Die schwierigen Verhältnisse, welche durch das üble Betragen der von ihm ernannten Machthaber während seiner Abwesenheit durch gänzliche Nichtbeachtung der erhaltenen Weisungen und Verhaltungsregeln entstanden waren, sollte der Admiral wieder ausgleichen, den Zustand der Auflösung und Anarchie, in welchen die Niederlassung durch das unverhohlen hervorbrechende Mißvergnügen eines großen Theiles der Ansiedler und die zügellose Insubordination der Soldateska gesunken war, sollte er durch zweckmäßige Mittel unterdrücken. Die drohende Unzufriedenheit der Eingeborenen, welche, falls diese durch Caonabo zu einem Bunde vereint wurden, den Europäern sehr gefährlich werden konnte, sollte der Admiral entweder mit gewaffneter Hand oder durch List und Ueberredung zum Schweigen bringen.

Wahrlich Umstände, die Columbens volle Geistes- und Körperkraft in Anspruch genommen hätten, während er sich doch nur langsam von der Erschöpfung seiner Krankheit erholen konnte.

Seinen Bruder Bartholomäus, der hierzu alle Eigenschaften besaß, ernannte er zum Adelantado, das ist, zum Vice-Statthalter, damit dieser mit der nöthigen Auctorität alle jene kräftigen Schritte unternehmen könne, die zur Herstellung der Ordnung in der Niederlassung unumgänglich nothwendig waren. Als sich der Admiral der endlichen Genesung immer mehr näherte, erschien eines Tages Guacanagari, der treuergebene Freund der Spanier, um sich nach dem Befinden Columbens zu erkundigen. Aufrichtige Freude malte sich in den Gesichtszügen des Indianerhäuptlings, als dieser den Admiral nach der mehrmonatlichen Trennung wiedersah. Er kam, um Columben von dem beabsichtigten, den Spaniern Unheil drohenden, Bündnisse der übrigen vier unabhängigen Kaziken der Insel zu benachrichtigen. Zugleich erzählte er, wie man auch ihn habe bewegen wollen, diesem Bunde beizutreten, an dessen Spitze der tapfere Caraibe Caonabo stehe. Nichts habe ihn aber zu einer Untreue gegen seine europäischen Gastfreunde verleiten können; und nun erbot er sich sogar, falls es zu einem Kampfe kommen sollte, an der Seite der Europäer gegen seine Landsleute zu fechten.

Columbus entnahm hieraus mit Vergnügen, daß Guacanagari die gute Meinung, die er von ihm hegte, gerechtfertigt habe, und so mancher von den Spaniern, welcher wegen der Zerstörung von La Navidad einen schwarzen Verdacht gegen diesen Häuptling gehegt hatte, mußte nun beschämt verstummen.

Das Bündniß der Kaziken, dessen Zustandekommen bisher durch die Weigerung Guacanagari's, beizutreten, verzögert worden war, sollte den Nachrichten dieses Indianerfürsten gemäß demnächst in Wirksamkeit treten. Die verbündeten Häuptlinge wollten sodann mit einem vereinten Heere gegen die Europäer losbrechen und sie sämmtlich entweder tödten oder von der Insel vertreiben.

Die Eingeborenen waren wegen der Ausschweifungen und Gewaltthätigkeiten der Spanier gegen dieselben auf das Aeußerste empört, und selbst diejenigen Stämme hegten gegen die weißen Fremdlinge einen erbitterten Haß, deren Gebiet von den Spaniern noch nie betreten worden war. Nur durch den Ruf war die Nachricht von den verübten Gräueln der Europäer auch in die entferntesten und abgelegensten Gegenden von Haiti gedrungen.

Die Wilden zeigten sich daher gegen die Weißen im Allgemeinen sehr aufgebracht und bereit, die Anschläge ihrer Kaziken auf das eifrigste zu unterstützen. Es blieb dem Admiral und seinem Bruder, dem Adelantado, keine Zeit zu verlieren übrig, um das kriegerische Vorhaben der Indianerfürsten nicht zur Reife kommen zu lassen; denn bei der sehr dichten Bevölkerung Haiti's*) konnte die Vereinigung einer großen Heeresmasse, wenn sie auch aus nackten und rohen Kriegern bestand, einer Hand voll Europäern gefährlich genug werden, obgleich diese den Vortheil der Waffen und der Kriegskunst auf ihrer Seite hatten. Zum Theil deshalb, zum Theil auch weil der Admiral es scheute, Menschenblut zu vergießen, beschloß er dem offenen Kampfe jedes andere Mittel vorzuziehen, um die im Lande herrschende Gährung zu unterdrücken und die Ruhe unter den Eingebornen wieder herzustellen.

Columbus glaubte, daß, wenn es möglich wäre, sich der Person Caonabo's zu bemächtigen, eine jede Vereinigung der Kaziken von selbst wegfallen werde,

---

*) Haiti zählte zu jener Zeit beinahe eine Million Eingeborene.

denn offenkundig war es, daß Caonabo allein den verwegenen Plan zur gänzlichen Ausrottung der Weißen entworfen hatte, und die persönliche Oberleitung der dießfälligen Unternehmungen in Anspruch nahm. Der Admiral faßte den Vorsatz, sich der Person des Häuptlings mit List oder Gewalt zu bemächtigen, hierdurch das Zustandekommen eines Bündnisses der Häuptlinge und Blutvergießen auf der Insel zu verhindern.

Alonzo de Ojeda, der ritterliche Vertheidiger des Forts St. Thomas war es, welcher sich über die Mittheilung dieses Planes erbot, sich der Person Caonabo's mit List zu bemächtigen, und diesen todt oder lebendig in die Hände des Admirals zu liefern. Kühn und abentheuerlich war der Anschlag, den Alonzo de Ojeda gefaßt hatte, er war gezwungen, den caraibischen Kaziken aus seiner unzugänglichen Berggegend — den Löwen gleichsam aus seiner Höhle — hervorzuholen.

Allein Ojeda — wie bereits erwähnt, ein spanischer Cavalier von dem ausgezeichnetsten Muthe, der oft an Verwegenheit streifte, von beispielloser Tapferkeit, ausnehmender Klugheit und Gegenwart des Geistes, war ganz dazu geschaffen, einen tollkühnen Plan, ob er auch noch so viele Gefahren mit sich brachte, auszuspinnen und zu Ende zu führen.

Columbus gestattete daher dem kühnen Ojeda auf dessen Andringen die Ausführung seines Vorhabens, indem er das Vertrauen hegte, der verwegene Ritter werde seinen Plan nicht vergebens entworfen haben.

Ojeda wählte sich zehn waghalsige, wohlberittene und bewaffnete Männer, und sprengte an der Spitze derselben nach den wilden Berggegenden Caonabo's, welchen er über sechzig Stunden weit im Innern in einer seiner volkreichsten Städte antraf. Mit denselben Ehrenbezeugungen, wie man sie einem souverainen Fürsten erweiset, näherte sich Ojeda dem Kaziken. Er benachrichtigte ihn, daß er vom Admirale komme, welcher Guamiquina, das ist Chef der Spanier sei, und ihm ein werthvolles Geschenk zu machen beabsichtige.

Caonabo war Zeuge der kühnen Waffenthaten gewesen, welche Ojeda in vielen Gefechten vollführt hatte, und achtete diesen daher als einen tapfern Krieger. Die große Körperstärke, die vorzügliche Fertigkeit in allen ritterlichen Uebungen, das freie, furchtlose Benehmen Ojeda's versicherten diesen bald der Gunst des ihn bewundernden Indianerhäuptlings.

Der spanische Ritter benutzte nunmehr den über Caonabo gewonnenen Einfluß um diesen zu bewegen, nach Isabella zu kommen und dort eine Uebereinkunft mit dem Admirale abzuschließen. Als Lockspeise versprach Ojeda dem Kaziken die Kirchenglocke von Isabella, welche unter dem Indianervolke eine große Bewunderung erregt hatte. So oft diese Glocke ertönte, und die Spanier zum Gottesdienste zusammenrief, vermeinten die Wilden, die Glocke spreche zu den weißen Männern, und diese gehorchten ihr. Die Eingeborenen sahen sie als etwas Uebernatürliches an und glaubten sie komme aus dem „Turei."

Auch Caonabo hatte die Klänge dieses wunderbaren Instrumentes vernommen, als er einst nahe bei Isabella durch die Wälder streifte, und trug großes Verlangen, die Ursache der seltsamen Töne zu sehen. Als diese ihm aber von Ojeda zum Geschenk und Unterpfande des Friedens angeboten wurde, vermochte er nicht länger der Versuchung zu widerstehen, und versprach nach Isabella mitzukommen.

Allein als die zur Abreise festgesetzte Zeit erschien, sah Ojeda seinen Anschlag an der Vorsicht des Kaziken scheitern; denn dieser versammelte ein bedeutendes Heer, welches ihn auf seinem Zuge gegen Isabella begleiten sollte. Da Ojeda wußte, daß der Admiral sich wohl der Person Caonabo's zu bemächtigen, aber keineswegs mit den indianischen Stämmen in einen Kampf zu gerathen suche, da er überdieß vermuthete, daß der caraibische Häuptling durch seine zahlreiche Begleitung die plötzliche Ausführung eines Handstreiches auf Isabella beabsichtigte, so beschloß er seinen Plan zu ändern, und zu einer List Zuflucht zu nehmen, die romantisch und abentheuerlich genug war. Im Verlaufe ihres

Marsches zeigte Ojeda gerade als sie an einem Fluße anhielten, eine Kette mit Handfesseln, aus polirtem Stahl bestehend, und so fein geglättet, daß sie aus Silber gefertigt schien. Diese Handschellen gab er bei Caonabo für einen königlichen Schmuck aus, welcher aus dem Turey von Biscaya*) herstamme, den die Beherrscher von Spanien bei feierlichen Tänzen und anderen öffentlichen Gelegenheiten von hoher Bedeutung zur besonderen Zierde anlegten, und welcher für ihn nunmehr zum Geschenke bestimmt sei.

Zugleich machte er den Antrag, Caonabo solle sich vorher in dem vorüberfließenden Gewässer baden, dann die glänzenden Handschellen zum Schmucke anlegen, ein Pferd Ojeda's besteigen, und sich hierauf in der ganzen Majestät eines spanischen Herrschers vor seinen Unterthanen sehen lassen.

Der Häuptling ging bereitwillig in die Falle, um so mehr, als ihm Gelegenheit werden sollte, sich seinen Untergebenen auf einem so großen und furchtbaren Thiere zu zeigen, wie es in den Augen der Indianer ein Pferd war.

Der Kazike badete, ließ sich, geblendet von der den Indianern eigenthümlichen Freude an glänzenden Zier=

---

*) Zu Biscaya befinden sich die vorzüglichsten Eisenwerke und Eisenfabriken Spaniens.

rathen, die Ketten anlegen, worauf man ihm auf das Pferd hinter Ojeda's Rücken verhalf, welcher nunmehr, gefolgt von seinen zehn berittenen Gefähren, Angesichts des Heeres Caonabo's im Kreise umhersprengte. Verwundert und stolz zugleich ob der Herrlichkeit ihres Häuptlings sahen die Indianer mit Furcht und Staunen die mächtigen Rosse an sich vorüberbrausen, während Ojeda den vor den Hufen der Pferde scheu zurückweichenden Wilden immer größere Kreise abgewann, so daß er endlich am Rande des Waldes Gelegenheit fand, dem Anblicke der Leute Caonabo's, wie diese glaubten, nur auf einige Augenblicke, hinter den Bäumen zu entgehen.

Kaum sah sich der verwegene Ritter so weit, als alle seine Gefährten mit gezückten Schwertern über den, hinter dem Rücken Ojeda's sitzenden Kaziken herfielen, ihn beim geringsten Geräusche oder Widerstande, obgleich dieser durch die Fesseln bereits unmöglich war, mit dem Tode bedrohten, ihn an Ojeda festbanden, und im gestreckten Galopp, die Gegend ihres Fanges weit hinter sich lassend, dahinsprengten, ehe noch Caonabo's Unterthanen recht wußten, wie ihnen geschehen war.

Die bedeutende Strecke von sechzig bis siebenzig Stunden hatten sie zurückzulegen, Flüsse zu übersetzen, durch dichte Wälder zu bringen, bewohnte Gegenden zu vermeiden, und viele Mühseligkeiten zu überwinden,

bevor Ojeda im Triumphe über seinen gelungenen Streich, den wilden indianischen Kämpfer hinter sich auf dem Rosse, zu Isabella einzog.

Stolz und ungebeugt blieb Caonabo auch in der Gefangenschaft; vor Niemandem demüthigte er sich als vor seinem Sieger, der durch seine gelungene List in den Augen des gefangenen Häuptlings noch um so viel achtungswerther wurde, als er durch seine bewunderte Tapferkeit es schon gewesen war.

Denn nichts geht den Indianern, so wie den wilden Völkern überhaupt, über eine geschickt ausgeführte Kriegslist.

Der Admiral war gewohnt sich als Vicekönig mit vieler Auctorität zu benehmen, und von seinen Untergebenen große persönliche Respektsbezeugungen zu fordern. Wenn er aber in das Gemach des gefesselten Caonabo trat, so fand es dieser nicht einmal der Mühe werth aufzustehen, weil nach seiner Aeußerung der Admiral, obgleich Guamiquina der Spanier, niemals so kühn gewesen sei, ihn, gleich Alonzo von Ojeda, in seiner Behausung aufzusuchen.

Unbändig und hochfahrend blieb der Sinn Caonabo's, ungeachtet der Fesseln, die seine Hände trugen. Nichts vermochte ihn für das spanische Interesse zu gewinnen; im Gegentheil rühmte er sich oft der ihm gelungenen Unternehmung auf La Navidad, welches Fort er verbrannt und die Besatzung getödtet habe. Columbus bewunderte den stolzen Heroismus des wilden Häuptlings; allein dessen Unbeugsamkeit war ihm ein Grund mehr, ihn um so sorgfältiger zu bewachen, damit derselbe den Frieden der Niederlassung nicht fernerhin gefährde. Columbus beabsichtigte späterhin, Caonabo nach Spanien zu senden.

Der Admiral hatte geglaubt, durch die Gefangennehmung des mächtigen Caonabo den so gefürchteten Bund der Indianerfürsten zu hintertreiben; allein eben die Gefangensetzung dieses Kaziken war es, welche nunmehr das schnelle Zustandkommen des mehr erwähnten Bündnisses beförderte.

Schon in den ersten Tagen nach Ausführung der abentheuerlichen Kriegslist Ojeda's vereinigte einer von den Brüdern des gefangenen Häuptlings, ein Caraibe von Geburt und ein Krieger von großer Tapferkeit, mehr als siebentausend Indianer zu einem Heere, um auf das Fort St. Thomas, wo Ojeda abermals seinen Befehlshaberposten angetreten hatte, einen Angriff zu unternehmen. Allein dießmal erwartete Ojeda die Wilden nicht mehr innerhalb der Mauern seiner Festung, sondern zog ihnen mit einer vom Adelantado erhaltenen Verstärkung entgegen, und brachte ihnen eine bedeutende Niederlage bei, so daß die Indianer nach allen Weltgegenden entflohen, und der erwähnte Bruder Caonabo's nebst einer großen Anzahl Anderer zu Gefangenen gemacht wurde.

Nicht abgeschreckt jedoch durch den von Ojeda über sie erfochtenen Sieg hegten die Indianer fortwährend die feindseligsten Absichten gegen die Spanier. Der Gedanke an die Gefangenschaft Caonabo's machte die Unterthanen desselben wüthend, und erregte auch bei den übrigen Stämmen der Insel die lebhafteste Theilnahme. Manicaotor — ein Bruder Caonabo's und Nachfolger in der Herrschaft — brachte durch seine Verbindungen mit den übrigen Häuptlingen sehr bald eine Vereinigung derselben zu Stande, welche nichts weniger als die gänzliche Vertreibung der Europäer zum Zweck hatte.

Nur der Kazike Guacanagari blieb den Spaniern auch dießmal getreu und benachrichtigte den Admiral zeitig, daß die verbündeten Kaziken mit einer großen Streitmacht, nur zwei Tagemärsche von Isabella entfernt, in der Vega Real versammelt seien, um nächstens einen großen Angriff auf die Ansiedelung zu machen, indem sie die Besatzung der Niederlassung durch ihre ungeheure Ueberzahl zu erdrücken hofften. So war durch die Gefangennehmung Caonabo's ein Bündniß zu Stande gekommen, welches dieser in den Zeiten seiner Freiheit ungeachtet aller Bemühungen nicht hatte vereinen zu können.

Der Admiral war entschlossen, den Ueberfall in der Niederlassung selbst nicht abzuwarten, sondern sich der Vortheile des Angriffes zu versichern und den Kampf auf das feindliche Gebiet hinüberzuspielen.

Ueberdieß war die Noth der Ansiedler, welche seither durch den Mangel an Lebensmitteln sehr gelitten hatten, durch die Ankunft Antonio de Torres aus Spanien mit vier Schiffen voll frischen Mundvorrathes, einigermaßen gelindert worden, und die Colonisten hatten sich von den erlittenen Uebeln in Etwas erholt. Aber ungeachtet dessen befand sich die Niederlassung doch in einem so hinfälligen Zustande, daß Columbus zu seinem beabsichtigten Kriegszuge gegen die verbündeten Kazifen nicht mehr, als zweihundert waffenfähige Männer zu Fuß nebst zwanzig Reitern zusammenbringen konnte. Sie waren mit Armbrüsten, Lanzen, Speeren und Schwertern, so wie auch mit eisernen Hakenbüchsen bewaffnet, deren man sich zu jener Zeit mit Stützen oder Lavetten bediente und sie wohl auch auf Räder setzte. Mit diesen furchtbaren Waffen vermochte wohl ein ganz geringes Häuflein europäischer Krieger sich mit mehr als tausend nackten Indianern in einen Kampf einzulassen.

Die Spanier gedachten indeß noch andere Hilfstruppen gegen die unbekleideten Wilden zu gebrauchen. Dieß waren zwanzig Schweißhunde, Thiere, vor denen die Indianer kaum weniger Furcht äußerten als vor Pferden, die ihnen aber bei weitem verderblicher wurden.

Die Hunde waren wild und ohne Furcht. Wüthend sprangen sie, sobald man sie losließ, an den nackten Körpern der Wilden empor, warfen sie zur Erde und rissen sie förmlich in Stücke.

Auf diesem Zuge wurde Columbus von seinem Bruder, dem Adelantado, begleitet, welcher nicht allein große Körperkraft und persönliche Tapferkeit, sondern auch militärische Kenntnisse besaß, die geeignet waren, den Streitkräften der Europäer eine vortheilhafte Richtung zu geben.

Auch Guacanagari kam seinem Versprechen gemäß mit einem wehrhaften Haufen seiner Unterthanen herbei, um die Spanier in ihrem Kampfe gegen die übrigen Indianer zu unterstützen. Allein da der Stamm dieses Kaziken gar nicht kriegerisch war, so konnte man von der Theilnahme desselben an dem Kriege nur wenig unterstützenden Ersatz erwarten und der Hauptvortheil, Guacanagari auf die spanische Seite gebracht zu haben, bestand lediglich darin, daß man sich seiner nunmehrigen Abhängigkeit versichert halten konnte.

In dem gegenwärtigen schwachen Zustande der Colonie hing die Sicherheit derselben hauptsächlich von der Zwietracht ab, durch welche man die Kräfte der indianischen Stämme theilen und zersplittern konnte.

Am sieben und zwanzigsten März des Jahres 1495 war es, als die Streitkräfte des Admirals in der schon beschriebenen Beschaffenheit von Isabella aufbrachen, um dem gefaßten Feldzugsplane gemäß nach dem Innern der Insel zu marschiren, und den Streit auf feindlichem Gebiete auszufechten.

Wieder stieg der Admiral auf der Straße El Puerto de los Hidalgos, oder dem Passe der Edelleute den steilen Gebirgskamm hinan, welcher den Küstenstrich von der Vega Real trennt. Aber wie sehr verschieden waren seine gegenwärtigen Gefühle von jenen, die ihn beim erstmaligen Erblicken des paradiesischen Flachlandes durchdrungen hatten. Er hatte gehofft, alle die zahlreichen Stämme des dichtbevölkerten Haiti mit dem Lichte des christlichen Glaubens bekannt zu machen, und sie dann mit dem Scepter der Milde und Ueberredung zu beherrschen. Diese schönen Pläne waren ihm mißlungen — fehlgeschlagen durch den Ungehorsam gottloser Untergebenen. Nicht mehr als Freunde kamen die Indianer entgegen, wie damals, als der Admiral das erste Mal diesen Weg mit seiner Armee gezogen war; die Straße der europäischen Streitmacht blieb verlassen von den Eingeborenen, und wo zwischen den Bäumen eine emporwirbelnde Rauchsäule das Dasein einer Wohnstätte zeigte — da beherbergte das Haus geschworene Feinde der Spanier.

Mit Schmerzen fand sich Columbus zu der Rolle eines Eroberers gezwungen. Die Armee bewegte sich durch einen Hohlweg von dem Gebirge herab und war bald in dem Flachlande, wo sich das Terrain für die Bewegungen eines geregelten Kriegsheeres, besonders der beihabenden, obwohl nur aus zwanzig Reitern bestehenden Cavallerie, günstig zeigte, welche in den ebenen Gegenden der Vega binnen kurzer Zeit eine geraume Strecke Weges gewinnen konnte. Hie und da wurden von den vordringenden Spaniern einzelne Indianer hinter Gesträppen und in andern Verstecken bemerkt, welche die Bewegungen ihrer Feinde belauerten und ihre Zahl zu erforschen suchten. Da jedoch die Rechenkunst der Wilden nicht weit gediehen war, und diese bloß bis zehn zu zählen vermochten, so bezeichneten sie die Anzahl ihrer Feinde mit ebensoviel Maiskörnern.

Wie sehr jubelten schon im Voraus die verbündeten Kaziken, als ihre zurückkehrenden Spione das Häuflein der herankommenden europäischen Feinde blos durch eine Handvoll Körner andeuteten. Wie sicher glaubten die Indianer den Sieg auf ihrer Seite, während sie auf ihre große Anzahl vertrauend, dem heranziehenden Heere der weißen Männer mit Verachtung entgegensahen.

Die Spanier waren indessen ganz nahe an die vereinten Horden der Kaziken von Haiti herangekommen.

Nachdem man sich von der sehr bedeutenden Stärke des indischen Kriegsheeres überzeugt hatte, schlug Bartholomäus, des Admirals Bruder, vor, das Heer in mehrere kleinere Abtheilungen zu trennen, und den Angriff gegen die Wilden von mehreren Seiten zugleich zu unternehmen. Der Vorschlag wurde mit Beifall aufgenommen, und das spanische Fußvolk in einige Haufen abgetheilt, mit welchen man aus verschiedenen Gegenden zugleich den Kampf beginnen wollte.

Nachdem man dergestalt den Angriffsplan verabredet hatte, brach die Infanterie unter wilden Trompetenfanfaren, unter dem Gerassel der Trommeln und den dumpfen Tönen der Heerpauken mit kriegerischem Geschrei und großem Waffengeräusche gegen die Wilden hervor und feuerte ihre Hakenbüchsen auf die indianischen Feinde ab. In Verwirrung und in Schrecken gesetzt durch den von verschiedenen Seiten her zugleich begonnenen Kampf glaubten sich die Wilden von ebenso vielen Armeen angegriffen, und gaben voll Bestürzung eine regellose Flucht, indem sie den furchtbaren Waffen der in Stahl gepanzerten Europäer keinen Widerstand zu leisten vermochten. Wie eine Heerde, in welche ein reißender Wolf einen Einbruch gethan, wurden die entsetzten Wilden zusammengejagt, wodurch die verheerenden Wirkungen der spanischen Kugelröhre um so sichtbarer hervortraten. Sie sahen ihre Angehörigen von den tödtlichen Kugeln der unwiderstehlichen weißen Männer schaarenweise niedergestreckt. Eine namenlose Furcht bemächtigte sich der Indianer.

Im Augenblicke, als ihre ungeordnete Flucht den höchsten Grad der Verwirrung erreicht hatte, brach Ojeda mit seiner kleinen Reiter=Schwadron hervor, und bahnte sich mit Lanze und Schwert den Weg in das Centrum der Wilden, wo er mit seinen Gefährten die hohen Rosse tummelnd ein großes Blutbad an= richtete. Die nackten Indianer wagten es kaum, gegen die weißen Männer auf den großen Thieren einen Wi= derstand zu bethätigen. Viele wurden von den Hufen der Pferde zertreten. Und als man vollends die Schweiß= hunde entkoppelte, und sie gegen die Wilden losließ, da kannte ihr Schrecken keine Grenzen. Wüthend stürz= ten die wilden Hunde auf die Insulaner hinein, zerrten sie zu Boden, und rissen ihnen die Eingeweide aus dem Leibe.

Doch wenden wir den Blick ab von dem grauen= vollen Auftritte, in welchem europäische Waffen zum ersten Mal auf dem Boden der neuen Welt sich tief in das Blut der beinahe wehrlosen Eingeborenen tauch= ten, und wo man sogar Hunde dazu benutzte, Men= schen zu Tode zu hetzen.

Die Niederlage der Indianer war ungeheuer. Sie flohen nach allen Richtungen. Wie vermochten sie auch

auch Männern zu widerstehen, die in Eisen gerüstet, mit Waffen von Stahl und fürchterlichen Feuergewehren versehen waren, denen die Wilden blos hölzerne Schwerter und Keulen und mit Knochen zugespitzte Pfeile entgegenzusetzen hatten. Viele wurden erschlagen, Viele gefangen genommen, noch Andere erkletterten Abhänge und Baumgipfel, und sandten flehentliche Bitten um Schonung und Versprechungen vollkommener Unterwerfung herab.

Der Bund der Kaziken war vollkommen gesprengt.

Guacanagari, welcher mehr ein Zuschauer, als ein Theilnehmer an dieser grausamen Schlacht gewesen war, hatte mit Entsetzen die ungewohnte und fürchterliche Art Krieg zu führen mit angesehen. Denn wenn auch die Eingeborenen, bevor noch Europäer auf die Insel gekommen waren, Kämpfe unter einander ausgefochten, so waren sie doch nie so blutig und grausam gewesen, als die Schlacht, in der Guacanagari als Verbündeter der Spanier an deren Seite stand. Seine Theilnahme an den Feindseligkeiten der weißen Männer wurde von den übrigen Indianerhäuptlingen niemals verziehen, und mit dem Fluche und den Verwünschungen seiner Landsleute beladen kehrte er in seine Gebiete zurück.

Ob er durch seine übertriebene Achtung vor der den Spaniern angelobten Gastfreundschaft nicht treulos und widerrechtlich gegen seine Landsleute gehandelt habe? — Die Entscheidung dieser Frage überlassen wir dem Bedünken des Lesers.

Columbus war nunmehr bemüht, sich auch die vortheilhaften Folgen des erfochtenen Sieges zu sichern. Er unternahm daher an der Spitze seiner Truppen einen militärischen Zug nach verschiedenen Theilen der Insel, um die Unterwerfung der Eingeborenen zu vollenden. Wo sich irgend den Anschein einer neu aufglimmenden Aufruhrsflamme zeigte, da war Ojeda mit seiner Reiterei schnell an Ort und Stelle, um selbe zu dämpfen. Kein Dienst war diesem Ritter zu wild und zu gewagt, und mit Hilfe seiner schnellfüßigen Renner schien er und seine Schaar auf der Insel allgegenwärtig zu sein, und unterdrückte jeden Aufruhr noch im Keime.

Die Vega war bald zur Unterwerfung gebracht und zur Sicherung der Eroberungen wurden hie und da im Lande feste Plätze angelegt, als deren vorzüglichster das Fort Conception genannt werden muß.

Die Kaziken des zersprengten Bundes wurden zur Unterwerfung bewogen. Da Manicaotor, Caonabo's Bruder und Anführer der vereinigten Indianerhorden, genöthigt war, um Frieden zu bitten, so folgten die übrigen Häuptlinge seinem Beispiele, mit Ausnahme Behechios, Caonabo's Schwager, welcher sich in sein entferntes Gebiet zurückzog, und den Feindseligkeiten gegen die Spanier nicht entsagte.

Der Admiral beabsichtigte aus der durch Waffengewalt unterjochten Provinz einen unmittelbaren Gewinn zu ziehen, um den Beherrschern Spaniens von dem Reichthum der neuen Welt einen Beweis zu liefern, da die von ihm entdeckten Länder bisher der spanischen Verwaltung blos Kosten verursacht hatten, ohne einen angemessenen Ertrag dafür zu liefern. Columbus kannte die Welt, und war sehr besorgt dafür, durch thatsächliche Proben die Verläumdungen baldmöglichst zu widerlegen, welche, wie er richtig vermuthete, seine Feinde Margarite und Boyle in der Heimath gegen ihn und seine Verwaltung zu verbreiten suchen würden.

Durch diese Gründe bewogen legte er den Indianern der unterworfenen Bezirke einen Tribut auf.

In goldreichen Gegenden sollte ein jeder Eingeborene über vierzehn Jahre alle drei Monate eine niederländische Falkenschelle voll Goldsand abliefern; wo sich dieses Metall aber nicht vorfand, sollten von jedem einzelnen Indianer fünf und zwanzig Pfund Baumwolle abgegeben werden.

Jeder Insulaner, der diesen Leistungen Genüge gethan hatte, sollte eine gewisse Kupfermünze erhalten, und selbe an einer Schnur am Halse tragen. Derjenige, welcher ohne dieses Zeichen betroffen würde, sollte im Voraus bestimmten Strafen unterliegen.

Die Abgabe, die von den Kaziken entrichtet werden sollte, war viel bedeutender. Ein jeder Häuptling sollte alle drei Monate eine halbe Kalebasche voll Goldsand steuern.

Sechzehntes Kapitel.

Intriguen gegen Columbus in Spanien. Ankunft Aguados auf Hispaniola zur Untersuchung der Angelegenheiten der Colonie. Columbus Rückreise nach Spanien. Ausrüstung von Schiffen für eine neue Reise.

Während Columbus sich dergestalt bemühte, Hispaniola zu einer Quelle des spanischen Staatseinkommens umzuschaffen — allerdings durch eine bedeutende Bedrückung der Eingeborenen — waren die ihm übelwollenden Feinde, Margarite und Boyle, in der europäischen Heimath nur zu thätig gewesen, die Entdeckungen des Admirals, so wie auch seine Verwaltung Haiti's in Mißkredit zu bringen, was ihnen durch ihre öffentliche Stellung in Spanien und das hiernach auf ihre Aussagen gelegte Gewicht nur zu wohl gelang.

Der Triumph, den Columbus durch die Auffindung eines neuen Erdtheils genossen, die Auszeichnung, welche man dem gefeierten Seehelden nach seiner Ankunft von der ersten Reise gezollt hatte, eine Auszeichnung, wie man sie sonst nur Personen vom höchsten fürstlichen Range zuzustehen gewohnt gewesen war, hatte schon damals dem Admiral eine Menge kleinlicher Neider zugezogen, die nunmehr die Gelegenheit mit Freuden ergriffen, den mißvergnügten Ankömmlingen von Hispaniola geneigtes Gehör zu schenken, und den Ruhm Columbus mit Hülfe der verläumberischen Aussagen seiner Feinde in den Staub herabzuziehen.

Margarite und Boyle suchten sorgfältig alles dasjenige hervor, was den Admiral in ein nachtheiliges Licht setzen konnte, während sie alle Umstände, die ihn zu rechtfertigen geeignet waren, mit Stillschweigen übergingen.

Sie behaupteten, die Schilderungen Columbus von der Ueppigkeit und dem Reichthume Westindiens seien übertrieben; derselbe habe durch solche Uebertreibung sich gröblich gegen Spanien und die ganze civilisirte Welt vergangen. Die neuentdeckten Länder würden wohl niemals eine Quelle des Einkommens werden, aber stets ein Grund bedeutender Ausgaben für den spanischen Staatshaushalt sein.

Weil Columbus in Zeiten der Noth alle Spanier,

welche in der Ansiedlung lebten, auf gleich knappe Rationen gesetzt, und ohne Unterschied des Standes auch die Kräfte der Edelleute zu öffentlichen Arbeiten in Anspruch genommen hatte, so klagten die mißvergnügten Zurückgekehrten über Härte, Tyrannei und Entwürdigung des Adels von Seiten des Admirals.

Die Verwirrung der Angelegenheiten der Colonie, die empörenden Ausschweifungen, welche die zügellose Soldateska auf Haiti, ermuthigt durch das schlechte Beispiel ihres Befehlshabers Margarite, sich hatte zu Schulden kommen lassen, die Unterdrückung der Eingeborenen, der öfters eingerissene Mangel, die Spaltungen und Partheiungen, welche während der Abwesenheit des Admirals zu Isabella vorgefallen waren — Alles dieses legten Margarite und Boyle Columben zur Last — Alles dieses brachten sie den Beherrschern von Spanien vor, indem sie ihre pflichtwidrige Abreise von Haiti mit dem Vorwande beschönigten, daß sie es als getreue Unterthanen für ihre Pflicht gehalten hätten, diese Beschwerden persönlich am Fuße des spanischen Thrones niederzulegen.

Es gelang nur zu wohl, das Mißtrauen der spanischen Souveraine im ganzen Umfange rege zu machen.

Ein Glück war es, daß gerade, als die Interessen des Admirals diese ungünstige Wendung zu nehmen begannen, vier Schiffe unter dem Befehle Torre's in

Spanien ankamen, und die Nachrichten von den Entdeckungen Columbus auf seiner Reise nach Cuba, nebst vielen Proben von den Naturerzeugnissen und dem Reichthume Westindiens mitbrachten.

Hierdurch wurde nicht nur die öffentliche Meinung in Bezug auf die westindischen Angelegenheiten wieder Etwas gehoben, sondern auch die Maßregeln bedeutend gemäßigt, welche König Ferdinand in Betreff der Untersuchung der Verwaltung des Admirals in's Werk zu setzen im Begriff war.

Juan Aguada, bei einer früheren Gelegenheit mit Margarite zugleich von Columbus der königlichen Gnade anempfohlen, wurde zur Untersuchung der Zustände der Colonien nach Hispaniola geschickt. Man suchte dadurch etwas Milderndes in dieses, offenbar Mißtrauen gegen den Admiral zeigende, Verfahren zu legen, daß man einen Mann zur Erhebung der Beschwerden absandte, den man Columben ergeben glaubte.

Allein Aguado zeigte sich gegen seinen ehemaligen Wohlthäter, den Admiral nicht weniger undankbar, als Margarite, der pflichtvergessene und von seinem Posten entwichene Befehlshaber der Haitischen Truppen.

Er war vom spanischen Hofe mit dem Auftrage nach Westindien gesendet worden, in Gemeinschaft mit dem Admirale und Statthalter der neuen Welt alle

Beschwerden an Ort und Stelle zu untersuchen und hierüber einen gründlichen Bericht zu erstatten.

Allein kaum war er in Isabella angelangt, als es an den Tag kam, daß Niemand weniger dem Zwecke einer solchen Sendung gewachsen sei, als Aguado. Er war früher Kammerjunker am Hofe gewesen; zu einer Amtsführung, wie sie ihm nun übertragen war, mangelte ihm Kenntniß und Einsicht. Aufgebläht durch seine plötzliche Erhöhung, suchte er mit eingebildeter Wichtigkeit nur sein Ansehen zu vergrößern.

Anstatt als königlicher Bevollmächtigter den Zustand der Dinge zu Isabella gründlich zu untersuchen, betrug er sich so, als ob die Zügel der Regierung der Colonie in seine Hände übergegangen wären.

Unter Trompeten und Paukenschall ließ er sein Beglaubigungsschreiben öffentlich verlesen, und forderte nachher einen jeden auf, seine Beschwerden über Columbus vorzubringen. Hierauf verhaftete er mehrere öffentliche Beamte, zog Andere zur Verantwortung, und benahm sich überhaupt so, als ob er nur gekommen sei, zu richten und zu verurtheilen, und als ob Columbus, ein überwiesener Verbrecher, seines Amtes und seiner Würden bereits entsetzt sei.

Während dieß zu Isabella vorging, war der Admiral noch immer beschäftigt, im Innern der Insel die Ruhe wieder herzustellen, die Eingeborenen allmählig gänzlich zu unterwerfen, überhaupt das Ganze der Verwaltung in einen geregelten Gang zu leiten.

Welche bittere Ueberraschung für unsern Helden, als er das auf der Insel umlaufende Gerücht vernahm, ein neuer Statthalter sei zu Isabella angekommen, der berufen sei, ihn abzusetzen und vielleicht gar dem Tode zu übergeben.

Der Ruf hatte die Vollmachten Aguado's in's Ungeheure vergrößert. Columbens Stolz empörte sich, als er die übermüthige Weise in Erfahrung brachte, mit welcher sich Aguado, der ihm Wohlthaten schuldete, gegen ihn und seine Brüder betrug. Der Admiral war tief gekränkt über dieses rücksichtslose Verfahren, und besaß neben einem reizbaren Gemüthe, wie schon erwähnt, einen hohen Begriff von seiner amtlichen Würde.

Allgemein glaubten daher die Ansiedler, es werde zwischen ihm und dem königlichen Bevollmächtigten zu harten Auftritten kommen. Aguado selbst erwartete dieß, und war bereit, aus einer allenfälligen Heftigkeit Columbens, wenn man sie als Mangel an Ehrfurcht gegen die Monarchen deuten konnte, seinen Nutzen zu ziehen.

Allein Columbus hatte Selbstbeherrschung genug, um seinem niedrigen Gegner einen solchen Triumph über sich nicht zu gestatten. Mit ehrfurchtsvoll entblößtem Haupte nahm er Einsicht in das Beglaubigungsschreiben Aguado's, und erklärte, er sei bereit, sich in Alles zu fügen, was der Wille und Befehl seiner Gebieter wäre.

Weit entfernt, seinen Leidenschaften nachzugeben, hatte Columbus in den vielen Widerwärtigkeiten des Lebens gelernt, dieselben seiner Vernunft unterthan zu machen. Er achtete sich und seine Würde zu hoch, um sich mit seinem prahlerischen Gegner in einen Wortstreit einzulassen.

Aguado indessen nahm das musterhafte Benehmen Columbus in einem ganz andern Sinne. Die Triebfedern desselben nicht fassend, hielt er das Betragen des Admirals für schuldbewußte Schwäche und Feigheit, erhob nun, seine Aufträge überschreitend, die Stimme um so frecher, und fuhr um so schonungsloser fort, Beweise gegen Columbus zu sammeln. Ein Jeder war ihm willkommen, der gegen diesen Beschwerden vorbrachte. Ohne die Wahrheit der Angabe zu untersuchen, hörte er jede Klage willig an; daß es bei solchen Umständen an Klägern nicht fehlte, kann man aus der Anzahl von Widersachern schließen, die Columbus zu Isabella selbst zählte.

Ein Jeder von diesen suchte sich dem neuen königlichen Bevollmächtigten wohlgefällig zu machen, weil man glaubte, das Licht des Admirals sei ohnedieß dem Erlöschen nahe. Die Wohldiener bemerkten sehr richtig, wie Aguado jede neue, ob auch noch so unsinnige, Beschwerde gegen den bisherigen Statthalter aufnahm; die Verworfenen suchten durch ungerechte Anklagen sowohl ihre Rache, die sie gegen Columbus im Schilde führten, als auch ihren eigenen Vortheil bei Aguado zu befördern, den sie für den im Voraus bestimmten Nachfolger des Admirals hielten.

Es war eine Zeit des Triumphes für die Auswürflinge der Colonie. Ein jeder, der sich aus was immer für einem Grunde früher einmal die Ahndung der Gesetze zugezogen hatte, erhob nun laut seine Stimme, und legte alles Uebel und Elend, jede Verwirrung und Bedrückung in der Colonie dem Admirale zur Last.

Nachdem Aguado wider den Admiral der Beweise genug gesammelt zu haben glaubte, beschloß er mit demselben nach Spanien zurückzukehren; allein auch Columbus fühlte, daß es an der Zeit sei, die in der Heimath wieder in Umlauf gekommenen verläumderischen Gerüchte durch seine persönliche Gegenwart daselbst zu widerlegen. Man rüstete daher Fahrzeuge aus, die dem königlichen Bevollmächtigten und dem Admirale zur Rückreise dienen sollten. Columben's Heimfahrt aber wurde durch ein furchtbares Naturereigniß aufgeschoben.

Die Caravellen Aguado's und die Fahrzeuge des Admirals lagen, zur Reise bereits ausgerüstet, im Hafen von Isabella, als ein schrecklicher Sturm über die Insel kam.

Es war einer jener wüthenden Wirbelwinde, die in den tropischen Gegenden einheimisch sind und von den Indianern Furikans oder Urikans genannt werden.

Gegen die Mittagszeit begann ein heftiger Wind aus Osten, und trieb einen schweren Dunstkreis von Wolken und Nebeln vor sich her. Gleichzeitig erhob sich gerade aus der entgegengesetzten Weltgegend von Westen her ein Sturm, um auf das Heftigste gegen den ersten anzukämpfen.

Nun fing ein Streit der Elemente an, wie ihn der Bewohner einer gemäßigten Zone niemals zu beobachten Gelegenheit hat. Die Wolken erhoben sich bald hoch in die Lüfte, bald wurden sie wieder so niedrig zu Boden herabgedrückt, daß sie eine dichte Finsterniß hervorbrachten, welche abwechselnd durch ganze Ströme von Blitzen erleuchtet wurde; dann trat, durch den Gegensatz gehoben, eine mitternächtliche Dunkelheit um so greller hervor.

Wo der Wirbelwind hinzog, da streifte er von ganzen Wäldern das Laub und die Zweige ab, während hundertjährige Bäume mit ihrer Wurzel ausgerissen, und bedeutende Felsenstücke durch die Lüfte fortgeführt wurden. Ja ganze Wälderstrecken unterlagen dem wüthendem Orkane.

Die leichten Hütten der Indianer wurden fortgeweht, die solider gebauten Häuser der Spanier entdacht und mehr oder minder beschädigt. — Die Bewohner flüchteten sich mit Zittern und Beben in Erdhöhlen — nur dort waren sie vor der Wuth des Sturmwindes in Etwas gesichert. Denn im Freien liefen sie jeden Augenblick Gefahr, von den vom Orkane umhergetriebenen Aesten, Baumstämmen und selbst Steinen schwer beschädigt, wo nicht getödtet zu werden.

Als der Sturm den Hafen erreichte, wirbelte er die an ihren Ankern liegenden Schiffe im Kreise umher, zerriß die Kabeltaue, wie dünne Bindfäden, versenkte drei Fahrzeuge an Ort und Stelle mit Mann und Maus in den Grund und warf zwei andere mittelst der bergehoch sich über dreiviertel Stunden weit in das Land ergießenden Wellen, als schlechte Wracks auf den Strand.

Drei volle Stunden ras'ten die empörten Naturkräfte. Als der Orkan vorüber war, kamen die Indianer sowohl als die Spanier furchtsam aus ihren Verstecken hervor. Sie hatten den Untergang der Welt für nahe gehalten. Die Ersteren meinten insbesondere, daß die Götter eine so schreckliche Plage gesandt hätten, um die weißen Männer für ihre jüngst verübten Verbrechen und Gewaltthaten zu bestrafen.

Sämmtliche im Hafen gelegene Fahrzeuge waren bis auf eines vernichtet worden.

Sobald man dieses ausgebessert, und ein neues für Aguado aus den Wracks der zu Grunde gegangenen Schiffe zusammengezimmert hatte, begab sich Columbus auf die Heimreise, nachdem er zuvor seinem Bruder Bartholomäus für die Zeit seiner Abwesenheit die Regierung der Colonie übergeben, und Franzisko Roldan zum Oberrichter der Insel ernannt hatte, einen Mann, welcher leider das Vertrauen des Admirals schändlich hinterging.

Am zehnten März 1496 wurde die Fahrt angetreten, allein sie zeigte sich nichts weniger als günstig. Um nämlich so schnell als möglich an seinem Ziele, der Küste von Spanien, anzulangen, steuerte Columbus gerade auf dieselbe los, und kam hierdurch in den Bereich der Passatwinde, die in diesem Striche beharrlich aus Nordosten, daher denjenigen gerade entgegen wehen, welche nach Europa segeln.*)

---

*) Erst später fand man, um diesen Winden auszuweichen, das Auskunftsmittel, daß die aus Westindien nach Europa zurückkehrenden Schiffe früher eine Strecke nach Norden steuern und nachher erst die Richtung nach Osten einschlagen, um den Passatwinden auszuweichen.

Seine Reise wurde dadurch dergestalt verzöger[t] daß die zwei Schiffe sich am zwanzigsten April no[ch] in der Nähe der caraibischen Inseln befanden und selb[st] tief im Mai von Europa noch sehr entfernt waren. Die Vorräthe begannen auszugehen. Der Admiral sah sich genöthigt, seine Leute auf die knappe tägliche Portion von zwölf Loth Brod und anderthalb Schoppen Wasser zu setzen. Ungeachtet dieser Vorsicht aber brach im Anfange des Monats Junius eine förmliche Hungersnoth auf den Fahrzeugen aus.

Es befanden sich mehrere Steuerleute am Bord, welche sich nur auf die Schifffahrt im mittelländischem Meere und an den atlantischen Küsten verstanden, hingegen alle Berechnungen verloren, sobald sie über den großen Ocean segelten. Diese murrten in der Einseitigkeit ihres Handwerkes am meisten über den Admiral. Wenn Columbus versicherte, daß der allgemeinen Noth bald abgeholfen sein werde, indem die Küste von Spanien bereits nahe liegen müsse, so nahmen sie seine Aeußerungen mit Hohn auf und verlachten selbe wohl gar, indem sie sich ein Bedeutendes auf ihre Schifffahrtskenntnisse zu Gute thaten.

Die Noth auf den, mit widrigen Luftströmung[en] kämpfenden Fahrzeugen stieg so hoch, daß die Seele[ute] vor Verzweiflung beinahe zum Canibalismus ausart[e]ten, und verlangten, die an Bord befindlichen drei[ß] indianischen Gefangenen sollten geschlachtet und zur Linderung des allgemeinen Elends verzehrt werden. Die gemäßigtesten unter den Matrosen sprachen aber sich dahin aus, diese Wilden wenigstens den Wellen Preis zu geben, um ebenso viele Verzehrer des ohnedieß knappen Vorrathes an Lebensmitteln los zu werden.

Nur durch die strengste Behauptung seines Ansehens vermochte es der Admiral, seine rohe Schiffsmannschaft von der Ausführung dieses gräßlichen Vorhabens abzuhalten.

Endlich war Columbus, seinen Berechnungen nach, nur noch höchstens eine Tagreise von Spaniens Küsten entfernt. Er ermunterte seine Seeleute zur Ausdauer, indem ihre äußerst hoch gestiegene Bedrängniß nun der gewissen Endschaft nahe sei. Der Admiral war seiner Sache so gewiß, daß er ungeachtet des Widerspruches seiner Gefährten, beim hereinbrechenden Abende alle Segel einziehen ließ, um des Nachts von den Seewinden nicht an den Strand getrieben zu werden.

Wie sehr sich auch dießmal, wie sonst, die sichere Berechnungsgabe Columbens bewährte, zeigte der Morgen des folgenden Tages, an welchem man die Küste der ersehnten Heimath erblickte. Am eilften Junius liefen die Schiffe nach einer langwierigen Reise von drei Monaten in die Bai von Cadiz ein.

An diesem Platze mag das fernere Schicksal des

Kaziken Caonabo nach seiner Gefangennehmung erwähnt werden.

Derselbe begleitete den Admiral auf seiner Heimreise. Columbus hatte ihm und seinem Bruder Manicaotor, welcher gleichfalls nach Europa mitgenommen worden war, die Freiheit wieder zu schenken versprochen, nachdem er den spanischen Majestäten seine Ehrfurcht würde bezeugt haben. Allein der kühne Geist des stolzen Caraiben war durch seine Gefangenschaft dergestalt niedergedrückt und gebrochen worden, daß dieß auch auf seinen Körper die unmittelbarsten Folgen übte. Der physische Organismus des wilden Häuptlings erlag unter der Last eines Schicksals, welches ihn des höchsten Gutes eines Natursohnes, der Freiheit, beraubt hatte. Caonabo starb, noch bevor Columbus Spanien erreichte.

Nachdem die Rückkehr der Schiffe aus der neuen Welt zu Cadiz kundbar geworden war, drängte sich das Volk von allen Seiten herbei, die muthigen Abentheurer landen zu sehen, welche ausgezogen waren, um im Schoße eines unbekannten Erdtheils ihr Glück zu suchen.

Aber anstatt einer fröhlichen Schiffsmannschaft, die elastischen Fußes an das Land sprang, voll vom glücklichen Erfolg und beladen mit den goldenen Schäzen Indiens — erblickte man einen erbärmlichen Zug kranker, aufgeriebener Menschen, welche mit unsicheren Schritten den Boden der Heimath betraten, und deren gelbe ungesunde Gesichtsfarbe als ein Spott erschien auf das Metall, dem sie in blinder Begierde nachgejagt waren.

Fürwahr, keine Erscheinung, die geeignet gewesen wäre, das Urtheil der Welt, welches sich bekanntlich nach dem ersten Erfolge einer Sache richtet, für die Unternehmung Columbens günstig zu stimmen.

Die öffentliche Meinung, welche in ihrer übergroßen Wandelbarkeit nur des kleinsten Anlasses bedarf, um einen gänzlichen Umschwung zu nehmen, hatte sich seit den drei Jahren der Abwesenheit Columbens sehr geändert; der erste Jubel über die Entdeckung einer neuen Welt war in der Zwischenzeit verschollen; die Welt war nüchtern geworden, und fand die Entdeckung bei Weitem nicht mehr so glänzend, wie die Einbildungskraft sie sich Anfangs ausgemalt hatte. Die zurückgekehrten getäuschten Abentheurer hatten durch die unter das Publikum gebrachten düsteren Schilderungen von dem in der Colonie herrschenden Elende im Interesse der Feinde des Admirals sehr viel dazu beigetragen, daß die Vorstellungen von dem Reichthum und der Vortrefflichkeit Westindiens sehr darnieder sanken. Denn waren nicht die wiedergekehrten kranken, unglücklichen und bitter getäuschten Ansiedler der neuen Welt thatsächliche Beweise dafür, daß die Erzählungen von dem Ueberflusse und dem Wohlleben des neuentdeckten Welttheils viel zu übertrieben, wenn nicht gänzlich erlogen gewesen seien?

Dieß die Ursache, daß Columbus bei seiner nunmehrigen Ankunft zu Cadiz bei Weitem nicht mehr mit jenem Enthusiasmus empfangen wurde, wie nach seiner Rückkehr von der ersten Reise. Damals hatte sein Zug einem Triumphe geglichen. Wie sehr Anders war es jetzt. Das Volk empfing ihn kalt, sein erster Freudentaumel über die Auffindung eines neuen Erdtheils war verflogen.

Was Columbus geleistet, das erhielt allmählig den Charakter der Gewöhnlichkeit.

Allerdings mußte unser Held diese Veränderung bitter wahrnehmen, allein er tröstete sich damit, diesen Wechsel der Umstände nicht verschuldet zu haben.

Nicht lange nach seiner Ankunft in der Heimath erhielt Columbus von den Majestäten Spaniens ein Schreiben sehr huldvollen Inhaltes, welches ihn überzeugte, daß Aguado nur aus Eigendünkel und in Ueberschreitung der ihm gewordenen Aufträge sich sein anmaßendes Benehmen zu Isabella könne erlaubt haben, was auch der Wahrheit gemäß war.

Der Admiral wurde am Hofe so ausgezeichnet als jemals aufgenommen. Die Klagen Margarite's und

Boyle's wurden nicht erwähnt, der Untersuchung Aguado's mit keiner Sylbe gedacht. Die Souveraine schienen über die Schwierigkeit der Stellung Columbens als Statthalter der neuen Welt in's Klare gekommen zu sein, und wenn ja Verirrungen in der Verwaltung der transatlantischen Povinzen vorgefallen seien, diese nicht auf Rechnung Columbens zu schreiben. Deshalb bestätigten sie Columben nicht nur in allen bereits erworbenen Rechten und Privilegien, sondern ertheilten ihm noch neue Begünstigungen, unter Andern auch jene, ein Majorat*) gründen zu dürfen.

Bartholomäus, der Bruder des Admirals, wurde in der ihm von Columbus selbst übertragenen Würde eines Adelantado bestätigt.

Columbus merkte indessen sehr wohl, daß er die ihm gewordene günstige Aufnahme lediglich den gnädigen Gesinnungen der Königin Isabella zu danken habe, und daß König Ferdinand den Einflüsterungen der stets thätigen Feinde Columbens bei Weitem zugänglicher gewesen sei. Der König war um viel argwöhnischer und zugleich ehrgeiziger als Isabella.

---

*) Das heißt, Columbus durfte festsetzen, welchem von seinen Nachkommen jedesmal seine gesammten Güter und der damit verbundene Titel, so wie auch alle übrigen ihm und seinen Abkömmlingen ertheilten Rechte zufallen sollten.

Die Vorstellungen der Feinde des Admirals hatten bei ihm ihre guten Früchte getragen. König Ferdinand sah in den bisherigen Entdeckungen Columbens wenig, was den Ruhm der Krone Spaniens befördern könnte; denn es war doch für einen christlichen Souverain wahrhaft wenig ehrenhaft, mit nackten Häuptlingen wilder Völker im Kriege begriffen zu sein! Und waren die auf die Gründung, Unterstützung und Erhaltung der Colonie verwandeten Auslagen bisher in der stets getäuschten Hoffnung eines Gewinns nicht vergebens hingeopfert worden?

Dieß waren die Ansichten des Königs über die westindischen Angelegenheiten. Nichts desto weniger wagte es Columbus, gestützt auf die Huld der Königin einen Vorschlag zu der Ausrüstung einer neuen Entdeckungs-Expedition zu machen, dessen Genehmigung er auch alsbald erhielt.

Dessenungeachtet aber erfuhr unser Held bei der Herstellung seines neuen Geschwaders ganz unglaubliche Hindernisse. Fonseka, Präsident der mit den indischen Angelegenheiten beauftragten Behörde, war es zugleich, welcher die Ausrüstungen der zu der neuen Reise des Admirals nothwendigen Fahrzeuge zu besorgen hatte.

Dieser Mann, ein persönlicher Feind Columbens, suchte nun alle möglichen Vorwände hervor; welche die endliche Herstellung der Flotille weiter hinaus zu schieben geeignet waren.

Zwei volle Jahre dauerte es, bevor die Schiffe segelfertig zur Abfahrt bereit lagen. Bald mangelte es an dem nöthigen Gelde, bald an dem guten Willen der mit der Ausrüstung beauftragten königlichen Beamten, und als man die Fahrzeuge bemannen sollte, sogar an Leuten, welche sich bereitwillig finden ließen, eine Reise nach den neu entdeckten Ländern mitzumachen.

Die ausbündigen Vorstellungen, die man sich von dem in Westindien zu erjagenden Glücke gemacht hatte, waren verschwunden; das Land, welches man früher als die Heimath des Genusses und des Reichthumes betrachtet hatte, schien der Menge nunmehr blos Armuth und Verderben im Schoße zu hegen, so daß sich ungeachtet allen Aufforderungen Niemand finden mochte, der geneigt gewesen wäre, auf Hispaniola sein Glück zu versuchen. Es kam so weit, daß Columbus sich genöthigt sah, den Vorschlag zu machen, die zur Galeerenstrafe oder Verbannung verurtheilten Uebelthäter, mit Ausnahme derjenigen, die sich eines Capitalverbrechens wie zum Beispiel des Mordes, des Hochverrathes, der Falschmünzerei u. s. w. schuldig gemacht hatten, auf einige Jahre nach Haiti zu schicken.

Eine unheilvolle Maßregel, welche, zum Unglücke vom Könige genehmigt, durch ihre Ausführung die auf

Hispaniola ohnedieß herrschenden Wirrnisse nur steigern, und durch das dahin verpflanzte Gift der Laster das Gemeinwesen der Colonie nur in höherem Grade gefährden konnte.

Nachdem Fonseka allen Vorwänden, die zur Verzögerung der endlichen Ausrüstung der Expedition dienen konnten, ihr Recht vollauf hatte widerfahren lassen; nach namenlosen Plackereien, die der Admiral selbst von Seite untergeordneter Beamten, welche sich in ihrer Handlungsweise nach ihrem Chef Fonseka richteten, hatte erdulden müssen, lagen endlich im Mai 1498 sechs Schiffe für Columbus segelfertig im Hafen San Lucar de Barrameda bereit.

Da die kleinlichen Seelen seiner Widersacher dem Admirale in Bezug auf seine Person nicht beikommen konnten, so hatten sie sich doch alle mögliche Mühe gegeben, ihn aus niedrigem Neide in seiner ehrenhaften Laufbahn so lange als möglich aufzuhalten.

Siebenzehntes Kapitel.

Fahrt in den stillen Breiten. Entdeckung der Küste von Paria und der Inseln Trinidad und Margarita. Ankunft auf Haiti. Zustände daselbst.

Am dreißigsten Mai 1498 trat endlich Columbus seine dritte Entdeckungsreise nach Ueberwindung zahlloser verhindernder Schwierigkeiten mit einem Geschwader von sechs Schiffen an.

Auf seiner früheren Reise hatte er die Küsten der Insel Cuba untersucht, und in der Meinung, das Festland von Asien vor sich zu haben, gefunden, daß es sich weit nach Süden hin erstrecke. Dieß forderte zur Untersuchung auf. Außerdem glaubte der Admiral, daß der Reichthum an köstlichen Naturproducten im Allgemeinen um so höher steigen müsse, je näher sich die entdeckten Länder an dem Aequator befänden. Um sich über diese Umstände Gewißheit zu verschaffen, beschloß er dießmal seine Fahrt mehr nach Süden zu richten.

Bei den canarischen Inseln und auf der Höhe von Ferro angekommen, theilte Columbus seine Flotille, und beorderte drei Fahrzeuge, mit den für Isabella bestimmten Vorräthen gerade nach Westen zu steuern, während er selbst sich vornahm, fortan südwestlich zu segeln, bis er an den Aequator gekommen wäre. Nach einem kurzen, zum Theil durch widrige Winde veranlaßten Aufenthalte bei den Inseln des grünen Vorgebirges gelangte der Admiral nach einer ziemlich günstigen Fahrt in jene Region, welche sich sieben bis neun Grade zu beiden Seiten der Linie hinzieht, und den Seeleuten unter dem Namen der stillen Breiten bekannt ist. In diesen Seegegenden neutralisiren sich die entgegengesetzten Passatwinde, so daß das Meer gleich dem glatten Spiegel eines Landsees stets ruhig und bewegungslos liegt, während die senkrechten Strahlen der Sonne die furchtbarste Hitze verursachen. Alle die drückenden Unannehmlichkeiten, welche den in diesem Erdgürtel Schiffenden wegen solchen klimatischen Verhältnissen zustoßen müssen, trafen unsere Reisenden im vollen Maße. Bisher waren sie von einem obgleich sanften Luftzuge geleitet worden. Nun aber legte sich auch dieser gänzlich, so daß die Segel schlaff an den Raen niedersanken, und die Schiffe bewegungslos auf den Fluthen schwammen. Die Luft wurde schwer und beengend, und da sich überdieß das Firmament noch aufklärte, erzeugten die brennenden Sonnenstrahlen eine solche Hitze, daß die Rippen der Schiffe krachend viele Spalten bekamen, und selbst der Theer, mit dem sie bestrichen waren, herabschmolz. Unter den Verdecke war die Hitze wo möglich noch größer, gleich der eines Backofens, so daß die Nahrungsmittel verdarben, das Fleisch riechend und ungenießbar wurde, und der Weitzen wie am Feuer dörrte. Die Reifen sprangen von den Wein- und Wassertonnen ab, ohne daß es Jemand vermochte, längere Zeit im Raume zu verweilen, um dem dadurch entstehenden Schaden zuvorzukommen.

Die Schiffsmannschaften verloren ihre Kraft und Besinnung und erlagen der allzudrückenden Hitze. Unser Geschwader schien einer Feuerregion allzunahe gekommen zu sein, in welcher dem Menschen die Existenz unmöglich wird.

Während diesen beinahe unerträglichen Ungemächlichkeiten war auch Columbens Gesundheit zerrüttet worden; nichtsdestoweniger aber übte er in dieser unbekannten Seegegend die angestrengteste Aufmerksamkeit, denn von seiner Achtsamkeit hing die Sicherheit der Fahrzeuge ab, falls Gefahren in diesen vorher nie beschifften Gewässern zu bestehen waren. Um möglichst bald der quälenden Sonnenhitze zu entkommen, welche seine sämmtliche Mannschaft auf das Krankenlager zu werfen drohte, lenkte der Admiral seinen Kurs südwestlich, und gelangte, nach einer äußerst langsamen und beschwerlichen Fahrt, plötzlich in eine Region, wo eine leichte Briese die Segel blähte und die Fahrzeuge mit ziemlicher Schnelligkeit über den Ocean hintrug, während die Sonne zwar in ihrem vollen Glanze, doch nicht mit so brennender Hitze wirkte, wie zuvor.

Da die Schiffe durch die ausdörrende Witterung in den stillen Breiten nicht unbedeutend gelitten, und Fugen und Lecke bekommen hatten, überdieß die Lebensmittel größtentheils verdorben worden waren, namentlich auch der Mangel an Wasser fühlbar zu werden begann, so konnte Columbus nicht, wie er es beabsichtigt hatte, wieder südwärts steuern, sondern mußte vielmehr darauf bedacht sein, so bald als möglich einen Hafen aufzusuchen, wo die Schiffe ausgebessert und frische Vorräthe eingenommen werden konnten.

Mit Besorgniß blickte er hinaus, um Anzeichen eines herannahenden Landes zu erblicken. Aber ein Tag nach dem andern verstrich, ohne daß die Hoffnungen Columbens in Erfüllung gingen, welcher aus dem Fluge der Vögel und andern günstigen Erscheinungen geschlossen hatte, daß er bald Land erblicken werde.

Schon war die üble Stimmung der verzweifelten Mannschaft zu einer bedenklichen Höhe gestiegen, als ein vom Mastbaume hinauslugender Matrose am ein und dreißigsten Juli drei Bergspitzen entdeckte, welche, wie man bald vernahm, an ihrem Fuße zusammenhingen.

Columbus hatte beschlossen, dem ersten Lande, daß sich zeigen würde, den Namen der Dreifaltigkeit zu geben; er erstaunte daher über die Erscheinung der drei sich verbindenden Berge als ein geheimnißvolles Zusammentreffen äußerer Umstände mit seinem andächtigen Vorhaben. Die neuentdeckte Insel erhielt den Namen La Trinidad, den sie bis auf den heutigen Tag beibehielt.

Am folgenden Morgen befuhr der Admiral die Küste der Insel, um zur Ausbesserung seiner Schiffe eine geeignete Bai aufzufinden. Die Ueppigkeit der Natur, das Grün und die Fruchtbarkeit des Bodens und die wuchernden Palmenwälder, welche sich, durchzogen von Bächen und Flüssen, aus dem höher gelegenen Innern der Insel bis an die Küste heraberstreckten, erregten seine volle Verwunderung, da er unter einem so niedrigen Breitegrade, als er sich jetzt befand, das Clima einer afrikanischen Wüste anzutreffen erwartet hatte.

Die an das Land geschickten Leute füllten ihre Tonnen mit krystallhellem Süßwasser, bekamen aber keine Eingeborenen zu Gesichte, obgleich sie die Fußtapfen derselben und häufige Spuren von Thieren antrafen, welche man für Ziegen hielt, die sich aber später als eine Art von Rehen auswiesen, an welchen Trinidad einen großen Ueberfluß hatte.

Bei weiterer Umschiffung der Insel erblickte Columbus ein weithin gestrecktes Gestade. Nicht ahnend, daß dieß die von den Armen des Oronocco durchschnittenen Küsten des Festlandes seien, welches 'er schon bei Cuba berührt zu haben glaubte, nannte er es in der Voraussetzung, es liege eine Insel vor ihm, La Isla Santa.

Als man sich der Südwestspitze von Trinidad näherte, stieß ein großes Canoe vom Lande ab, in welchem eine Anzahl Eingeborener saß, welche die europäischen Schiffe in einer unbekannten Sprache anriefen.

Columbus, der sehr gerne mit den Indianern einen Verkehr angeknüpft hätte, suchte sie durch das Vorhalten von Spiegeln und andern glänzenden Spielwaaren, so wie durch allerhand freundliche Zeichen näher zu locken. Alles war vergebens; die Insulaner blieben argwöhnisch stets in bedeutender Entfernung von den Schiffen, immer die Ruder in den Händen und zur augenblicklichen Flucht bereit.

Indessen hielten sie doch nahe genug, um sie ziemlich genau betrachten zu können. Es waren lauter Männer von jugendlichem Alter. Sie gingen nackt, nur auf den Köpfen und um die Lenden trugen sie Netze von Baumwolle. Ihre Waffen bestanden in Bogen und befiederten Pfeilen mit beinernen Spitzen, doch hatten sie auch Schilde, welche man bisher bei den Eingeborenen der neuen Welt nirgends bemerkt hatte.

Nachdem alle Mittel erfolglos gebieben waren,

um die Indianer zur Annäherung zu bewegen, wollte
es der Admiral mit Musik versuchen. Er kannte die
Leidenschaft der Eingeborenen für Tänze, und ließ
daher, während ein Matrose zu einem musikalischen
Instrumente sang, von den Schiffjungen auf dem Verdecke einen Reigen nach spanischer Weise aufführen.
Kaum hatten dieß die Insulaner erblickt, als sie die
Schilde auf die Schultern warfen und einen Hagel
von Pfeilen auf das europäische Schiff hinüber sandten.
Sie hatten den Tanz der Spanier für eine feindselige
Bewegung angesehen, und sich diesem entsprechend benommen. Einige Armbrustbolzen jagten die Wilden
in die Flucht, welche sich aber ungeachtet des Vorgefallenen einem andern der drei europäischen Fahrzeuge
ungescheut näherten. Der Steuermann dieses letzteren
schenkte demjenigen von den Wilden, welcher ihr Häuptling zu sein schien, eine Kappe und einen Mantel.
Dieser nahm das Geschenk mit großem Vergnügen
hin, und machte dem Steuermann durch Zeichen das
Anerbieten, mit an das Land zu gehen, wo er ihm
viele Unterhaltung verschaffen und Gegengeschenke geben
wolle. Als aber der Steuermann ein Boot bestieg,
und zu dem Admiralschiffe hinruderte, um von Columbus die Erlaubniß zur Landung zu erhalten, merkten
die Indianer, daß die europäischen Fahrzeuge, mit deren
einem sie bereits Feindseligkeiten gehabt hatten, unter

einander in Verbindung stünden, und flohen nun windschnell davon, ohne von sich noch etwas blicken zu lassen.

Die körperliche Beschaffenheit dieser Indianer erweckte das Nachdenken Columbens, welcher so nahe am Aequator negerartige Menschenstämme von häßlicher Körperbildung, mit wolligem Haupthaar zu finden erwartet hatte. Allein diese Wilden zeigten sich nicht nur von vortheilhafter Gestalt, sondern trugen auch schlicht herabhängendes braunes Haar und waren selbst von schönerer Bildung und lichterer Hautfarbe als die Insulaner in den entfernteren Breitengraden auf Haiti und Guanahani.

Das Geschwader ging an einer Stelle des Festlantes vor Anker, welche Spuren von Kultur zeigte.

Kurz nachher näherten sich drei oder vier Indianer derjenigen Caravelle, welche der Küste am nächsten lag. Der Kapitain derselben gab vor, mit den Wilden landen zu wollen, sprang in das Kanoe, warf es um, und nahm mit Hilfe der Matrosen die Indianer in den Wellen gefangen.

Columbus behandelte die Wilden, welche auf das Admiralschiff gebracht wurden, mit ausnehmender Freundlichkeit und Güte; denn er wünschte mit denselben einen Verkehr anzuknüpfen, um Erkundigungen über das

Innere des Landes einzuziehen. Er machte ihnen Geschenke von Falkenschellen, Perlen, Zucker und andern Kleinigkeiten, und benahm ihnen durch sein leutseliges Betragen alle Scheu. Güte wirkte bei diesen rohen Naturmenschen immer, also auch dießmal. Als man die halb gewaltsam gefangen Genommenen wieder zu ihren zahlreich an der Küste versammelten Landsleuten entlassen hatte, kamen alle Eingeborenen, denen nur immer Kanoes zu Gebote standen, zu den Schiffen herangerudert, indem sie Brod, Mais und andere Eßwaaren mit sich brachten. Sie gehörten einem schönen Menschenschlage an, waren von schlanken gefälligen Formen und anmuthig und frei in ihren Bewegungen. Ihr Haupthaar war lang und üppig, bei manchen auch verschnitten. Ihre Waffen bestanden in Bogen, Pfeilen und Schilden, ihre Bekleidung in einer baumwollenen Bedeckung des Kopfes und der Lenden, welche, in bunten Farben gearbeitet, aus der Ferne wie Seide glänzte. Sie schienen alle Gegenstände mittelst ihres Geruchssinnes zu prüfen, wie Andere durch das Anschauen und Betasten die Sachen untersuchen. Näherte sich ihnen ein Boot, so rochen sie erst daran, dann an den Matrosen, desgleichen an die ihnen dargebotenen Sachen. Auf Glasperlen schienen sie keinen besondern Werth zu legen, desto mehr aber auf die Schellen und das Messing, welches für sie einen besondern Wohlgeruch zu haben schien, so daß sie es „Turey" nannten, um damit anzudeuten, daß es vom Himmel herstamme.

Auch diese Wilden trugen viele Zierrathen von einer geringern Gattung Goldes an sich, welches die Indianer „Quanin" nannten.

Columbus erfuhr, daß der Name ihres Landes Paria heiße, über dessen Schönheit er sehr erstaunt war. Zum Theile war es angebaut, und bot in seinen unkultivirten Gegenden die reizendsten Parthien dar. Die Wohnplätze der Eingeborenen lagen unter dem Schatten der Haine zerstreut umher; die Auen prangten mit Bäumen, deren Zweige Blüthen und Früchte zugleich trugen, indem sich Weinstöcke üppig bis nahe an die Gipfel derselben empor rankten. Vögel, mit wunderherrlichem Gefieder geschmückt, schlüpften durch das Laub, während balsamisch milde Lüfte den würdigsten Blüthenduft umherfächelten.

Des Admirals Gesundheit hatte, wie bereits erwähnt, während der Reise sehr gelitten. Derselbe ließ sich daher, um durch den Genuß der frischen Luft sich von seinen Leiden einigermaßen zu erholen, einst auf einige Stunden an das Land bringen. Da näherte sich ein Indianer ganz ohne Begleitung dem Lager des Kranken, nahm diesem ehrfurchtsvoll seine rothe samm=

tene Mütze vom Haupte, und setzte ihm dafür eine goldene Krone auf. Columbus schloß hieraus, daß der Wilde ein Kazike sein müsse.

Ungeachtet dieser Zuvorkommenheit von Seite der Eingeborenen und der Schönheit eines zu weiteren Untersuchungen einladenden Küstenstrichs, mußte Columbus doch theils wegen seiner sehr geschwächten Gesundheit, theils wegen des beginnenden Verderbens der Seevorräthe auf eine baldige Rückkehr nach Haiti bedacht sein. Da er gegen Westen hin vergebens einen Ausweg aus der Straße suchte, welche von Trinidad und dem Festlande hier gebildet wird, so mußte er sich entschließen, durch den unsichern Paß, den er wegen seiner gefährlichen Brandung Boca del Drago oder Drachenmund benannte, hindurch zu segeln. Das Geschwader überwand glücklich viele Fährlichkeiten und gelangte in die offene See, während sich gegen Westen hin das Gestade des Festlandes weiter hin dehnte, von welchem Columbus nunmehr zu vermuthen begann, daß es die eigentliche von ihm gesuchte Landveste sei; denn konnte wohl eine Insel so ungeheuere Ströme wie den Oronocco mit ihren Gewässern nähren, welche weit in die See hinaus über das Salzwasser des Meeres den Sieg davon trugen, so daß die eben verlassene Straße beinahe gänzlich aus Süßwasser bestand? Konnten auf einer bloßen Insel so mächtige Gebirgszüge Platz finden, wie sie nun im Westen vor den Augen Columbens emporstiegen?

Wie sehr auch diese Umstände einerseits unsern Helden verleiten mochten, ferneren Untersuchungen nachzugehen, so waren doch andererseits die Verhältnisse zu gebieterisch, welche eine schnelle Rückkehr nach Isabella forderten. Die Vorräthe, die zum großen Theile für die Niederlassung bestimmt waren, drohten im Verlaufe einer längern Reise gänzlich zu Grunde zu gehen, und würden dann ihrem Zwecke, den Kolonisten zu Isabella Unterstützung zu gewähren, nicht entsprochen haben. Dann wurden auch die Gesundheitszustände des Admirals immer zerrütteter, so daß bei längerer Anstrengung auf der See selbst seinem Leben Gefahr zu drohen schien.

Nachdem die Spanier noch einigemal mit den Küstenbewohnern in Verkehr getreten waren, bei dieser Gelegenheit einen vorzüglichen Reichthum derselben an Perlen wahrgenommen, und von diesen gegen werthlose Kleinigkeiten eine bedeutende Menge eingetauscht hatten, entdeckten sie die Insel Margarita, die späterhin durch ihre reichen Perlenfischereien berühmt wurde.

Von hier ging die Reise ohne Aufenthalt nach Hispaniola.

Am zwanzigsten August kamen die Schiffe ungefähr dreißig Stunden von der Stelle vor Anker, wo Co=

lumbus in der Mündung des Flusses Ozema den Seehafen zu finden hoffte, mit dessen Untersuchung er seinen Bruder Bartholomäus vor seiner Abreise nach Spanien beauftragt hatte. Der Admiral sandte sogleich einen Boten an seinen Bruder, um ihn von seiner Ankunft zu benachrichtigen.

Wie sehr täuschte sich Columbus in seiner Erwartung, wenn er zu Isabella Erholung von seinen körperlichen Leiden erwartet hatte.

Die Colonie war nichts weniger, als in einem ruhigen, wohlgeordneten Zustande, ungeachtet der vorzüglichen Klugheit, welche der Adelantado bei ihrer Regierung hatte vorwalten lassen.

Um jedoch von dem Zustande Haiti's einen klaren Ueberblick zu erhalten, ist es nothwendig, jene Begebenheiten nachzuholen, welche sich während der Abwesenheit Columbens auf der Insel zugetragen haben.

Wie es erinnerlich sein wird, waren die Indianer während ihrer Unterwerfung durch die Schlacht in der Vega Real mit einem Tribute, bestehend in Gold oder Baumwolle, belegt worden.

Die Insulaner, durch die Freigebigkeit der Natur, die ihnen ohne Mühe und Arbeit ihre Lebensbedürfnisse darbot, an eine Existenz gewohnt, welche sie größtentheils mit Nichtsthun in ihren reizenden Hainen verträumten, wurden durch die von ihnen geforderte Auflage plötzlich gezwungen, das Aufsuchen des Goldstaubes und der Baumwolle zu ihrer steten Beschäftigung zu machen.

Ganze Tage waren sie genöthigt, mühsam im Staube hinzukriechen, um die sparsam gesäeten Goldkörner aus dem Flußsande hervorzuscharren; ihre ganze Zeit mußten sie aufwenden, in den Wäldern nach Baumwolle zu suchen — Arbeiten, welche um so undankbarer wurden, je länger die Schätze der Flüsse und die Vorräthe der Baumwollstauden ausgebeutet worden waren.

Tiefe Verzweiflung bemächtigte sich der Indianer, als sie sich das Joch der Knechtschaft auferlegt und den Tribut binnen kürzer wiederkehrender Zeiträume eintreiben sahen. Sie erblickten keine Aussicht auf eine Endschaft dieses Uebels, das so plötzlich über sie hereingebrochen war, keine Aussicht, jemals wieder der ungezwungenen Lebensweise in den Wäldern nachzuhängen, die den Wilden so unendlich theuer ist. Vorüber war die Zeit des Spieles und Gesanges; die rauhen Töne der indianischen Trommel erklangen nicht mehr bei den Lustbarkeiten der Indianer, und überließen sich diese ja wieder ihrem National=Vergnügen, dem Tanze, so deuteten ihre symbolischen Reigen und Gesänge auf eine entschwundene glückliche Zeit.

Ihre Balladen oder Areglos widerklangen von angeblichen Prophezeiungen ihrer Vorfahren, welche die

Einfälle und das Joch der weißen Männer geweissagt hatten.

Anfangs hatten sie geglaubt, das Verweilen der Spanier auf der Insel würde nur vorübergehend sein und in ihrer Einfalt fragten sie die überlästigen Fremdlinge gar oft, wann sie denn nun wieder in ihren „Turey" zurückkehren würden?

Als sie aber die Schiffe im Hafen bewegungslos liegen, neue Fahrzeuge ankommen, und Wohnungen und feste Plätze von den Spaniern errichten sahen, da wurde es ihnen furchtbar klar, daß ihnen das gegenwärtige Joch für die Dauer der ganzen Zukunft auferlegt worden sei.

Verzweiflungsvoll erkannten sie, daß jede Gewalt gegen die tyrannischen Eindränglinge fruchtlos sei, und machten unter einander aus, dieselben durch ein anderes Mittel, nämlich durch Hunger, von der Insel zu vertreiben.

Sie beschlossen keinen Mais, keinen Cassava mehr anzubauen, die auf ihren Feldern noch vorhandenen Ernten zu vernichten und sich mit Weibern und Kindern in die Gebirge zurückzuziehen. Dort glaubten sie ihre geringen Bedürfnisse durch eßbare Wurzeln und die häufig vorhandenen Kaninchen, Ulias genannt, befriedigen zu können, während die Spanier durch Hungersnoth gezwungen sein würden, die Insel zu verlassen.

Die unglücklichen Wilden! Obgleich sie wegen des Clima und ihrer Trägheit gewohnt waren, sich mit einer äußerst geringen Menge Nahrungsstoffes zu sättigen, so konnten sie in den unwirthbaren Gebirgsgegenden nicht einmal diese zusammenbringen und mußten ungesunde Lebensmittel zu sich nehmen.

Die Spanier setzten ihnen in die Gebirge nach, um sie zu ihren Arbeiten zurückzutreiben und zum Landbaue zu zwingen, so daß die Wilden sich gar nicht mehr aus ihren Klüften und Verstecken hervorwagten, um Lebensmittel zu suchen. Verheerende Krankheiten rissen in Folge der schädlichen Nahrungsmittel, mit denen sie ihren Hunger stillten, unter den Indianern ein, und rafften sie zu Tausenden hinweg. Die verderbliche Wirkung der gegen die verhaßten Unterdrücker von ihnen in Anwendung gebrachten Maßregel fiel ganz auf ihre Häupter zurück, und verzweifelnd kehrten endlich diejenigen, welche den Seuchen und der ungezügelten Rachsucht der Spanier nicht zum Opfer gefallen waren, in die Ebenen zurück, um das unabwendbare Joch der Fremdlinge mit Ergebung zu tragen.

Bevor wir im Laufe der Ereignisse weiter fortfahren, wollen wir das Schicksal Guacanagari's, des den Spaniern so sehr ergebenen Häuptlings, erwähnen. Nach Unterwerfung der Vega zog sich dieser Kazike, beladen mit dem Fluche seiner Landsleute, in seine Gebiete zurück; auch sein Volk entging, so wie alle übrigen Indianer, der Bedrückung der Spanier nicht und wurde in die allgemeine Tributpflichtigkeit mit einbezogen, welcher Genüge zu thun sich die Indianer, bei ihrem angeborenen Widerwillen gegen jede Arbeit, nur schwer überwinden konnten. Sie bestürmten daher ihren Häuptling Guacanagari mit Beschwerden über die ihnen auferlegten Mühseligkeiten, welche ihnen unerträglich schienen, und mit Schmerzen mußte sich dieser Kazike von den weißen Gastfreunden, die er gleichsam in seinem Schoße gehegt hatte, hintergangen sehen. Denn keine Schonung gegen ihn und seinen Stamm ließen die Spanier vorwalten, indem sie während der Abwesenheit des Admirals alle früheren Freundschaftsdienste Guacanagari's vergaßen.

Unvermögend den Verrath der weißen Männer, die Verachtung seiner Mitkaziken, das Elend und die Klagen seiner Unterthanen zu ertragen — flüchtete er in die Gebirge und starb dort im Elende einen unbekannten Tod.

Das verzweifelte Mittel, welches die Eingeborenen ergriffen, um die Spanier von ihrer Heimathinsel zu vertreiben, brachte indeß allerdings auch große Uebel über die Ansiedler. Gewohnt sich bezüglich der Herbeischaffung der Lebensmittel auf die Insulaner zu verlassen, litten sie bald Noth an Nahrungsstoffen, und ungeachtet der von Zeit zu Zeit aus Europa anlangenden Zufuhren, stieg dieser Mangel zu bedeutender Höhe. Zwar hätten die Kolonisten mit diesen Mundvorräthen das Auslangen gefunden, wenn sie die Felder regelmäßig angebaut hätten. Aber ungeachtet aller Ermahnungen und Befehle von Seite des Adelantado unterließen sie den Feldbau, bis die Vorräthe aus Spanien beinahe ganz aufgezehrt waren.

Abgesehen von dem den Europäern nur wenig zuträglichen Clima, welches, wie bereits erwähnt, erschlaffende Krankheiten unter den Spaniern zur Folge hatte — waren diese nicht in die neue Welt gegangen, um ausschweifende Erwartungen eines glänzenden Schlaraffenlebens zu verwirklichen? um die Arbeiten und Mühen der alten Welt los zu werden?

Waren wohl solche in ihren übertriebenen Hoffnungen bitter getäuschte Abentheuerer geneigt, zur Fristung ihrer ärmlichen Existenz ungewohnte Anstrengungen zu machen? Gewiß nicht!

Nachdem ihre Approvision zu Ende war, schrien sie nach Brod, und erlaubten sich gegen die Eingebornen, welche sich weigerten, Lebensmitteln abzugeben, um so größere Gewaltthätigkeiten, als der Adelantado gerade von Isabella abwesend und in einer entfernteren gesünderen Gegend der Insel, die sich auch goldreicher gezeigt hatte, eine neue Niederlassung zu gründen im Begriffe war.

Die Colonie versank in Anarchie und Zwiespalt, während der zweite im Commando zurückgebliebene Bruder Columbens, Don Diego, dem bei Weitem nicht so viel Entschiedenheit und Energie inne wohnte, wie dem Adelantado, es nicht vermochte, die zügellosen Colonisten niederzuhalten. Diese sahen überhaupt in den Verwandten des Admirals blos ausländische Emporkömmlinge, welchen zwar der Name Columbens, aber nicht seine Verdienste eigen waren. Beugten sie sich nur ungerne dem von Spaniens Krone autorisirten Regimente des Admirals, so fügten sie sich um so schwerer den Befehlen seiner Brüder, welchen das Ansehen einer unmittelbaren königlichen Bestallung mangelte.

Indeß dergleichen einen geregelten Zustand der Dinge untergrabende Zerwürfnisse zu Isabella herrschten, war der Adelantado beschäftigt, an der Mündung des Flusses Ozema eine neue Ansiedlung zu erschaffen; denn hier hatte man, noch vor der Abreise des Admirals nach Spanien, nicht nur bedeutende Goldminen, sondern auch einen recht gelegenen Hafen entdeckt, und überdieß auch das Klima viel zuträglicher gefunden, als zu Isabella. Deshalb ließ Columbus seinem Bruder Bartholomäus, bevor er nach der Heimath absegelte, die Weisung zurück, für die Erbauung eines Forts und neuer Wohnplätze an dieser geeigneteren Stelle Sorge zu tragen.

Hier erstand das Fort und die Stadt San Domingo, welche späterhin in Westindien zu einiger Wichtigkeit gelangte, und von der die ganze Insel den Namen erhielt.

Nachdem der Adelantado binnen dreier Monate die Erbauung der Feste San Domingo ziemlich zu Ende gebracht und eine Besatzung dort zurückgelassen hatte, beschloß er, einen militärischen Zug in die Gebiete Behechio's zu unternehmen, jenes Indianerhäuptlings, der nach der Schlacht in der Vega der Einzige die Unterwerfung verweigert hatte, und wegen der Entfernung seines Landstriches bisher vom Tribute verschont geblieben war.

Als die Spanier das Land dieses Kaziken, wohin bisher noch kein Europäer gekommen war, betreten hatten, fanden sie den Indianerfürsten an der Spitze einer bedeutenden Streitmacht, wie es schien, bereit, die weißen Fremdlinge mit gewaffneter Hand zu empfangen.

Nachdem er aber die imposanten Manoeuvres erblickt hatte, mit welchem sich der spanische, gegen fünfhundert Mann starke, Heerhaufen näherte, legte er auf die vorhergegangenen Friedensversicherungen des Adelantado die Waffen nieder und entließ seine, an=

geblich zur Unterwerfung einiger aufrührerischer Unterkaziken zusammenberufene Horden. Behechio äußerte fortan die freundschaftlichsten Gesinnungen gegen die Spanier, was zum großen Theile dem Einflusse seiner Schwester Anacaona, der Wittwe Caonabo's, zuzuschreiben sein mochte.

Diese Indianerin, ausgezeichnet vor allen Weibern ihres Stammes sowohl durch Körperschönheit als durch Gewandtheit des Geistes, war den Europäern, ungeachtet des traurigen Schicksals, welches ihr Mann Caonabo in den Händen derselben erlitten hatte, sehr geneigt, und benutzte das Uebergewicht, das sie kraft ihrer Geistesüberlegenheit sowohl über ihren Bruder als dessen Unterthanen ausübte, zur Aufrechthaltung der friedlichen Verhältnisse zwischen den Spaniern und Behechio, der sich sogar sehr bereitwillig zu einer Abgabe an die Europäer verstand, wenn dieselbe nur nicht in Gold bestünde, weil dieses in seinem metallarmen Gebiete sich nicht vorfand.

Der Adelantado, erfreut über Behechio's friedliche Gesinnungen, kam dem Kaziken mit der Erklärung entgegen, daß man nicht gesonnen sei, Dinge als Tribut einzufordern, welche das Land nicht erzeuge. Die Steuer wurde in Baumwolle, Cassavabrod und andern Lebensmitteln festgesetzt, womit sich Behechio so zufrieden zeigte, daß er zu Ehren der Spanier viele

Tage hindurch indianische Spiele und Gastmahle veranstalten ließ.

Die Europäer hingegen führten ihrerseits glänzende militärische Bewegungen und Scheingefechte aus, darauf berechnet, mit der Befriedigung der indianischen Neugier und Schaulust zugleich Ehrfurcht vor der Ueberlegenheit spanischer Waffen in den Insulanern zu erregen.

Achtzehntes Kapitel.
Empörung des Kaziken Guarionex. — Aufstand des Francisco Roldan.

Als der Adelantado aus der reizenden und gesegneten Herrschaft Behechio's nach Isabella zurückgekommen war, fand er die Colonie in einem zerrütteteren Zustande als je. Die Lebensmittel waren größtentheils aufgezehrt, die Felder unangebaut, die Ansiedler durch das unzusagende Clima aufgerieben. Viele waren gestorben, und die Ueberlebenden äußerst mißvergnügt, während der Funke der Empörung unter der Asche glomm. Die verzweifelten Abentheurer, vor Allem nur nach Gold dürstend, hatten es versäumt, aus dem üppigen Boden wahren Reichthum zu ziehen; eine jede Beschäftigung, welche nicht unmittelbar auf die Auf=

sammlung todter Reichthümer hinzielte, war ihnen lästig; sie scheuten diejenigen Bemühungen, die erst durch den ordentlichen Kreislauf der Natur belohnt werden, wie der Fleiß des Landmannes, und nachdem sie sich durch eigene Trägheit in Mangel und Noth gestürzt hatten, murrten sie gegen den selbst verschuldeten Zustand der Dinge. Sie murrten gegen die kräftigen Maßregeln des Adelantado, der sie mit Strenge zum Gehorsam gegen die Gesetze anzuhalten suchte, indem, wie bereits oben bemerkt, die Herrschaft eines Ausländers, wie Bartholomäus, mit dem spanischen Stolze unverträglich war. Sie murrten gegen den Admiral, welcher unter den Annehmlichkeiten und Schmeicheleien des spanischen Hofes seiner Ansiedler jenseits des Meeres vergesse, während diese nicht einmal ein Schiff hätten, um die Nachricht von ihrer traurigen Lage nach Spanien zu bringen.

Der Adelantado, überzeugt, daß die Wurzel dieser Unheil drohenden Uebelstände lediglich im Müßiggange der Colonisten ihren Grund habe, beschloß der Thätigkeit der Ansiedler eine entsprechende Richtung zu geben.

Vor allem ließ er zwei Fahrzeuge für den Dienst der Insel erbauen, um der Klage vorzubeugen, daß kein Schiff der Ansiedlung zu Gebote stehe. Ueberdieß gedachte er eine Kette militärischer Posten zwischen Isabella und dem neuerbauten Fort San Domingo zu errichten; wodurch nicht nur ein guter Theil der unzufriedenen Bevölkerung von Isabella heilsam beschäftigt, sondern auch die unruhigsten Köpfe im Inneren des Landes zerstreut wurden, wo sie dem Nothstande weniger ausgesetzt, und folglich minder geneigt sein würden, die bestehende Ordnung der Dinge zu stören.

Rasch schritt das Werk vorwärts; bald waren zwei Caravellen vom Stapel gelaufen, und eine Reihe fester Plätze zwischen Isabella und San Domingo als ebenso viele Verbindungspunkte errichtet. Auch genügten diese öffentlichen Arbeiten allerdings, um einige Zeit hindurch die Aufmerksamkeit der Colonisten ganz allein in Anspruch zu nehmen und jeden lebhaften Ausdruck von Unzufriedenheit zu unterdrücken — als in eben dem Zeitpunkte, wo der Adelantado im Begriffe war, mit einer der fertig gewordenen Caravellen nach dem Gebiete Behechio's zu segeln, um den fällig gewordenen Tribut einzuheben, ein gefährlicher Aufstand der Eingeborenen zum Ausbruch kommen sollte.

Einige untergeordnete Kaziken hatten den Indianerhäuptling Guarioner, der durch eine seinem Weibe von einem Spanier angethane Mißhandlung sehr erbittert worden war, bewogen, an die Spitze einer Verschwörung der Indianer zu treten, die nichts Geringeres zum Zwecke hatte, als die gänzliche Ausrottung der tyrannischen weißen Fremdlinge.

Die Besatzung des Forts Conception erhielt auf irgend eine Weise Nachricht von dem bevorstehenden Aufstande, und der Commandant dieser Feste versäumte es nicht, ungeachtet das Land wegen der versammelten Horden bereits unsicher war, auf das schleunigste einen Boten mit der Bitte um schnellen Entsatz an den Adelantado abzusenden.

Man wählte hierzu einen treu ergebenen Indianer und schloß die Depesche sorgfältig in ein Rohr, dessen sich derselbe als Stab bediente. Denn die Eingeborenen waren damals schon dahinter gekommen, daß die Briefe Nachrichten mittheilten, weßhalb sie ihnen Zauberkraft zuschrieben und glaubten, sie könnten sprechen.

Obgleich nun der Bote von den das Fort umschwärmenden Wilden aufgefangen wurde, so gelang es demselben doch, sich dadurch, daß er sich lahm und stumm stellte, zu retten, und den in seinem Stabe eingeschlossenen Brief glücklich nach Isabella zu bringen.

Der Adelantado, schnell entschlossen, brach ohne Verweilen mit so vielen Truppen auf, als er in der Eile zusammenbringen konnte, und marschirte gerade auf Conception los, wo schon Horden von vielen Tausenden von Eingeborenen umherschwärmten, des Zeitpunktes harrend, welcher zur Ausführung ihres Vorhabens verabredet worden war.

(11)

Allein die Spanier kamen ihnen auf eine Weise zuvor, weche auf die Anhänglichkeit dieser Wilden an ihre Häuptlinge berechnet war. Nachdem man die Aufenthaltsorte der verschiedenen Kaziken ausgekundschaftet hatte, theilte sich die spanische Heeresmacht in eben so viele nach Erforderniß stärkere oder schwächere Abtheilungen, deren jede die Weisung erhielt, den Wohnort eines Kaziken zu beschleichen, des Nachts hervorzubrechen und den Häuptling gefangen zu nehmen. Zur selben Stunde sollten die verschiedenen Trupps in den verschiedenen Gegenden den Plan mit möglichst größter Schnelligkeit ausführen. Der Adelantado selbst übernahm mit hundert Bewaffneten die Gefangennehmung des Guarioner, weil man diese in der ziemlich volkreichen Residenz dieses Häuptlings als die gewagteste ansehen mußte.

Der Plan gelang vollkommen. Vierzehn Häuptlinge kamen in derselben Nacht in die Gewalt der Spanier, ohne daß ein Schwertstreich gefallen wäre, denn die bestürzten Indianer wagten nicht, den mindesten Widerstand zu leisten. Erst als ihre Häuptlinge sicher verwahrt im Fort Conception saßen, umschwärmten die Wilden, jedoch ohne Waffen, die Mauern dieser Feste, und baten mit flehentlichem Geschrei um die Loslassung ihrer Kaziken.

Der Adelantado beschloß, den Indianern ein Bei=

spiel von strenger Gerechtigkeit und Milde zugleich zu geben, und suchte daher mit großer Umsicht die Rädelsführer des beabsichtigten Aufstandes zu ermitteln. Es gelang ihm; er fand die Schuldigen in zwei Kaziken untergeordneten Ranges, welche die ganze Verschwörung angezettelt hatten. Alle übrigen Betheiligten waren mehr oder minder überredet und zur Theilnahme verführt worden. Diese zwei Häuptlinge wurden dem Tode um so mehr verdienter Weise überliefert, als sie der hinterlistigen Tödtung mehrerer Spanier überwiesen worden waren. Alle übrigen Mitschuldigen wurden begnadigt, und Guarioner, der durch die Mißhandlung seines Weibes von Seite eines Spaniers zum Aufstande gereizt worden war, nicht nur gänzlich freigesprochen, sondern derselbe erhielt auch die Genugthuung, daß der gewaltthätige Verletzer seiner Hausrechte öffentlich gezüchtigt, in Fesseln gelegt und in das Gefängniß geworfen wurde. Durch diesen vom Adelantado mit strenger Gewissenhaftigkeit ausgeführten Akt der Gerechtigkeit und Milde erhielt die spanische Sache in den Augen der Indianer ein ganz anderes Ansehen.

Guarioner war bei Ankündigung seiner Freiheit sichtlich gerührt. Er wandte sich an seine hierbei versammelten Unterthanen, hielt an sie eine feurige Rede, worin er die weißen Männer pries, welche mit ihrer Unüberwindlichkeit zugleich Großmuth und Milde vereinten. Der Häuptling ermahnte seinen Stamm, die Freundschaft und das Wohlgefallen der eben so mächtigen als gütigen Fremdlinge zu suchen. Aufmerksam hörten die Indianer der Rede zu, welche offenbar einen tiefen Eindruck auf sie machte. Als der Kazike geendigt hatte, trugen sie ihn mit lautem Jubel wie im Triumphe auf ihren Schultern in seine Residenz.

Nachdem der Adelantado mit so großer Mäßigung und Umsicht einen Aufstand gedämpft hatte, der für die Spanier, im Falle er zum Ausbruch gekommen wäre, von den verderblichsten Folgen hätte sein können, begab er sich in die Gebiete des Häuptlings Behechio, um den fällig gewordenen Tribut einzuheben, und nun war der Zeitpunkt gekommen, wo ein Mann seine Thätigkeit zu entwickeln begann, welche in der Ansiedelung die größten Zerrüttungen herbeiführte, ja beinahe die völlige Auflösung derselben veranlaßt hätte.

Dieß war Francisco Roldan, von dem Admirale vor seiner Abreise wegen seiner Fähigkeiten zum Oberrichter der Insel ernannt.

Anfangs von Columbus blos zu seinem persönlichen Dienste verwendet, zeigte er so viel Geschicklichkeit in Behandlung von Geschäften, so viele natürliche Anlage und ausharrenden Fleiß, daß er vom Admirale zum ordentlichen Alcalde befördert wurde, welches so viel als Friedensrichter ist. Wegen der Einsicht und Gewandtheit, die er auf diesem Posten entwickelte, gelangte er zur Stelle eines Oberrichters auf Hispaniola; denn bei den damals noch äußerst einfachen Rechtsverhältnissen auf der Insel erforderte dieß Amt eben keinen Rechtsgelehrten.

Roldan war einer jener gemeinen Geister, in welchen beim Sonnenschein des Glückes alle Keime des Lasters rege zu werden beginnen. Er hatte seinen ehemaligen Gebieter und Wohlthäter unter Umständen von der Insel scheiden gesehen, welche das Vorwalten der königlichen Ungnade gegen denselben mit Grund vermuthen ließen. Eine geraumere Zeit war ohne Nachrichten von Columbus verstrichen. Roldan glaubte den Stern desselben verloschen, und den rechten Zeitpunkt nahe, seine eigene Person geltend zu machen.

Das Amt eines Alcalde Major oder Oberrichters war nur dem des Adelantado untergeordnet, und Roldan suchte emsig nach einer Gelegenheit, sich selbst zum Ersten auf der Insel aufzuschwingen und die Zügel der Regierung an sich zu reißen.

Die Brüder Columbens genossen der Volksgunst als Ausländer nur wenig; Don Diego, im Kommando der Insel zurückgeblieben, war ein würdiger gerader Mann, besaß jedoch keinen großen Grad von Thatkraft; Roldan fühlte sich ihm an Geistesvermögen über=

legen und seinen Ehrgeiz dadurch verletzt, daß er ihm im Amte nachstehen sollte.

Er bildete alsbald eine Parthei unter den Auswürflingen der Ansiedelung, und löste heimlich die Bande der Ordnung, indem er der Unzufriedenheit der gemeinen Klasse nicht blos Gehör, sondern auch Aufmunterung schenkte, und als alleinigen Grund aller Uebel den Charakter und das Betragen des Admirals und seiner Brüder bezeichnete. Roldan hatte früher einige öffentliche Arbeiten beaufsichtigt, und sich dadurch mit der arbeitenden Klasse, mit Handwerkern, Matrosen und andern Leuten geringeren Standes in genaue Bekanntschaft gesetzt.

Dieser Umstand einerseits und seine niedrige Geburt andererseits machten es ihm leicht, auf die Meinungen und Ansichten der gemeinen Leute einzugehen, während er durch seine gegenwärtige Stellung einen nicht geringen Einfluß über dieselben geltend machte.

Da er sie über die lange Abwesenheit des Admirals, über drückende Behandlung und harte Arbeit klagen hörte, gab er ihnen nicht nur Recht, sondern beschwerte sich über Aehnliches, und erbitterte seine Anhänger gegen die bestehende Ordnung der Dinge endlich so sehr, daß diese in einer förmlichen Verschwörung den Entschluß faßten, den Adelantado zu tödten, um sich auf solche Weise von dem Joche desselben zu befreien.

Allein die Vorsehung wachte über dem Haupte des Adelantado; die Ausführung des verruchten Vorhabens unterblieb.

Dem thatkräftigen und entschlossenen Charakter des Adelantado gegenüber wagte es Roldan doch nicht so ganz, seine Pläne offen darzulegen; allein mit der Abwesenheit desselben war der Zeitpunkt eingetreten, wo er einen günstigen Erfolg seiner Umtriebe hoffte.

Eine Gelegenheit zu der beabsichtigten Unordnung zeigte sich bald.

Als die mit dem Tribute des Kaziken Behechio befrachtete Caravelle nach Isabella zurückgekehrt war, ließ sie Don Diego an das Land ziehen, zum Theile, um sie vor Unfällen sicher zu stellen, zum Theile, um sie vor den bösen Absichten der mißvergnügten Ansiedler zu beschirmen. Begierig griff Roldan diesen Umstand auf und wußte ihn seinen Anhängern in einer Weise darzustellen, die ganz geeignet war, sie zu reizen. Er eiferte gegen die Härte der Maßregel, das Schiff auf das Trockene zu legen, während es doch im Dienste der Colonie zweckmäßig verwendet, oder nach Spanien geschickt werden könnte, um Lebensmittel zu holen. Er überredete seinen Anhang, der wahre Grund dieses Verfahrens sei in der Besorgniß des Adelantado und seines Bruders gelegen, das Schiff möchte, falls es flott bliebe, die Nachrichten von Beschwerden über die üble Verwaltung der Machthaber auf Hispaniola nach Spanien bringen, welche überhaupt die Absicht hegten, im ruhigen Besitz der Insel zu verbleiben, und die Spanier als ihre Sklaven zu behandeln.

Durch solche Vorspiegelungen aufgereizt, verlangten die Anhänger Roldan's mit lautem Murren, die Caravelle möchte in die See gelassen und nach Spanien gesendet werden. Obgleich sie Don Diego von der Unmöglichkeit ihres Verlangens dadurch zu überzeugen suchte, daß er ihnen vorstellte, das blos für die Küstenfahrt gebaute Fahrzeug könne die weite Reise nach Spanien nicht überdauern, so bestanden die Mißvergnügten um so hartnäckiger auf ihrem anfänglichen Begehren. Roldan selbst ließ nun auch öffentlich nicht undeutlich merken, welcher Parthei er angehöre, indem er rieth, den Wünschen der Colonisten nachzugeben.

Don Diego, über den Antheil Roldans an den nunmehrigen Umtrieben benachrichtigt, fürchtete, es bei dem meuterischen Zustande der Colonisten zu einem offenen Bruche kommen zu lassen, und suchte deshalb den Urheber der Unzufriedenheit unter einem schicklichen Vorwande von Isabella zu entfernen. Er sandte denselben daher mit vierzig Mann in das Innere der Insel, um den in einigen Gegenden noch rückständigen Tribut einzutreiben. Roldan benutzte diese Gelegenheit, um sich sowohl unter den Spaniern, als auch unter den

mißvergnügten Eingeborenen einen stärkeren Anhang
zu verschaffen, indem er insbesondere den Letzteren
Schutz gegen die Bedrückungen der Weißen verhieß.

Seine Bemühungen zeigten sich von so entsprechen-
dem Erfolge, daß viele Häuptlinge sich in Verweige-
rung der Abgaben hartnäckiger zeigten als ehedem.

Indessen war der Adelantado zwar nach Isabella wieder zurückgekehrt, aber Roldan, der in der Zwischenzeit
seinen Anhang mächtig verstärkt hatte und in der Ansiedelung selbst eine nicht unbedeutende Parthei zählte,
kam ebenfalls nach Isabella und verlangte nunmehr
laut, indem er sich von seinem Amte eine, obgleich bereits verwirkte, Auctorität anmaßte, die Caravellen
sollten in die See gelassen und nach Spanien geschickt
werden.

Der Adelantado verweigerte dieß mit fester Be-
stimmtheit. Roldan war kühn, entschlossen und zu
der verzweifeltesten That fähig; aber sein böses Gewissen, dieser furchtbare Mahner des Bösewichts,
ließ ihn in dem Adelantado einen viel zu kräftigen
Gegner erblicken, als daß es ihm räthlich geschienen
hätte, sich zu Isabella selbst gewaltthätig gegen ihn zu
erheben.

Er zog daher mit siebenzig wohlbewaffneten Leuten
seines Anhanges in die Vega Real, wo er dem Adelantado den Gehorsam förmlich aufkündigte und die-

jenigen spanischen Besatzungen, welche in den festen Plätzen des Landes vertheilt waren, zu seinen Gunsten zu stimmen versuchte, indem er vorgab, der gegenwärtige Aufstand sei weder gegen den Admiral noch gegen die gesetzlichen Behörden, sondern lediglich gegen die illegitime Härte und Tyrannei des Adelantado gerichtet, welchem jede königliche Sanction zur Verwaltung seines Amtes abgehe.

Roldan wurde von denjenigen Kaziken, mit welchen er sich schon früher in das Einvernehmen gesetzt hatte, mit offenen Armen aufgenommen, indem diese ihn als ihren Erretter vom spanischen Joche ansahen und ihm in ihrer Verblendung die Abgaben doppelt bezahlten, welche sie an die Spanier einfach zu entrichten sich weigerten.

Die Mißvergnügten waren mit der Absicht in die Königsebene gezogen, die Feste Conception durch einen Handstreich zu nehmen, um in derselben ein Bollwerk zu besitzen. Allein der Commandant dieses Forts, Miguel Ballester, ein im strengen Kriegsdienste ergrauter Veteran, war viel zu vorsichtig und mißtrauisch, als daß eine Ueberrumpelung hätte gelingen können. Der Adelantado zog zwar zum Entsatz des Forts herbei, allein da die Streitkräfte Roldan's durch die täglich zu ihm stoßenden Mißvergnügten fortan im Steigen begriffen waren, so mußte er sich damit begnügen, hinter den ziemlich festen Verschanzungen von Conception vor den das Fort umschwärmenden Meuterern eine gesicherte Zuflucht zu finden, ohne gegen die Rebellen im offenen Felde Etwas unternehmen zu können.

Die Unordnungen wuchsen schnell zu einer furchtbaren Höhe; Roldan und seine Genossen spotteten jedes Vergleichsantrages, den der Adelantado in Ermangelung hinlänglicher Streitkräfte zu thun sich gezwungen sah. In dieser verzweiflungsvollen Lage, wo die Person des Adelantado verloren und die Colonie dem unabwendbaren Verderben anheimgefallen schien, verbreitete sich plötzlich die Nachricht von der Ankunft zweier spanischer Schiffe, welche unter dem Commando des Pero Hernandez Coronal in dem Hafen von San Domingo angekommen waren und Verstärkungen und Vorräthe vom Mutterlande her, sowie auch die königliche Bestätigung des Bartholomäus in der Würde eines Adelantado mit sich gebracht hatten. Wie ein Donnerschlag traf diese Kunde die meuterischen Banden Roldan's, die sich in der ihnen von ihrem Anführer gemachten Vorspiegelung, Columbus sei für immer in Ungnade gefallen, hintergangen sahen.

Hierdurch wurden die Kräfte der Aufrührer für den Augenblick gelähmt, so daß der Adelantado mit einer kleinen Truppenabtheilung aufbrechen und nach San Domingo eilen konnte, ohne daß die in der Nähe von

Conception stehenden Rebellen es wagten, etwas gegen ihn zu unternehmen, obgleich sie früher nur auf eine Gelegenheit gewartet hatten, denselben im freien Felde anzugreifen.

Zu San Domingo angekommen, ließ Bartholomäus sogleich die königliche Bestätigung seiner Würde öffentlich bekannt machen, und da es ihm daran gelegen war, die Ruhe der Colonie baldmöglichst wieder herzustellen, Roldan und seinen Anhängern volle Verzeihung ihrer gewaltthätigen Schritte anbieten, im Falle sie zu ihrer Pflicht und zum Gehorsam zurückkehren wollten.

Vergeblich war der versöhnende Schritt, den der Adelantado gegen die unwürdigen Empörer versucht hatte; Roldan behielt seine drohende Stellung bei und wußte eine Unterhandlung mit seinen Anhängern listig dadurch zu verhindern, daß er ihnen vorschlug, in die Gebiete des Kaziken Behechio zu ziehen, wo sie ein ungezügeltes Leben voll Wonne und Genuß führen könnten. Da die jüngst von dem Zuge des Adelantado aus diesen Gegenden zurückgekehrten Spanier dieselben als ein irdisches Paradies, wo Milch und Honig fließe, geschildert hatten, so ließen sich die Anhänger Roldan's leicht überreden, diesem Vorschlage Gehör zu geben und marschirten in das Land Behechio's.

Während der Adelantado auf Mittel sann, den Trotz

seiner widersetzlichen Untergebenen zu brechen, brach in der Vega ein anderer Aufstand der Eingeborenen aus. Die Kaziken, durch Roldan's Aufhetzung erbittert, hatten sich wiederholt zu einem Bunde vereint, der die Wegnahme des Forts Conception und die Ausrottung aller in den indianischen Wohnplätzen zerstreut umherliegenden spanischen Besatzungen zum Zwecke hatte. An der Spitze der Verschwörung stand Guarioner.

Dieser Gefahr drohende Umstand verlieh der Thätigkeit des Adelantado für jetzt eine andere Richtung, indem er die meuterischen Spanier aus seinem Augenmerk lassen mußte, um im Stande zu sein, den Indianern mit voller Kraft Gehorsam abzunöthigen.

Mit einer starken Truppenabtheilung setzte er sich deshalb in Marsch nach der Vega, allein Guarioner, welcher sah, daß die furchtbaren Fremdlinge, abermals von dem Anschlage der Eingeborenen in Kenntniß gesetzt, durch Nichts von der Insel zu vertreiben seien, erwartete die Ankunft des spanischen Heerhaufens nicht, sondern floh in die Gebirge von Ciguay, wo er bei dem kriegerisch gesinnten Häuptlinge dieser Gegend, Namens Mayobaner, eine Freistätte fand.

Von diesem Gebirgskaziken und einer Schaar kühner Ciguayer unterstützt, unternahm Guarioner mehrere Ausfälle in die Ebene, hob kleine Trupps von Spaniern auf und verwüstete die Wohnungen und Felder derjenigen Indianer, welche den Weißen treu geblieben waren.

Bartholomäus war von der Nothwendigkeit überzeugt, der aufrührerischen Häuptlinge zur Herstellung der Ruhe habhaft zu werden und entschloß sich deshalb, dieselben selbst bis in ihre Gebirgsschluchten zu verfolgen, ungeachtet dieses Unternehmen unläugbar viel Gefahrvolles an sich hatte. Denn dieses Gebiet war das wildeste auf Haiti, mit Schluchten und Engpässen durchzogen und mit undurchdringlichen Wäldern bedeckt.

Nicht gewohnt aber, sich von Mühseligkeiten und Anstrengungen zurückschrecken zu lassen, sobald deren Ueberwindung Noth that, brach der Adelantado mit einer Abtheilung von neunzig Fußsoldaten, einer kleinen Anzahl Reitern und einer Schaar Indianern in die Gebirgsgegenden von Ciguay auf.

Nachdem die Spanier einen wilden Engpaß durchschritten hatten, gelangten sie in eine von einem Flusse durchschnittene Ebene, wo zwei feindliche Kundschafter aufgejagt wurden, die ausgesandt waren, um die Bewegungen der Spanier zu belauern. Der eine entkam durch seine Schnellfüßigkeit, sprang in den Fluß und erreichte schwimmend das jenseitige Ufer. Der zweite Spion wurde gefangen genommen und gestand, daß jenseit des Strandes sechstausend Indianer im Walde verborgen seien, bestimmt die Spanier in ihrem Marsche aufzuhalten.

Der Adelantado beschloß, sich nichtsdestoweniger den Durchgang durch den Fluß zu erzwingen, suchte eine Fuhrt auf und rückte mit Vorsicht weiter. Kaum waren die Spanier bis in die Mitte des Gewässers vorgedrungen, als die Eingeborenen, häßlich bemalt und Dämonen ähnlicher als Menschen, mit einem furchtbaren Kriegsgeschrei aus ihrem Hinterhalt hervorbrachen und einen Regen von Pfeilen und Wurfspießen über den europäischen Heerhaufen hinschütteten, so daß viele Spanier Wunden davontrugen, obgleich sie sich mit ihren Schilden gedeckt hatten.

Der Adelantado aber drang unerschrocken an das jenseitige Ufer und die Wilden ergriffen die Flucht. Einige von denselben wurden erschlagen, die meisten entkamen jedoch durch ihre Schnellfüßigkeit und die Bekanntschaft mit den Schlupfwegen der Wälder und Gebirge; denn die mit Eisen bewaffneten Spanier vermochten es den gewandten nackten Söhnen der Berge an Beweglichkeit nicht gleich zu thun.

Auf den Rath seiner indianischen Führer rückte Bartholomäus mit seinen Streitkräften gerade gegen die Residenz des Kaziken Mayobanex vor und hatte auf diesem Wege viele Angriffe der Wilden auszuhalten, welche oft plötzlich aus den Wäldern und Gebüschen mit einem fürchterlichen Kriegsgeschrei hervorbrachen, ihre Lanzen und Pfeile gegen die Spanier schleuderten und hierauf mit wunderbarer Behendigkeit sich wieder in ihre natürlichen Festungen, die Wälder und Gebirge, zurückzogen.

Der Adelantado sandte einen von den gefangenen Indianern in Begleitung eines Eingeborenen von einem befreundeten Stamme zu Mayobanex, um ihn zur Auslieferung des Guarioner zu bewegen. Für den Fall, als er sich willfährig zeigte, ließ er ihm die Freundschaft der Spanier anbieten; wenn er aber fortwährend geneigt bleiben sollte, dem Guarioner Unterstützung angedeihen zu lassen, drohte er ihm mit Verwüstung seines Gebietes durch Feuer und Schwert.

Der Gebirgshäuptling schenkte dem Boten aufmerksames Gehör und sprach hierauf: Sage den Spaniern, daß sie grausame, schlechte und tyrannische Menschen sind, welche die Länder Anderer unterjochen und unschuldiges Blut vergießen. Mir gelüstet es nicht nach der Freundschaft solcher Menschen. Sie ist ebenso verderblich als die Feindschaft derselben. Guarioner ist ein guter Mann, der bei mir Schutz und Gastfreundschaft gesucht hat. Ich werde mein ihm gegebenes Wort halten und ihn noch fernerhin beschützen.

Der Adelantado bewunderte unwillkürlich die Großmuth dieses wilden Gebirgshäuptlings, allein es war nicht an der Zeit, seiner edlen Regung nachzugeben, und von der Verfolgung des Kaziken abzustehen.

Dieser hielt sein dem Guarioner gegebenes Versprechen mit großer Festigkeit. Seine Dörfer wurden zerstört, seine Gebiete verheert, er selbst mußte sich mit seinen Angehörigen in die wildesten Bergschluchten flüchten. Seine Unterthanen kamen schaarenweise und baten ihn flehentlich, zur Rettung des Landes den unglückseligen Flüchtling auszuliefern.

Alles war vergebens. Mayobaner blieb dem seinem Verbündeten gegebenen Versprechen getreu.

Eine Beharrlichkeit edler Gesinnung, welche leider bei civilisirten Menschen nicht zu oft angetroffen wird und um so mehr geeignet ist, einem Wilden Ehre zu machen.

Die Kreuz- und Querzüge in diesen Gebirgsgebieten brachten großes Mühsal über die Spanier. Das Land war gänzlich verödet, die Wohnungen der Eingeborenen waren verlassen, in der Unzulänglichkeit der Bergschluchten hatte man mit beständigen Hindernissen zu kämpfen, Nahrungsmittel waren auch nicht allzuhäufig vorhanden, und überhaupt mußte man viele Drangsale erdulden, bevor es nach dreimonatlichen Anstrengungen endlich gelang, sich der Personen der zwei gefürchteten Indianerfürsten zu bemächtigen.

So viele Gefangene man auch bisher gemacht hatte, keiner wollte von dem Aufenthaltsorte des Mayobaner etwas wissen, bis endlich zwei Indianer aus dem Gefolge dieses Kaziken in die Gewalt der Spanier kamen, und gezwungen wurden, den Schlupfwinkel desselben zu verrathen. Zwölf Spanier erboten sich als Freiwillige zur Gefangennehmung dieses Häuptlings. Sie legten ihre Kleider ab, bemalten ihre Leiber mit allerlei Farben, so daß sie wie Indianer aussahen, und verbargen ihre Schwerter in Palmblätter. Unter der Anführung der erwähnten zwei Gefangenen gelangten sie zu dem verborgenen Aufenthaltsorte des Kaziken, ohne daß dieser eine Ahnung von der ihm nahenden Gefahr bekam.

In der Mitte seiner Weiber und Kinder und einiger Wenigen aus seinem Gefolge wurde Mayobaner von den verkleideten Europäern überrascht, welche, ohne Verdacht herangekommen, plötzlich ihre Schwerter entblößten, und den Häuptling in seiner eigenen Behausung beinahe widerstandslos gefangen nahmen. Guarioner hatte sich in die unzugänglichsten Berghöhlen zurückgezogen, so daß man seinen unstäten Aufenthalt nicht kannte. Erst später wurde derselbe aufgespürt, und bei seinen furchtsamen Wanderungen in's Freie, um Nahrung zu suchen, von den Spaniern aufgehoben.

Beide Kaziken wurden von dem Adelantado lediglich zum Gefängnisse verurtheilt, denn dieser erblickte in ihrer Gefangenhaltung eine sichere Bürgschaft für das fernere ruhige Verhalten ihrer Unterthanen.

Milde verfehlte auf die wilden Stämme dieser Naturmenschen ihren Eindruck niemals.

Guarioner selbst hatte, bei seinem wiederholten Verrathe, keine geringere Strafe als den Tod erwartet. Er zeigte sich über die Milde des Adelantado sehr gerührt. Die Ciguayer sowohl, als auch die Unterthanen des Guarioner kamen häufig zum Besuche in das Fort, wo ihre Kaziken gefangen saßen, gelobten Unterwerfung und brachten Lebensmittel und Geschenke aller Art auf das freigebigste mit sich.

So weit war die Verwaltung des Adelantado auf der Insel gediehen, als derselbe die Nachricht von der Ankunft des Admirals auf Hispaniola erhielt, und in brüderlicher Ungeduld sich beeilte, demselben entgegen zu segeln.

In so verwirrten Verhältnissen traf Columbus, welcher eine ruhige Erholung auf Haiti vergebens erwartete, seine geliebte Niederlassung.

Ungeachtet der hohen Klugheit, welche Bartholomäus bei Verwaltung der Colonie gezeigt hatte, ungeachtet der Energie, mit der er dem allseitig aufwuchernden Uebel entgegen zu wirken sich bestrebt hatte, war es ihm doch nicht möglich gewesen, bei der Anhäufung so vieler widrigen Umstände, die sich seinem, obgleich kräftigen, Geiste entgegendrängten, ein günstigeres Resultat seiner Regierung zu Tage zu fördern, als es der Zustand Haiti's eben darbot.

Nichtsdestoweniger durfte man die Probe, die der Adelantado in der Verwaltung der Insel abgelegt hatte, in so fern eine glänzende nennen, als man die Masse von Hindernissen in Anschlag brachte, die ihm überall entgegen wuchsen. Entschlossenheit, Mäßigung, Klugheit und Gediegenheit des Charakters bezeichneten jeden seiner Schritte.

Deßhalb begann auch der Admiral die Verwaltung, die er nun selbst übernahm, damit, daß er eine Proclamation erließ, worin er alles dasjenige bestätigte und guthieß, was sein Bruder in seiner Abwesenheit verfügt und angeordnet hatte.

Hierauf versetzte er Roldan sammt seinem Anhange in den Anklagestand.

Allein der Haufe der Meuterer wuchs täglich, und erreichte endlich eine so bedeutende Anzahl, welche überdieß auch Männer von Stand in sich begriff, daß der Admiral, die Umstände mit Besonnenheit überlegend, sich genöthigt sah, mit den Mißvergnügten Unterhandlungen anzuknüpfen, um sie im gütlichen Wege zum Gehorsam zurückzubringen.

Roldan stellte jedoch im Namen seiner Genossen so unverschämte Bedingungen, daß der Admiral, hierüber entrüstet, die sämmtlichen waffenfähigen Männer in San Domingo zusammenberief, um zu erfahren, auf welche Streitkräfte er rechnen könne, im Falle er die Rebellen mit der Gewalt der Waffen von ferneren Unordnungen abzuhalten gedächte.

Allein mit Schmerzen mußte Columbus wahrnehmen, daß die Anhänger der gesetzlichen Gewalt an der Zahl sehr gering waren. Im Augenblicke des Aufrufes der Milizen verbreitete sich das Gerücht, daß ein Zug gegen die meuterischen Banden Roldan's unternommen werden solle. Kaum siebenzig waffenfähige Männer versammelten sich; und unter diesen mochten kaum vierzig sein, in welche Columbus Vertrauen setzen konnte. Die übrigen hatten theils Freunde und Verwandte unter den Aufrührern, gegen die sie nicht kämpfen wollten, theils waren sie ebenfalls mißvergnügt und erheuchelten Krankheiten oder gaben andere Hindernisse vor.

Mit Widerstreben sah sich der Admiral deshalb gezwungen, neue Unterhandlungen mit Roldan anzuknüpfen, denn je länger dieser gesetzlose Zustand währte, in desto größere Gefahr kam das, ohnedieß bereits bedeutend herabgebrachte, Wohl der Ansiedelung, desto mehr mußte zugleich das Ansehen Columbens sinken, ja selbst sein Leben bedroht werden.

Eine jede gütliche Uebereinkunft, möchte sie für die gesetzliche Auctorität auch noch so bemüthigend erscheinen, mußte in diesem Zustande der Anarchie willkommen sein. Columbus bewilligte alle Anforderungen. Nach denselben sollten Roldan und seine Gefährten in einem entfernten Hafen zu Schiffe gehen und nach Spanien zurücksegeln. Der Admiral sollte jedem der Mißvergnügten Zeugnisse der guten Aufführung ertheilen und auch den bis zum Tage der Abreise rückständigen Sold auszahlen. Ueberdieß sollte es den Rückkehrenden auch erlaubt sein, Sclaven von Haiti nach der Heimath mitzunnehmen. Wie sehr diese schmähliche Uebereinkunft den Admiral kränken mußte, mag schon aus der Natur derselben, mehr noch aber aus dem Umstande hervorleuchten, daß zur Ueberfahrt dieser Auswürflinge der Ansiedlung nach Spanien jene Fahrzeuge benutzt werden sollten, welche Columbus bis zur nähern Erforschung des auf seiner letzten Reise um die Küste von Paria entdeckten amerikanischen Festlandes zu benutzen gedacht hatte.

Indeß erhob ihn der Gedanke, daß kein Opfer zu groß sei, die Hefe, den Gährungsstoff aus der Colonie zu entfernen, um das ungestörte Wirken gedeihlicher Regierungsmaßregeln hervortreten zu machen.

Aber dieses Ziel war noch ferne.

Die Schiffe, deren sich die Mißvergnügten zur Ueberfahrt nach Spanien bedienen sollten, sollten nach der geschlossenen Uebereinkunft binnen funfzig Tagen ausgerüstet sein und segelfertig in jenem Hafen liegen, den die Meuterer hierzu ausersehen hatten. Indessen fand die Herstellung und Verproviantirung so bedeutende Hindernisse, daß der gesetzte Termin überschritten wurde, und als das Geschwader nach dem Hafen in dem Gebiete Behechio's, wo die Rebellen seiner harrten, unter Segel gegangen war, erlitt es durch widrige Winde während seiner Küstenfahrt so bedeutende Beschädigungen, daß es zu einer Reise beinahe nicht mehr die Tauglichkeit besaß.

Roldan's Anhang, der es inzwischen in Ueberlegung gezogen hatte, daß ein freies ungebundenes Leben auf der Insel der Rückkehr nach Spanien vorzuziehen sei, nahm das späte Eintreffen der Schiffe an ihrem Bestimmungsorte und den baufälligen Zustand derselben zu einem willkommenen Vorwande, der eingegangenen Uebereinkunft nicht nachzukommen. Die Mißvergnügten behaupteten, daß Columbus die Schiffe absichtlich so spät und mit so wenig entsprechender Ausrüstung herbeigesandt habe, und erklärten sich durch den mit dem Admirale abgeschlossenen Vertrage ferner nicht mehr gebunden.

Leicht ist es, sich den Schmerz vorzustellen, den der strebende Geist Columbens empfinden mußte, als er auf diese Weise seine Pläne für das Wohl seiner geliebten Insel wiederholt und abermals von nichtswürdigen Abentheuern durchkreuzt sah.

Nichtsdestoweniger mußte er sich bei den gegenwärtigen drängenden Umständen, wo jeder Augenblick der Fortdauer eines so zerrütteten Zustandes der inneren Angelegenheiten den gänzlichen Untergang der Colonie zur Folge haben konnte, möglichst bald entschließen, neue Unterhandlungen mit Roldan zu beginnen.

Die Anforderungen desselben waren wo möglich noch unverschämter, als jene, über welche man bereits übereingekommen war.

Roldan verlangte außer den früher bereits zugestandenen Bedingungen, daß diejenigen von seinen Spießgesellen, welche auf Haiti bleiben wollten, Ländereien zur Ansiedelung bekommen sollten. Es sollte öffentlich erklärt werden, daß alle wider die Mißvergnügten geführten Klagen und Beschwerden als falsch und nichtig befunden worden seien; endlich sollte Roldan in sein Amt als Oberrichter feierlich wieder eingesetzt werden.

Außerdem wollten sich die Mißvergnügten das Recht vorbehalten wissen, falls einer der Vertragspunkte verabsäumt würde, sich zu versammeln, und dessen Erfüllung mit Gewalt durchzusetzen.

Roldan's kühne Anforderungen erhielten durch einen Umstand noch mehr Gewicht.

Wie sich der Leser erinnern mag, hatte der Admiral nach seiner Abreise von Spanien sein in sechs Schiffen bestehendes Geschwader auf der Höhe von Ferro getheilt, und drei Fahrzeuge beordert, gerade westwärts nach Hispaniola zu segeln, während er selbst mit den drei übrigen seinen Cours südwärts nahm. Jene drei Segel waren durch widrige Winde und Strömungen dergestalt von ihrem Laufe abgekommen, daß sie erst nach der Ankunft Columbens zu San Domingo zum Unglücke gerade an den Küsten jener Gegenden Haiti's landeten, in welchen Roldan und seine Anhänger ihr Wesen trieben.

Roldan verbarg Anfangs seine gesetzlose Stellung gegen die Capitaine der Schiffe, und seiner Hinterlist gelang es leicht, einen Theil der Schiffsmannschaft auf seine Seite zu bringen, welche, wie es erinnerlich sein wird, aus dem Auswurf der spanischen Nation, — aus deportirten Verbrechern bestand. Diese zogen es vor, mit den gesetzlosen Spießgesellen Roldan's ein freies ungezügeltes Leben zu führen, und mochten sich nicht nach San Domingo begeben, wo sie nach den Schilderungen der Mißvergnügten schmale Bissen und schwere Arbeiten finden würden. Viele von den neuen Ankömmlingen gesellten sich mit Freuden den Banden der Empörer zu.

Hierdurch erhielt Roldan eine nicht unbedeutende Verstärkung von verzweifelten Streitkräften, und die übel berechnete Maßregel, die neue Welt mit Verbrechern colonisiren zu wollen, rächte sich hier zum ersten Male an Columbus, der sie unbedachter Weise selbst in Vorschlag gebracht hatte.

So empörend und erniedrigend also auch die Bedingungen der Rebellen waren, dem Admiral blieb keine Wahl; ihm mangelten die nöthigen Mittel, um sein gesetzliches Ansehen geltend zu machen, er war daher gezwungen, die gedachten Bedingungen zuzugestehen. Ueberdieß achtete er kein Opfer zu groß, um die lange vermißte öffentliche Ruhe und Ordnung wiederherzustellen. Zu seiner Beruhigung jedoch bewilligte er Alles nur provisorisch und erst durch die Bestätigung der spanischen Majestäten sollte der von ihm gezwungener Weise eingegangene Vertrag in volle Kraft treten.

Columbus schrieb daher an die Regenten und sandte zwei der redlichsten Männer nach Spanien, um dort eine Schilderung der wahren Zustände der Colonie abzugeben, denn er wußte wohl, daß die Zerrüttungen auf Haiti von seinen Feinden ihm würden zur Last gelegt werden.

Er schrieb den Souverainen, daß die Verwirrungen der Colonie hauptsächlich von seinem lang verzögerten Aufenthalte in Spanien herrührten, während dessen er außer Stande gewesen sei, die unruhigen Köpfe der Ansiedler durch ein angemessenes Regiment niederzuhalten. Zugleich theilte er die Art und Weise nach Hofe mit, wie den langwierigen Unruhen ein Ende gemacht worden sei, und sprach seine Ueberzeugung aus, daß die Regenten an die mit Roldan getroffene Uebereinkunft nicht gebunden seien, indem diese eine erzwungene war. Endlich stellte Columbus noch das Ansuchen, daß ein redlicher und umsichtiger Mann nach Hispaniola geschickt werden möge, welcher ihm als Oberrichter in seinen schwierigen Verhältnissen thätigen Beistand leisten könne.

Mit den Schiffen, welche diese Depeschen nach Spanien brachten, kehrten auch viele der mißvergnügten Colonisten in die Heimath zurück, so daß allmälig der Zustand der Dinge auf der Insel in das Geleise der Ordnung zurückzukehren begann, und selbst Roldan, der an weiterer Unordnung kein Interesse hatte, da seine ausschweifendsten Forderungen befriedigt waren, seine früheren Vergehungen durch ein gesetzliches Betragen wieder gut zu machen suchte.

Obgleich die Mißvergnügten, an deren Spitze Roldan nun aber nicht mehr stand, es nochmals versuchten, das Panier der Widersetzlichkeit aufzupflanzen, so wurde ein jeder weitere Anlaß zu Unordnungen von dem Admiral mit exemplarischer Strenge unterdrückt, und es begannen allmälig die Segnungen des Friedens über den glücklichen Boden Haiti's sich zu verbreiten.

Die Eingebornen beugten sich mit stummem Gehorsam der Botmäßigkeit der Weißen, da sie die Unmöglichkeit einsahen, sich derselben zu entschlagen. Es wurden Felder bebauet, ergiebige Goldminen kamen allmälig in den Gang, alles war auf dem Wege der Ordnung, so daß das Heil der Civilisation sich endlich auch auf die Eingeborenen zu verbreiten anfing, welche die Sitten und die Religion ihrer Sieger anzunehmen begannen.

In dem segensreichen Wirken, das nunmehr die Thätigkeit Columbens in Anspruch nahm, ließ dieser den europäischen Horizont gänzlich aus den Augen, und ahnte es nicht, welch ein furchtbares Gewitter sich an demselben zusammenzog, dessen Donnerkeile ihn unversehens schwer treffen sollten.

Neunzehntes Kapitel.

Intriguen gegen Columbus am spanischen Hofe. — Absendung Bobadilla's zur Untersuchung der Angelegenheiten von Haiti. — Dessen Benehmen auf der Insel. — Columbus und seine Brüder werden in Ketten nach Spanien gesendet.

Während Columbus sich beschäftigte, Ruhe und Ordnung auf Haiti herzustellen, waren seine zahlreichen Feinde in Spanien nicht unthätig, um ihre Minen gegen ihn springen zu lassen.

Die von Zeit zu Zeit sich wiederholende Ankunft von Schiffen, welche, mit getäuschten Abentheurern an Bord, in Spanien anlangten, gab willkommne Veranlassung, die Klagen der getäuschten Colonisten, die in der neuen Welt ein überschwengliches Glück erwartet hatten, zum Nachtheil des Admirals aufzugreifen.

Man legte das Mißvergnügen der Ankömmlinge der schlechten Verwaltung so wie der Härte Columbens und seiner Brüder zur Last, während sich sehr natürlich die Unzufriedenen bemühten, um ihre eigenen Vergehungen zu bemänteln, das Betragen des Admirals in dem schlechtesten Lichte darzustellen.

Man beschuldigte Columben einer unmäßigen Strenge, während er doch von Natur aus sich zur Mäßigung hinneigte uud härtere Maßregeln nur in Folge der Halsstarrigkeit der Empörer ergriffen hatte. Man behauptete, als einem Ausländer könne Columben an dem Ruhme und dem Ansehen der spanischen Krone unmöglich viel gelegen sein, und dieser suche lediglich seinen eigenen Vortheil zu verwahren, ja sogar sich von Spanien unabhängig zu machen und eine selbstständige Herrschaft über alle von ihm entdeckten Länder zu gewinnen.

Obgleich nun Columbus bereits öfters Beweise der treuesten Anhänglichkeit an das spanische Interesse geliefert hatte, so war es doch kein Wunder, daß derlei stets wiederholte Einflüsterungen auf die Gesinnung des Königs Ferdinand, der sich von Natur aus zum Mißtrauen hinneigte, nicht ohne Einfluß blieben. Die Feinde Columbens hatten freies Spiel, während dieser nicht persönlich erscheinen und sich rechtfertigen konnte. Stets wiederholt, erhält auch eine Lüge allmählig ein gewisses Gepräge von Wahrheit, und die aus der Colonie zurückgekehrten Mißvergnügten, welche ihrer Klagen kein Ende wußten, trugen viel dazu bei, die Sache Columbens am Hofe in ein viel schwärzeres Licht zu stellen.

Schaarenweise umringten den König, wo er sich auch öffentlich zeigte, diese Auswürflinge der Ansiedlung, und schrieen wegen Vernachlässigung und rückständigen Soldes.

Der König bereuete es, eine so große Gewalt, wie sie nunmehr in den Händen des Admirals lag, einem Ausländer anvertrauet zu haben. Sein Verdruß hierüber stieg um so mehr, als die Colonie anstatt nach dem anfänglichen Versprechen Columbens eine unerschöpfliche Quelle von Reichthümern zu sein, bisher die Unterstützung des Mutterlandes in Anspruch genommen hatte, und dieser Umstand entweder mit den Schilderungen von dem Reichthume der neuen Welt im Widerspruche stand, oder auf eine schlechte Verwaltung derselben schließen ließ.

Der König dachte daher daran, die den Händen des Admirals anvertraute Gewalt zurückzuziehen, und würde die Maßregeln hiezu sogleich in's Werk gesetzt haben, wenn nicht seine Gemahlin Isabella noch immer ein großes Vertrauen zu Columbus festgehalten hätte. Wenn ja in der Verwaltung der Insel Mißgriffe vorgefallen waren, so schrieb sie diese viel mehr dem Mangel an richtigem Urtheile als dem bösen Willen des Admirals zu. Columbus sandte zwar mit jedem nach Spanien zurückkehrenden Schiffe freimüthige schriftliche Aeußerungen über die Ursachen der Zerrüttungen der Colonie nach Hofe; allein diese brieflichen Botschaften kamen in viel zu langen Zeiträumen an, um eine dauernde Wirksamkeit zu äußern im Vergleiche mit der Geschäftigkeit von Columbens Feinden, die keinen Umstand unbenutzt ließen, um ihn zu seinem Nachtheile zu deuten.

So war auch allmählig in der Königin die Ueberzeugung wenn nicht von der Unwürdigkeit — doch von der Unfähigkeit des Admirals gewurzelt, die Angelegenheiten der Colonie zweckmäßig zu leiten, als ein Umstand eintrat, welcher unserem Helden die ohnedieß bereits schwankende Gunst seiner hohen Gönnerin plötzlich entzog, und dieselbe zu der Maßregel die Einwilligung geben ließ, einen Mann mit den unbeschränktesten Vollmachten nach Hispaniola zu senden, um das

Betragen und die Verwaltung Columbens und seiner Brüder einer Untersuchung zu unterziehen.

Es kamen nämlich diejenigen Fahrzeuge in Spanien an, welche neben den verworfenen Spießgesellen Roldan's auch jene Indianer an Bord hatten, die Columbus vermöge der abgeschlossenen Uebereinkunft ihnen als Sclaven hatte mitgeben müssen. Ein anderer Theil der unglücklichen Eingeborenen von Haiti, welche bei dieser Gelegenheit nach Europa kamen, war heimlich fortgeschleppt worden.

Die Königin war über das Gewaltthätige dieser Handlung empört, und Columbens Feinde ermangelten nicht, es ganz auf dessen Rechnung zu setzen; da übrigens der Admiral zu seinem Unglücke in einem seiner jüngsten Schreiben gegen den erklärten Willen der Königin angerathen hatte, zum bessern Gedeihen der Colonie die Sclaverei der Eingeborenen noch einige Zeit hindurch fortdauern zu lassen, so wandte sich die Gunst seiner königlichen Gebieterin für diesen Angenblick gänzlich von ihm, und Isabella willigte ein, die Zustände und die Verwaltung Haiti's durch einen königlichen Commissair untersuchen zu lassen.

Obgleich mit den letzterwähnten Schiffen zwei Männer herübergekommen waren, von Columbus abgesandt, um eine wahrhaftige Schilderung von den Verwirrungen der Ansiedelung zu geben, so fanden diese doch wenig

Gehör und Glauben, da mit ihnen zugleich die Genossen Roldan's und daher Zeugen angekommen waren, die das ganze Gift ihrer Verläumdung über das schuldlose Haupt des Admirals ausgossen.

Mit Begierde griff Ferdinand das in dem Schreiben Columbens wiederholt ausgesprochene Verlangen auf, einen Mann als unpartheiischen Richter nach San Domingo zu schicken, welcher die Zustände der Colonie erheben sollte. Der König beschloß, diese Gelegenheit wahrzunehmen, um die Gewalt, die den Händen des Admirals anvertraut worden, und die bei der täglich mehr hervortretenden Wichtigkeit der neuen Welt bedenklich zu werden begann, wieder zurückzunehmen. Er bekleidete Don Franzisco de Bobadilla, einen Mann, der im Hofstaate angestellt gewesen war, und der von gleichzeitigen Schriftstellern als ein beschränkter, leidenschaftlicher und ehrgeiziger Mensch geschildert ward, mit der Vollmacht, die Verwaltung des Admirals zu untersuchen, mit dem Auftrage, im Falle Columbus schuldig befunden würde, sogleich in dessen Stelle und Würden zu treten, und die Zügel der Regierung selbst zu ergreifen. Bei genauer Erwägung ein sehr sonderbares Mittel, um die Unpartheilichkeit eines Untersuchungsrichters zu sichern.

Columbus befand sich gerade auf dem Fort Conception, um das wiederholte Aufflackern der Flamme der Widersetzlichkeit gänzlich zu dämpfen, als sich am Morgen des drei und zwanzigsten August 1500 zwei Caravellen am Eingange des Hafens von San Domingo sehen ließen, augenscheinlich wartend, bis ihnen ein günstiger Wind gestatten würde, in die Bucht einzulaufen.

Don Diego, welcher während der Abwesenheit des Admirals das Commando auf San Domingo führte, sandte unverzüglich ein Canoe hinaus, um zu erfahren, was die Schiffe Neues brächten. Er hielt die Fahrzeuge für Vorrathsschiffe aus Spanien. Bobadilla selbst, denn das Geschwader desselben war es, welches auf der Höhe von Haiti kreuzte, gab vom Decke des Hauptschiffes auf die Erkundigung des Canoes die Antwort, er sei ein königlicher Commissair, und mit der Bestimmung an der Insel angekommen, die neuesten Unordnungen der Colonie zu untersuchen.

Kaum wurde dieß in der Niederlassung ruchbar, als eine Menge Boote und Canoes sich in Bewegung setzten, um viele Ansiedler an Bord des Schiffes zu bringen. Denn man war im Voraus geneigt, sich der Gunst und Gnade des königlichen Bevollmächtigten zu versichern.

Bobadilla fand Gelegenheit, von seinen Besuchern Erkundigungen über die jüngsten Zustände der Colonie einzuziehen, faßte aber alle Nachrichten, welche er erhielt, äußerst befangen auf, und zeigte sich, wie es sowol in seinem Charakter, als auch in der Natur der ihm übertragenen Vollmacht lag, im Voraus äußerst eingenommen gegen Columben. Man benachrichtigte Bobadilla von den mit den Aufrührern kürzlich abgeschlossenen Uebereinkünften; man erzählte ihm, daß sieben von diesen Rebellen in dieser Woche gehängt worden seien, und fünf andere in dem Gefängnisse von San Domingo säßen, die demselben Schicksale aufbehalten seien. Als Bobadilla in den Hafen einlief, sah er an beiden Flußufern Galgen mit den Leichnamen der anscheinend erst kürzlich hingerichteten Verbrecher.

Ohne zu untersuchen, ob diese strengen Maßregeln von Columben blos im Drange gebieterischer Umstände in Anordnung gebracht worden seien oder nicht, nahm Bobadilla die gehörten und gesehenen Thatsachen für hinlängliche Beweise von der Grausamkeit des Admirals, ohne sich weiter die Mühe zu geben, die Beweggründe Columbens bei einem Schritte von so exemplarischer Strenge näher zu würdigen. In den Augen Bobadilla's war die Schuld des Admirals durch so augenfällige Thatsachen um so mehr erwiesen, als viele von den mit der Verwaltung Columbens unzufriedenen Ansiedlern bemüht waren, alle möglichen Umstände zum Nachtheil unseres Helden vorzubringen, und den ohnedieß von Vorurtheilen befangenen Kopf des königlichen Commissairs gegen den Admiral einzunehmen wußten, bevor er noch an das Land gegangen war. Bobadilla hegte die Ueberzeugung von der sträflichen Verwaltung Columbens um so lieber, da er, im Falle dieser schuldig befunden wurde, sein Nachfolger in Macht und Ansehen zu werden das Recht hatte; denn der Art war Bobadilla's königliche Bestallung.

Bevor derselbe also noch einen Fuß an das Land gesetzt hatte, war er über seine Sendung im Klaren; ohne eine weitere Untersuchung für nöthig zu halten, achtete er die Schuld des Admirals außer allem Zweifel, und beschloß, hiernach auch sein Verfahren einzurichten.

Als er am folgenden Morgen an das Land gegangen war, ließ Bobadilla, nachdem er dem Gottesdienste beigewohnt hatte, in Gegenwart eines ansehnlichen Volkshaufens und der vornehmsten königlichen Beamten jenes königliche Schreiben vorlesen, durch welches er ermächtigt wurde, die jüngst vorgefallenen Unruhen zu untersuchen und die Verbrecher zur Strafe zu ziehen. Der Admiral, so wie alle übrigen königlichen Behörden waren hierin angewiesen, dem Commissair mit Rath und That, so wie mit allem möglichen Beistande zu unterstützen.

In Kraft dieses königlichen Mandates nun verlangte Bobadilla die Auslieferung derjenigen Verbrecher, welche, wie er in Erfahrung gebracht hatte, in dem Gefängnisse von San Domingo der über sie verhängten Strafe entgegenharrten.

Don Diego erklärte auf diese Forderung, daß er ohne die Erlaubniß seines Bruders derselben nicht Genüge leisten könne, daß die Prozesse der Verbrecher auf Anordnung des Admirals eingeleitet worden seien, welcher hierin ohne Zweifel eine höhere Machtvollkommenheit besitze, als Bobadillo. Außerdem erbat sich Don Diego eine Abschrift der königlichen Vollmacht.

Der Commissär verweigerte solches jedoch unter dem Vorwande, daß, wenn Don Diego ohne die Zustimmung seines Bruders Nichts thun könne, jede weitere Mittheilung des Schreibens der Souveraine ohnedieß überflüssig sei. Er fügte hinzu, da das Amt und die Gewalt, in welcher er sich nun gezeigt, kein Gewicht zu haben scheine, so wolle er versuchen, was der Titel und die Macht eines Gouverneurs vermöge, indem er überhaupt zu zeigen beabsichtige, daß er über Alle, auch über den Admiral zu gebieten habe.

Hierauf entfernte sich Bobadilla, indem er die versammelte Gemeinde in der höchsten Spannung verließ, fest entschlossen, jenen Grad von Machtvollkommenheit in Ausübung zu bringen, welchen er nur im Falle der überwiesenen Schuld des Admirals sich aneignen sollte.

Des folgenden Morgens ließ Bobadilla nach der Messe, der er beigewohnt hatte, dasjenige königliche

Mandat vorlesen, in welchem ihm das Gouvernement der Inseln und des Festlandes übertragen wurde, nahm hierauf den üblichen Eid von den Colonisten ab und forderte nunmehr Don Diego und alle Anwesenden abermals auf, kraft der eben kundgemachten Vollmacht die erwähnten Gefangenen in seinen Gewahrsam zu überliefern. Man entgegnete, daß, mit aller Ehrfurcht gegen das Schreiben der Souveraine gesprochen, die dem Admirale als einem Vicekönig eingeräumten Vollmachten von einer viel höhern Art seien, als die Bobadilla's, daß man daher ohne Columbens Zustimmung in dieser Sache Nichts thun könne.

Bei dieser beharrlichen Widersetzlichkeit entbrannte der Eigendünkel des königlichen Commissairs, besonders da er sah, daß die Weigerung auf das Volk einigen Eindruck zu machen schien und dieses an seiner Auctorität zu zweifeln begann. Er verlas deshalb ein drittes Mandat, welches den Befehl enthielt, Columbus solle an Bobadilla alle Festungen, Schiffe und sämmtliches königliche Eigenthum übergehen. Um sich unter den Colonisten Anhänger zu verschaffen, ließ er verkündigen, daß nach dem Befehle der Souveraine einem Jeden der etwa rückständige Sold ganz ausbezahlt werden solle.

Diese letztere Nachricht insbesondere wurde von der Menge mit Jauchzen aufgenommen und veranlaßte es, daß Bobadilla in der Gunst des Pöbels sich schnell festsetzte.

Wiederholt verlangte er nun die Auslieferung der Gefangenen, welche um so weniger einen Aufschub leide, als dieselben zum Tode verurtheilt seien und jeden Augenblick gerichtet werden könnten. Im Falle einer abermaligen Weigerung drohte er, sie mit Gewalt wegzunehmen. Da ihm hierauf nur die anfängliche Antwort gegeben wurde, so erschien er mit einem Schwarme des ihm bereits sehr ergebenen Pöbels vor dem Fort, bereit, seine Drohung in Ausübung zu bringen. Auf die Aufforderung zur Uebergabe der Gefangenen erklärte der Commandant, daß er die Festung im Namen Ihrer Spanischen Majestäten auf Befehl des Admirals inne habe, der diese Länder zu Gunsten der Krone Spaniens in Besitz genommen, und daß er das Fort nur auf Befehl Columbens übergeben werde.

Bobadilla's Zorn entbrannte bei dieser Weigerung des Commandanten; er gab das Zeichen zum Angriffe und wüthend stürmte der Pöbel die verlassene und unvertheidigte Festung, um die verurtheilten Gefangenen zu befreien. Der Commandant stand mit gezogenem Schwerte allein auf den Zinnen der Festung, ohne Widerstand zu leisten, während Bobadilla selbst den Angriff auf das Hauptthor anführte, und Andere Leitern herbeibrachten, um die Mauern zu ersteigen. Es

war etwas Lächerliches in diesem Auftritte, als Boba=
dilla mit seinem Anhange einen Platz mit Waffenge=
walt zu nehmen suchte, wo auch nicht ein einziger
Mann der Besatzung zurückgeblieben war, um ihm
Widerstand zu leisten.

Es gelang dem Pöbelschwarm leicht, sich in den
Besitz der Forts zu setzen, dessen Werke schwach und
lediglich geeignet waren, nackten Wilden zu widerste=
hen. Bobadilla betrat wie im Triumphe die Festung,
und fand die Gefangenen in einem der Gemächer in
Ketten.

Dieß war der Anfang der Verwaltung Bobadilla's,
welcher Anmaßung und Uebereilung in eben dem Maße
gezeigt, als er seine Vollmachten und Aufträge über=
schritten hatte. Zwar waren ihm allerdings von den
Souverainen alle die Beglaubigungsschreiben, die er
hatte kundmachen lassen, aber nur für den Fall er=
theilt worden, als man dem Admiral Etwas würde
zur Last legen können. Ohne zu untersuchen war er
den Eingebungen des Augenblickes gefolgt, und nahm
Columbens Schuld und Strafbarkeit um so lieber als
erwiesen an, da der ihm inwohnende Ehrgeiz ihn an=
spornte, die Zügel der Regierung der neuen Welt zu
ergreifen, und sich dadurch in den Besitz eines ausge=
dehnten Wirkungskreises zu setzen.

Bald war das Gerücht von der Ankunft eines neuen

Gouverneurs, welcher mit unbegrenzter Machtvollkommenheit schaltete und waltete, auch auf dem Fort Conception angelangt, wo Columbus mit der Wiederherstellung der Ordnung beschäftigt war.

Da bereits einige Male an den Küsten von Haiti Privaterpeditionen angekommen waren und das Land verschiedenartig beunruhigt hatten, so glaubte der Admiral, das Gerücht beruhe auf einer abermaligen hiedurch herbeigeführten Störung; denn da die Feinde Columbens die spanischen Regenten bewogen hatten, die Schifffahrt nach den neu entdeckten Ländern, ungeachtet der Privilegien des Admirals, an Privatunternehmer frei zu geben, so mußte man einer beständigen Störung der Angelegenheiten der Colonie von Seite derlei rücksichtsloser Abentheurer gewärtig sein, besonders, da keine bedeutende Kriegsmacht zur See in den westindischen Stationen unterhalten wurde.

Deshalb getröstete sich der Admiral, die von Bobadillo in San Domingo gethanen Schritte seien lediglich Excesse eines Privatabentheurers, um so mehr als derselbe sich der Feste und der Zügel der Verwaltung mit Gewalt bemächtigt hatte. Dann griff in Columben die Vermuthung Platz, der angekommene Commissair sei jener unpartheiische und mit Rechtskenntnissen ausgerüstete Mann, welchen er in seinen Briefen nach Hofe zu wiederholten Malen verlangt hatte, um in der Verwaltung der Insel Jemanden als Oberrichter zur Seite zu haben. Die unternommenen Gewaltschritte seien lediglich Ueberschreitungen seiner Vollmachten.

Denn Columbus konnte sich von der Möglichkeit nicht überreden, daß die Souveraine ihm seine Privilegien und Rechte, die ihm mit allen in einer Urkunde nur möglichen Förmlichkeiten zugesichert worden waren, so plötzlich und ohne Grund wegnehmen wollten. Und doch beobachtete Bobadilla, wie der Ruf bezeugte, in jedem einzelnen von ihm unternommenen Schritte eine Sicherheit und Festigkeit, die mit der Art und Weise seines Handelns im Widerspruche schien.

Aus diesem Grunde befand sich Columbus in einer peinlichen Verlegenheit. Er wußte nicht, wie weit die Vollmachten Bobadilla's reichten, in wie fern sein Thun ein von der Krone autorisirtes sei, oder nicht; denn er achtete es außer dem Bereiche der Möglichkeit, daß man den Entdecker einer Welt, welcher sich überdieß nicht das mindeste Gesetzwidrige hatte zu Schulden kommen lassen, der Art herabsetzen werde, um ohne Untersuchung ihn aller seiner wohlerworbenen Rechte zu berauben.

Während Columbus von solchen Zweifeln gequält wurde und über den fernern Weg seines Handelns mit sich uneinig blieb, erließ Bobadilla eine Aufforderung an denselben, vor ihm zu erscheinen.

Columbus zögerte; er wußte nicht, was er thun sollte, es lag ihm vorzüglich daran, Zeit zu gewinnen; denn sollten die Souveraine ja so harte Maßregeln über ihn beschlossen haben, als der königliche Commissair sie in Ausführung brachte, so konnte der geringste Zeitraum hinreichen, um seine Unschuld klar an den Tag zu bringen.

Deshalb schrieb der Admiral an Bobadilla, ermahnte ihn von jeder Uebereilung abzulassen, und theilte ihm mit, er beabsichtige nach Spanien zu gehen und ihn im Commando der Insel zurückzulassen. Uebrigens, schrieb er, befremdeten ihn die Schritte Bobadilla's, da er, Columbus, in der Eigenschaft eines Vicekönigs der neuen Welt Vollmachten viel höherer Gattung besitze, als ein königlicher Commissair.

Der Brief des Admirals wurde keiner Antwort gewürdigt, wohl aber demselben ein Bote entgegengesandt, welcher ihm dasjenige Schreiben der Souveraine überbrachte, worin diese Columben befahlen, alle Festungen und Schiffe, so wie alles andere Staatseigenthum an Bobadilla auszuliefern. Dieser fügte eine lakonische schriftliche Vorladung bei. Columbus, durch die Einsicht des Mandates über die Willensmeinung der spanischen Majestäten versichert, säumte nun nicht länger, der Aufforderung des königlichen Commissairs Genüge zu thun und sich nach San Domingo zu begeben.

Denn wie sehr ihn auch die Verfügung der Regenten überraschte, wie wenig er sich auch bewußt war, zu einem so harten Verfahren Anlaß gegeben zu haben, so ging ihm ein unbedingter Gehorsam gegen seine Herrscher doch über Alles.

Kaum hatte Bobadilla die Ankunft Columbens zu San Domingo in Erfahrung gebracht, als er den Befehl gab, ihn in Fesseln zu legen und einzukerkern, nachdem der Bruder des Admirals, Diego, bereits dasselbe Schicksal erfahren hatte.

Das Unerhörte dieser Maßregel machte selbst Eindruck auf den großen Haufen der verhärteten Colonisten, welche zum Theil aus Gewohnheit Ehrfurcht gegen die Person des Admirals hegten, zum Theil ihr natürliches Mitgefühl bei dem außerordentlichen Glückswechsel eines so verdienten Mannes nicht zu unterdrücken vermochten. Bobadilla indessen hatte gleich bei seiner Ankunft so gehandelt, als ob Columbus ein überwiesener Verbrecher wäre, den abzusetzen er abgesandt worden sei; es blieb ihm also Nichts übrig, als Consequenz in seinem Verfahren zu entwickeln. Vom Sturze des Admirals hing seine Aufrechthaltung ab.

Jedermann schauderte zurück, als die Ketten ge=

bracht wurden, um sie einer Person von so ehrwürdiger Erscheinung und so hohen Verdiensten anzulegen, wie Columben. Niemand wollte sich zu dieser Verrichtung hergeben. Um das Maß des Undanks und der Kränkung zu füllen, war es einer seiner eigenen Diener, welcher sich hierzu gebrauchen ließ, und seinem Herrn und Wohlthäter die Fesseln mit so viel Behaglichkeit anlegte, als ob er denselben mit einer ausgesuchten Speise bediene. Denn der schändliche, alles Gefühl verläugnende Diener war Espinosa, des Admirals Koch. Hierauf legte Bobadilla Beschlag auf das Eigenthum Columbens, nahm Besitz von seiner Wohnung und von Allem dem, was er darinnen an Geräthschaften, Büchern und Handschriften, Gold und Juwelen vorfand. Selbst seiner geheimsten Papiere bemächtigte er sich, so wie auch vieler Effekten und Schriften, welche ein Eigenthum des Staates bildeten.

Columbens Betragen bei der auf ihn gehäuften Schmach war seines großen Geistes wahrhaft würdig. Nicht durch Klagen erniedrigte er sich, noch weniger fand er es am Platze, dem Commissair Vorstellungen wegen seines Verfahrens zu machen. Stumm ertrug er das ihm angethane Unrecht; mit einer edlen Verachtung sah er über Bobadilla, als ein verächtliches Werkzeug, hinweg; sein Blick fiel allein auf die Monarchen, welche sich desselben bedient hatten, und er war überzeugt, daß eine Zeit kommen werde, wo man über den Schimpf werde erröthen müssen, den man dem Entdecker einer Welt angethan.

Bobadilla hatte nunmehr zwar den Admiral und dessen Bruder Diego in seiner Gewalt, allein noch stand der Adelantado in dem Gebiete des Kaziken Behechio an der Spitze einer ziemlich zahlreichen bewaffneten Macht. Da er viel zu feige war, um sich dem bekanntlich sehr entschlossenen und thatkräftigen Adelantado entgegenzustellen, so verlangte Bobadilla von Columben, er solle seinem Bruder befehlen, das Commando niederzulegen und sich in San Domingo vor dem Richter zu stellen. Bartholomäus gehorchte und wurde alsbald, wie er sich in der Niederlassung sehen ließ, in Ketten geworfen und auf ein Schiff gebracht.

Die drei Brüder wurden auf das strengste von einander getrennt erhalten. Keiner wußte um den Andern. Keiner kannte den Grund seiner Verhaftung, Keiner hörte die Beschwerden und Anschuldigungen, die man gegen ihn erhoben hatte.

Indeß war Bobadilla bemüht, so viel Thatsachen als möglich zu sammeln, welche als Beweise wider Columbus dienen sollten. Alle jene Auftritte, wie sie zu den Zeiten Aguado's vorgefallen waren, erneuerten sich. Der Commissair schenkte einem Jeden geneigtes Gehör, welcher sich über Beschwerden oder Unbilden zu beklagen strebte. Jeder Umstand gegen den Admiral, mochte derselbe auch noch so geringe Wahrscheinlichkeit besitzen, war ihm willkommen. Deshalb begünstigte er auch Roldan und seine Anhänger, zu deren Untersuchung und Bestrafung er eigentlich gekommen war da diesen am meisten daran gelegen sein mußte, ihre eigene verbrecherische Handlungsweise zu rechtfertigen, und selbe als eine gerechte Vertheidigung gegen die angebliche Willkür und Tyrannei des Admirals und seiner Brüder erscheinen zu lassen. Viele jener weißen, blos mit der königlichen Unterschrift versehenen Papiere, welche Bobadilla vor seiner Abreise aus Spanien zum einstigen Gebrauche erhalten hatte, wurden nun mit Artigkeiten und Schmeicheleien gegen Roldan gefüllt, und die aus der Gefangenschaft befreiten Verbrecher erhielten sämmtlich Gnade und volle Verzeihung, da ihr früherer Widerstand gegen die gesetzliche Auctorität Columbens nunmehr als ein muthiger und treuer Widerstand gegen dessen über die Spanier und die Eingeborenen verhängtes Joch betrachtet wurde.

Als Bobadilla der Zeugnisse genug gegen Columbus gesammelt zu haben glaubte, beschloß er, um sich seine Statthalterschaft zu sichern, denselben sammt seinen Brüdern in Ketten nach Spanien zu schicken.

Bei der Härte und Leidenschaftlichkeit, mit welcher

Bobadilla bisher gegen ihn verfahren war, wußte der Admiral nicht, wie weit es die Willkür desselben wohl treiben werde, und achtete sein Leben nur wenig gesichert. Als daher die Schiffe zur Abfahrt nach Spanien gerüstet waren, und Alonzo von Villejo den Auftrag erhalten hatte, den Admiral sammt seinen Brüdern nach Spanien zu führen, fand derselbe Columben in einem Zustande stummer Muthlosigkeit.

Als dieser Villejo mit der Wache in das Kerkergemach eintreten sah, glaubte er, man wolle ihn auf das Schaffot führen. „Villejo," sprach er traurig, „wohin wollt Ihr mich abholen?"

„Auf das Schiff, um abzusegeln, Eure Excellenz!" entgegnete der Gefragte.

„Abzusegeln?" versetzte Columbus. „Villejo! sprecht Ihr die Wahrheit?"

„Bei Euer Excellenz Leben," antwortete der Beamte, „es ist wahr!"

Bei diesen Worten schien der Admiral vom Tode gleichsam zum Leben zurückzukehren, nicht als ob er den Tod so sehr gefürchtet hätte; nein, sondern der Admiral fürchtete blos fern von seiner europäischen Heimath einem schwarzen Geschicke anheim zu fallen, ohne die Mittel gehabt zu haben, seinen Namen vorher vor der Schmach und dem Schimpfe zu reinigen, den man über ihn ausgegossen hatte. Nunmehr er nach Spanien abreisen sollte, hielt er sich an der sichern Hoffnung aufrecht, daß seine augenblickliche Demüthigung eine baldige Endschaft erreichen müsse. Obgleich Villejo, welcher die Ueberfahrt Columbens und seiner Brüder besorgte, unter dem Schutze Fonseca's, eines Hauptfeindes des Admirals, stand, so war er doch weit entfernt, die Erniedrigung Columbens gut zu heißen, oder zu derselben noch beitragen zu wollen. Er entledigte sich vielmehr seines Auftrags in einer äußerst edlen Weise. Nachdem das Geschwader, Columben und seine Brüder als Gefangene am Bord, den Hafen von San Domingo — im Anfange des Oktobers 1500 — verlassen und die offene See erreicht hatte, nahte sich Villejo dem Admirale mit tiefer Ehrerbietung und bot sich an, ihm die Fesseln abzunehmen. Allein Columbus lehnte dieß ab und sprach stolz: „Nein. Ihre Majestäten befahlen mir, Bobadilla in Allem Folge zu leisten. Derselbe legte in ihrem Auftrage mir diese Ketten an, und ich will sie so lange tragen, bis sie selbst befehlen, daß sie mir abgenommen werden. Sodann aber will ich sie als Erinnerungszeichen aufbewahren, wie man meine Verdienste zu belohnen gewußt hat."

Zwanzigstes Kapitel.

Columbens Ankunft und Aufnahme in Spanien. — Bobadilla's Verwaltung. — Nicolas de Ovando wird zum Vicekönig der neuen Welt ernannt.

Die Ueberfahrt nach Europa war kurz und ohne einen widrigen Zufall. Die Schiffe landeten glücklich im Hafen von Cadix; aber ungeheuer war die Aufregung, mit welcher man die Nachricht aufnahm, Columbus, welcher der civilisirten Welt einen neuen Erdtheil aufgeschlossen hatte, sei in Ketten nach Spanien zurückgebracht worden. Je größer der Gegensatz war, der zwischen der Ankunft Columbens von seiner ersten Reise und seiner jetzigen Ankunft herrschte, desto lauter war der allgemeine Schrei des Unwillens, welcher bei der offenbar so schnöden Behandlung eines der ersten Männer seiner Zeit sowohl in Cadix, als in den benachbarten Seestädten und im ganzen gebildeten Europa ertönte. Niemand ging auf eine nähere Erörterung der Sache ein — es war genug daran, daß der Entdecker einer neuen Welt in Fesseln und Banden aus derselben zurückgekommen war. Das Rechtsgefühl des Volkes sprach laut für den Unterdrückten.

Columbens Feinde hatten ihrer Verfolgung gegen

ihn eine Ausdehnung gegeben, welche augenblicklich einen raschen Umschwung der öffentlichen Meinung hervorbrachte; denn selbst Diejenigen, welche jüngst noch laut genug gegen Columbus geschrieen hatten, äußerten jetzt ohne Hehl ihren Tadel über das Gewaltsame der in Anwendung gebrachten Maßregel, und ein allgemeines Mitgefühl regte sich für unsern schwer gekränkten Helden, eine Theilnahme, bei welcher die Regierung nicht gleichgültig sein konnte.

Das spanische Hoflager befand sich der Zeit in Granada.

Mit Staunen vernahm man die durch den Ruf bis hieher gedrungene Nachricht von der Art und Weise der Rückkehr des vormals so gefeierten Weltentdeckers, während sich die Stimme der Mißbilligung hierüber öffentlich vernehmen ließ.

Columbus hatte von Cadix aus an eine ihm bekannte Hofdame der Königin ein Schreiben gesandt, in welchem er die letzten Vorgänge auf Haiti, so wie auch das Empörende und Gewaltthätige der Maßregeln Bobadilla's umständlich auseinandersetzte. Auf diesem Wege gelangte die genauere Kenntniß des Vorgefallenen zuerst zu den Majestäten. Als die hochherzige Königin Isabella vernahm, wie sehr die ihm ertheilten Vollmachten zur Unterdrückung und Mißhandlung Columbens von Bobadilla mißbraucht worden waren, wurde sie von dem tiefsten Unwillen gegen diesen und dem regsten Mitgefühl für den Admiral ergriffen. Wie sehr auch Ferdinand im Geheimen mit dem Benehmen seines Bevollmächtigten zufrieden sein mochte, da Columbus seiner Privilegien und Würden nunmehr entkleidet war, was der König längst gewünscht hatte, weil er es, wie früher erwähnt, bereute, einem Ausländer so bedeutende Rechte eingeräumt zu haben, so konnte er doch nicht umhin, der Königin wenigstens in seinen Aeußerungen beizustimmen. Auch verlangte es die öffentliche Meinung, daß die Krone die Erklärung abgebe, der namenlose Schimpf, der schreiende Undank sei nicht mit ihrer Einwilligung auf dem Haupte Columbens gehäuft worden. Man fertigte deshalb einen königlichen Eilboten mit dem Befehle nach Cadix ab, Columben und seine Brüder sogleich in Freiheit zu setzen. Man erklärte öffentlich, wie sehr die Absichten der Herrscher den Gewaltschritten Bobadilla's fremd gewesen seien und sandte dem Admiral eine bedeutende Geldunterstützung nebst einem gnädigen Schreiben, in welchem man ihn nach Hofe einlud, ohne Bobadilla's Berichte und Beweise gegen denselben abzuwarten.

Columbus fügte sich dem Rufe und erschien am Hofe nicht wie ein angeklagter Verbrecher, sondern in einem seiner würdigen Aufzuge, mit einem bedeutenden

Ehrengefolge und mit der Miene der gekränkten, tief erniedrigten Unschuld, welche in Jeglichem Achtung und tiefes Mitgefühl rege machte. Die Majestäten empfingen den Ankömmling unverweilt in Gegenwart des gesammten Hofstaates mit ungewöhnlicher Gunst und Auszeichnung.

Es war ein Moment des tiefsten Eindruckes, als der schwer gekränkte Greis in den Audienzsaal trat. Seine edle, Achtung gebietende Gestalt, durch die Anstrengungen, denen er sich zur Erweiterung des menschlichen Wissenskreises und insbesondere zum Wohle Spaniens geweiht hatte, ohnedieß von der Zeit verfallen, war durch die zuletzt erlittene Mißhandlung tief herabgebracht und Spuren des Grames las man auf seinem Antlitze in deutlichen Zügen, so daß sich in allen Anwesenden Mitleid regte, die Rührung Isabellens sich aber sogar in Thränen aussprach.

Mannhaft hatte bisher Columbus alle Widerwärtigkeiten ertragen, stumm hatte er seinen letzten ungeheuren Glückswechsel erduldet und jedem Schicksalsschlage widerstanden, als er aber Thränen des Mitgefühls aus den Augen seiner Königin perlen sah, welche ihm galten, der ihm widerfahrenen gegen den Willen der Regenten erlittenen Schmach — da vermochte er seiner Bewegung nicht länger Meister zu bleiben. Er stürzte zu den Füßen der Majestäten und vermochte unter dem Sturme seiner Gefühle lange kein Wort hervorzubringen.

Endlich erholte er sich von seinem Gemüthsdrange und rechtfertigte sich in einer langen, kräftigen Rede auf das klarste und siegreichste gegen alle wider ihn vorgebrachten Anschuldigungen. Er bewies seinen Eifer und die Treue, mit welcher er stets das Interesse Spaniens gefördert hatte, und habe er jemals gefehlt, so sei dieß nicht aus Vorsatz, sondern lediglich aus Irrthum geschehen.

Der König und die Königin legten ihren Abscheu gegen das Verfahren Bobadilla's an den Tag und versprachen Columben nicht nur volle Wiedererstattung Alles dessen, was dieser ihm von seinem Eigenthume entzogen hatte, sondern auch Wiedereinsetzung in seine Rechte und Würden.

Auch war es der Königin mit diesen Verheißungen wirklich Ernst; allein Ferdinand dachte Anders. Ihm war es eine mächtige Erleichterung der in ihm gegen Columben bisher rege gewesenen Besorgnisse, daß dieser aus seinem Wirkungskreise entfernt worden war. Bei der täglich steigenden unabsehlichen Wichtigkeit der transatlantischen Entdeckungen hatte der König mit Bedauern, Mißtrauen und Eifersucht die großen Vollmachten betrachtet, welche Columben, als einem Ausländer, in der Würde eines Vicekönigs der neu ent=

deckten Länder zugestanden worden waren. Er kam sich hierin wie überlistet war, weil Columbus diese Privilegien noch vor der Unternehmung seiner ersten Entdeckungsreise in Anspruch genommen hatte. Hätte Ferdinand von einer später hervorgetretenen unermeßlichen Wichtigkeit der neuen Länder, welche freilich von Columbus erst aufgefunden werden wollten, zur Zeit der Abschließung des Traktats von Santa Fe, einen Begriff gehabt, so würde er wahrlich Anstand genommen haben, Columben so große Vorrechte einzuräumen, auf welche derselbe nun vertragsmäßig Anspruch zu machen berechtigt war.

Aus vorstehenden Gründen billigte der König im Herzen das Verfahren Bobadilla's, weil er in einem Ausländer niemals so viel Anhänglichkeit an das spanische Interesse vermuthete, als es bei so ausgedehnter Machtvollkommenheit erforderlich schien, wie sie Columben als Vicekönig der neuen Welt eingeräumt worden.

Ueberdieß meldeten sich seit der Freigebung der Schifffahrt in die westindischen Gewässer an Privatunternehmer eine Menge von Leuten, die sich ohne alle Belohnung anboten, das Gebiet der Krone Spaniens durch Entdeckungsreisen in den atlantischen Ocean zu erweitern, wenn man ihnen lediglich die Erlaubniß hiezu ertheilte. Ferdinand war also um so weniger geneigt, Columben jemals wieder in seine früheren Würden einzusetzen, als viele Andere dasselbe leisteten, wie der Admiral, ohne so große Belohnungen dafür zu fordern.

Er bedachte nicht, daß Columbus es gewesen, der so wie jeder andere große Mann, einer Menge von Nachtretern durch seinen umfassenden Geist die Bahn gebrochen habe, und daß seine Leistungen von einem ganz andern Standpunkte aus beurtheilt werden wollten.

Mit Schmerzen mußte es daher unser gefeierter Held erleben, daß ungeachtet der Versicherungen der Huld und Gnade von Seiten der Souveraine, ungeachtet der Versprechungen der Wiedereinsetzung in seine Würde und der Wiedererstattung seiner sämmtlichen Rechte — Nichts von Allem dem geschah.

Bobadilla wurde zwar seines Amtes augenblicklich entsetzt, allein vergebens erwartete Columbus, daß ihm das Gouvernement der neuen Welt wieder werde übertragen werden. Man wählte die Ausflucht, die Niederlassung wimmele noch von Feinden Columbens, welche im Falle seiner Rückkehr aus Erbitterung alle jene Auftritte erneuern würden, welche Veranlassung zu den jüngsten Erlebnissen gegeben hatten. Es sei nothwendig, vorerst einen gemäßigten, verständigen Mann nach Haiti zu senden, welcher die noch immer gährenden Parteien dort zur Ruhe bringe. Wäre der

Zustand der Dinge daselbst in ein festes Geleise zurückgekehrt, so würde die Einsetzung des Admirals in das Amt eines Vicekönigs fernerhin keinem Anstande unterliegen, worüber man sich erbot, außer der schon bestehenden noch anderweitige schriftliche Zusicherungen auszustellen. Nicolas de Ovando wurde ernannt, Bobadilla abzusetzen.

Ferdinands Absicht, Columben mit seinen Ansprüchen in eine ungewisse Ferne hinzuhalten, leuchtete nur zu deutlich hervor. Diesem aber blieb nichts Anderes übrig, als sich bei dem erwähnten Laufe der Dinge mit der Hoffnung auf seine spätere Wiedereinsetzung zufrieden zu stellen. Die Königin Isabella vermochte für Columben Nichts zu thun, da sie die Nothwendigkeit der von ihrem königlichen Gemahle ergriffenen Maßregel einzusehen glaubte, für den Augenblick einen andern Statthalter nach Haiti zu senden, welcher Ruhe und Ordnung daselbst herstellen sollte.

Der Mißgriff, den man gethan, als man Bobadilla zum Statthalter der neuen Welt ernannt hatte, trat in seinen Folgen nun erst recht lebendig hervor. Alle Nachrichten, welche von Haiti eintrafen, kamen darin überein, daß sich die Insel noch niemals in einem so bejammernswerthen Zustande befunden habe, wie damals.

Bobadilla, welcher den Admiral nach seiner Meinung an der Klippe eines allzustrengen Regiments hatte scheitern gesehen, beschloß, dem entgegengesetzten Princip zu huldigen, ließ die Zügel der Gesetze und der Sittlichkeit gänzlich locker und suchte die Menge durch jegliche Nachsicht zu seinen Gunsten zu stimmen. Kein Wunder, daß die nothwendige Rückwirkung dieser schwankenden Maßregeln eintrat und der schwache Statthalter binnen kurzer Zeit jeden Einfluß auf die Gemeinde verlor.

So üble Wirkungen, so heftige Zügellosigkeiten und Unordnungen hatte Bobadilla's Verwaltungsgrundsatz zur Folge, daß sich selbst viele von den Widersachern des Admirals bald nach der strengen, aber heilsamen Verwaltung Columbens und des Adelantado zurücksehnten.

Am schwersten jedoch wurden während der Amtführung Bobadilla's die unglücklichen Eingeborenen niedergedrückt. Mit Zulassung des Statthalters wurden sie als Sclaven behandelt und zu den schwersten Arbeiten in den Bergwerken und beim Feldbau verwendet; mit unerhörter Grausamkeit wurden sie zu rastlosen Anstrengungen angetrieben, so daß ihre für harte Arbeit untaugliche Körperbeschaffenheit nothwendig erliegen mußte. Sie wurden unter die spanischen Ansiedler vertheilt, welche eine grenzenlose Willkür gegen die unglückseligen Indianer, die eingeborenen Besitzer dieser Länder, ausübten. Kein Schutz des Gesetzes waltete über ihnen — kein Mitleid, keine Barmherzigkeit, wie sie milder Christensinn erfordert, übten die herzlosen Ansiedler gegen diese namenlos gepeinigten Stämme. Jeder schlechte Strauchdieb, den in Europa ein wohlverdientes Gefängniß am natürlichen Gebrauche seines Fußwerkes verhindert haben würde, fand es hier zu schlecht, sich der Maulthiere oder Pferde zu bedienen. Auf Reisen ließen sie sich in Sänften von den unglücklichen Eingeborenen umhertragen und achteten es nicht, wenn die der Arbeit ungewohnten Indianer unter ihrer Bürde matt und mit zerfleischten Schultern hinsanken. Andere mußten sie mit Palmblättern vor den Einwirkungen der Sonnenstrahlen verwahren, während noch Andere mit Federbüschen ihren Peinigern Kühlung zuzufächeln gezwungen wurden.

Die Vorräthe und Lebensmittel der Eingeborenen wurden, wenn man in ein Dorf kam, weggenommen, wo man sie fand, ohne daß man Achtung vor fremdem Eigenthume für nöthig fand; zum Ueberflusse mußten die Kaziken und ihre Unterthanen zum Vergnügen ihrer Tyrannen noch Tänze aufführen. Diese sprachen mit den Indianern blos in den herabwürdigendsten Ausdrücken und bestraften sie bei dem geringsten Vergehen oder wohl gar aus Laune mit den fürchterlichsten Schlägen, ja selbst mit dem Tode.

Die Unterdrückung ging soweit, daß sogar die Mütter das natürliche Gefühl für ihre Säuglinge erstickten und dieselben gleich bei der Geburt tödteten, um sie nicht einem Leben voll namenlosen Jammers auszusetzen.

Als diese unerhörten während Bobadilla's Verwaltung vorfallenden Mißbräuche zur Kenntniß der Königin gelangten, empörte sich ihr Gefühl gegen die längere Fortdauer derselben. Sie drang auf die unverzügliche Abreise Nicolas de Ovando's, des neuen Statthalters, und ertheilte ihm den Befehl, diese schreienden Ungerechtigkeiten unverzüglich abzustellen.

Obgleich dieß Verlangen von der Königin äußerst bringend ausgesprochen wurde, so konnte demselben doch nicht eher Genüge geleistet werden, als am dritten Februar 1502; denn die Ausrüstung des zahlreichen Geschwaders, an dessen Spitze Ovando nach der neuen Welt absegeln sollte, nahm zu viele Vorbereitungen in Anspruch, als daß der neue Statthalter hätte früher abreisen können.

Die Flotte, die man nunmehr nach Westindien absandte, war bei weitem die größte, welche man jemals dahin hatte abgehen lassen. Sie bestand aus dreißig Fahrzeugen verschiedener Größe, unter diesen fünf von neunzig bis einhundert fünfzig Tonnen Gehalt, mit mehr als zweitausend fünfhundert Personen.

Es war mit Vorbedacht dafür gesorgt worden, Ovando als den Repräsentanten der spanischen Krone mit Würde und dem möglichsten Glanze in der neuen Welt auftreten zu machen. Es wurde ihm eine glänzende Dienerschaft und sogar eine Leibwache zu Pferde bewilligt und auch gestattet, Seidenstoffe und Edelsteine zu tragen, was sonst keinem Spanier erlaubt war.

Inzwischen mußte Columbus zusehen, wie man mit den ihm gebührenden Rechten einen Andern ausstattete. Seine große Seele ertrug jedoch diese Demüthigung auf die standhafteste Weise.

Zum Theil weil er an eine rastlose Thätigkeit gewöhnt war, zum Theil auch, um den Undank der Welt während einer angemessenen Beschäftigung leichter zu vergessen, faßte Columbus abermals den Entschluß, eine neue Reise zu unternehmen und seine ganzen Kräfte wiederholt dem Ruhme und dem Wohle eines Landes zum Opfer zu bringen, welches seine Verdienste so schlecht belohnt hatte.

Die Portugiesen hatten zu derselben Zeit durch die Entdeckung des Seeweges um das Cap der guten Hoffnung nach Ostindien *) in ihren Bemühungen so glänzende Resultate zu Tage gefördert, daß es Columbus

---

*) Vasco de Gama, ein Portugiese, machte um diese Zeit die gedachte Entdeckung.

nicht über sich vermochte, auf seinen bereits gewonnenen Lorbeeren auszuruhen. Obgleich sein Körper durch die überstandenen Anstrengungen und Mühseligkeiten in einem Alter von sechs und sechzig Jahren bereits hinfällig und seine Kräfte aufgerieben waren, so verlieh ihm doch eine Idee jugendliche Kraft, durch deren Ausführung er seinen gesammten Entdeckungen erst die Krone aufzusetzen glaubte. Aus seinen eigenen Erfahrungen sowohl, als aus den Beobachtungen und Berichten anderer Seefahrer, deren einige bereits auf eigene Faust als Privatunternehmer Reisen in den Gewässern der neuen Welt gemacht hatten, schöpfte er die Vermuthung, daß zwischen der südlichen und nördlichen Landfeste des neu entdeckten Erdtheiles eine Meerenge hindurch gehe, welche sobann geraden Weges und in einer viel kürzeren Zeit nach Ostindien führe, als man bedurfte, um diesen Theil Asiens auf dem von den Portugiesen aufgefundenen Seewege zu erreichen.

Zwar beruhte diese Voraussetzung Columbens auf einem Irrthume, allein Jedermann weiß, daß das südliche und nördliche Amerika in jener Richtung, in welcher Columbus eine Wasserstraße vermuthete, blos durch eine äußerst schmale Landenge, die von Darien, zusammenhänge; ein Beweis von der überraschenden Richtigkeit, mit welcher das Genie des Admirals aus

kühnen Combinationen seine Schlußfolgerungen zu zie=
hen wußte.

Columbus trug diese seine Ansicht dem spanischen
Herrscherpaare vor und bat sich von demselben die zu
der vorgeschlagenen Entdeckungsreise nöthige Unter=
stützung aus. Ferdinand, schon lange die Fortschritte
der Portugiesen zur See mit eifersüchtigen Blicken be=
trachtend, fand in Columbus Anträge eine willkommene
Gelegenheit, die Portugiesen zu überbieten und eine
kürzere geradere Straße nach Ostindien zu finden, als
die um das Cap der guten Hoffnung.

Denn wie sehr auch der König die Fähigkeit des
Admirals in Zweifel ziehen mochte, über Land und
Leute zu herrschen, von Columbens vollendeter See=
mannsgeschicklichkeit hatte er die volle Ueberzeugung.
Deshalb gewährte man diesem seine Bitte, welche, bei
der königlichen Freigebigkeit, mit der man Ovando's
Expedition ausgerüstet hatte, dem ohnedieß schwer ge=
kränkten großen Manne nicht leicht abzuschlagen war.

Allein die Ausrüstung der vier Fahrzeuge, welche
Columbus zu seiner neuen Entdeckungsreise für noth=
wendig erklärt hatte, schritt nur sehr langsam vorwärts,
weil die Feinde unseres Helden, nimmer ermüdend,
stets bemüht waren, ihm so viele Hindernisse als mög=
lich in den Weg zu legen.

Columbus beschäftigte sich indessen damit, sich von

14*

allen denjenigen Documenten und Briefschaften beglaubigte Abschriften zu verschaffen, welche geeignet waren, seine Verdienste hervorzuheben und die Rechte und Ansprüche seiner Nachkommen in den Augen der Nachwelt sicher zu stellen.

Einundzwanzigstes Kapitel.

Columbus läuft auf seine vierte Reise aus. — Seine Aufnahme in Hispaniola. — Die Küste von Honduras, Begebnisse daselbst.

Als die vier Caravellen, die man für Columbus, jedoch wegen der Umtriebe Fonseca's unter langer Verzögerung, ausgerüstet hatte, im Stande waren, die See zu halten, ging unser Held auf seine vierte und letzte Reise unter Segel.

Nicht zufrieden mit den bisherigen Errungenschaften und darnach strebend, seine Entdeckungen wie in einem Kreise abzuschließen, unternahm Columbus diese Fahrt zwar mit einem durch die erduldeten Mühseligkeiten und Widerwärtigkeiten zerrütteten Körper. Aber jugendlicher als jemals flammte das Feuer seines Geistes, wenn er an die Auffindung einer Seestraße zwischen dem nördlichen und südlichen Festlande der neuen Welt dachte.

War eine solche Straße, wie er sie aufzusuchen sich vornahm, wirklich vorhanden, dann errang er erst seinen höchsten Triumph; seine Lieblingsidee von dem Dasein eines westlichen Weges nach Ostindien war dann zur Wirklichkeit gebracht und seine gegenwärtige Reise mußte nothwendiger Weise das hohe Resultat einer ersten Erdumsegelung nach sich ziehen. Man muß über die ungeheure Geisteskraft unseres Helden erstaunen, der sich ungeachtet der Geringfügigkeit der ihm zu Gebote stehenden Mittel, welche sich im Ganzen auf vier Fahrzeuge mit einer Equipage von vierhundert fünfzig Mann beschränkten, ungeachtet seines hohen Alters und seines körperlichen Siechthums, ungeachtet des schreienden Undanks, mit welchem ihm die Welt bisher gelohnt hatte — noch einmal entschloß, sich den unsichern Wogen eines trügerischen Elements anzuvertrauen, um eine Fahrt zu unternehmen, die, wie Columbus voraussah, an Mühseligkeiten alle vorhergehenden überbieten sollte.

Am neunten Mai 1502 lichtete Columbus im Hafen von Cadix die Anker und richtete, wie auf seinen früheren Reisen, seinen Curs zuerst nach den kanarischen Inseln, wo er am zwanzigsten desselben Monats anlangte.

Nach einer glücklichen Fahrt erblickte man am fünfzehnten Juni die Insel Martinique.

Der Admiral beabsichtigte zwar nach Jamaica und von hier nach dem Continente zu steuern, um die vermuthete Meerenge zu suchen, allein da sich dasjenige Fahrzeug, welches der Columben auf dieser Reise begleitende Adelantado befehligte, als einen sehr schlechten und schwerfälligen Segler gezeigt hatte, so entschloß man sich die Richtung nach Hispaniola zu halten, wo man das untaugliche Schiff gegen ein besseres umzutauschen hoffte.

Am neun und zwanzigsten Juni erreichte die Flotille die Höhe von San Domingo.

Es wird hier nothwendig, einige jener Ereignisse nachzuholen, welche sich seit Ovando's Ankunft zu San Domingo begeben hatten. Der neue Statthalter war mit seinem glänzenden Gefolge und wahrhaft königlichen Prunke am fünfzehnten April 1502 in der Niederlassung angelangt und hatte, von Bobadilla mit den in einem solchen Falle üblichen Ceremonien empfangen, die Verwaltung der Insel, ohne daß irgend eine Störung hierbei vorfiel, übernommen.

Bobadilla wurde von Ovando mit der größten Höflichkeit behandelt und wegen seiner Regierungsmaßregeln zu keiner Rechenschaft gezogen, aber diejenigen, welche noch unter dem Regimente Columbens sich so bedeutender Unordnungen schuldig gemacht hatten, daß dadurch die Existenz der ganzen Niederlassung auf die Spitze gestellt worden war, — Roldan und seine Anhänger wurden vor einen strengen Richterstuhl gefordert.

Man beschloß, die Strafbarsten von den Ruhestörern nach Spanien zur Verurtheilung zu schicken, diese schienen sich jedoch ganz gut in ihr Schicksal zu finden, da sie hofften, daß Fonseca und die übrigen Widersacher Columbens dort für sie das Wort führen und ihnen Nachsicht erwirken würden. Die Flotte, welche Bobadilla, Roldan und seine Spießgesellen, sowie auch viele andere nachtheilige Glieder der Ansiedelung nach Europa bringen sollte, lag eben ausgerüstet und zur Ruckfahrt bereit im Hafen von San Domingo, als Columbus mit seinem Geschwader dort anlangte.

Obgleich es ihm von den Souverainen verboten worden war, auf der Hinreise Haiti zu berühren, so hielt er doch die erwähnte schlechte Beschaffenheit eines seiner Schiffe für einen hinreichenden Grund, um sich eine Abweichung von diesem Befehle zu erlauben. Er sandte sogleich einen Offizier mit einem Boote an das Land, um Ovando von seiner Ankunft Nachricht zu geben und um die Erlaubniß zu ersuchen, sein mangelhaftes Fahrzeug gegen ein besseres austauschen zu dürfen.

Außerdem bat Columbus um Schutz im Hafen gegen einen Sturm, von dessen Herannahen er vermöge seiner Witterungskenntniß untrügliche Wahrzeichen beobachtet hatte.

Zum Schmerze Columbens mußte dieser erfahren, daß Ovando, welcher dießfalls geheime Instruktionen von Spanien mit erhalten haben mochte, ein so billiges Verlangen verweigerte, das man selbst einem Fremdlinge in der Noth zugestanden hätte. Der Statthalter brauchte den Vorwand, daß die Erbitterung unter den Feinden Columbens durch die gegen Roldan und seinen Anhang verhängte Untersuchung also gestiegen sei, daß es nicht rathsam erscheine, dem Admiral den Zutritt auf San Domingo zu gestatten. Von einer Austauschung des Fahrzeuges und einer Zuflucht im Hafen könne daher keine Rede sein.

Columbus sandte abermals eine Botschaft an Ovando, mit der Bitte, wenigstens das Auslaufen der zur Abreise nach Spanien bestimmten Flotte so lange zu verzögern, bis der unfehlbar hereinbrechende Sturm vorüber gegangen sei. Auch diese wohlgemeinte Warnung war vergebens, Columbus mußte sie mißachtet und sich von einer Küste zurückgewiesen sehen, deren Dasein er der ganzen übrigen Welt aufgeschlossen hatte.

Während Ovando's Flotte unter Segel ging und die Seeleute derselben Columbens Vorhersagungen verlachten, weil keiner mit einem durch Erfahrung so geschärften Auge Witterungsbeobachtungen anzustellen vermochte, wie der Admiral, hielt sich dieser mit seinen Fahrzeugen der Küste so nahe als möglich, um hier weniger von dem herannahenden Sturme zu leiden, oder in irgend einer wilden Bucht vor demselben Schutz zu finden.

Zwei Tage nachher zeigte sich die Prophezeihung des Admirals als richtig. Das nach Spanien zurücksegelnde Geschwader hatte kaum die Ostküste von Haiti erreicht, als sich der herannahende Sturm durch unverkennbare Anzeichen ankündigte. Das trübe Aussehen des Himmels, das vermehrte Brausen der Luftströmungen, die heftigere Bewegung der See — Alles dieses deutete auf sein baldiges Hervorbrechen.

Kurz darauf begann einer jener furchtbaren Orkane — von den Eingeborenen Arikanes genannt — zu toben, von denen jene Breiten gerade nicht selten heimgesucht werden. Ovando's Flotte, die, wie erwähnt, sich bereits an der Ostspitze der Insel befand, wurde dort von demselben überrascht, mit fürchterlicher Gewalt ergriffen und beinahe gänzlich zertrümmert.

Das Fahrzeug, welches Bobadilla und Roldan mit seinem Anhange, nebst einer ungeheueren Masse Goldes an Bord hatte, das man durch das Elend der Eingeborenen erworben, ging sammt seiner Ladung mit Mann und Maus zu Grunde. Dasselbe Schicksal traf

viele andere Schiffe; der Rest kehrte in einem äußerst elen=
den Zustande nach San Domingo zurück. Nur ein
einziges Schiff, und gerade das schwächste und gebrech=
lichste, ging unbeschädigt durch den Sturm und ver=
mochte seine Heimreise fortzusetzen. Sonderbarer Weise
war dieß gerade diejenige Caravelle, welche Columbens
Eigenthum, bestehend in viertausend Stücken Goldes,
an Bord hatte. Die Fahrzeuge unseres Helden hatten
zwar durch den Orkan auch viel gelitten, aber keines
war von der See verschlungen worden.

Als Columbus die merkwürdige Niederlage erfuhr,
die seine Feinde fast vor seinen Augen getroffen hatte,
erblickte er in derselben eines jener Gerichte, welche
die Vorsehung als zeitliche Vergeltung zuweilen ein=
treten zu lassen pflegt.

Da es sich überdieß fügte, daß gerade dasjenige
Schiff, auf welchem das Eigenthum des Admirals lag,
unbeschädigt aus dem Sturme hervorging, so erregte
dieser Umstand in der Bevölkerung San Domingo's
Staunen und Nachdenken, indem dieß Einige als einen
bedeutsamen Fingerzeig der göttlichen Vorsehung an=
sahen, Andere hieraus die, jenes Zeitalter charakteri=
sirende Vermuthung schöpften, Columbus habe zur Er=
regung des Orkanes Zauberkünste verwalten lassen.

Als der Admiral seine durch den überstandenen Or=
kan schadhaft gewordenen Schiffe ausgebessert hatte,

setzte er seine Reise am vierzehnten Juli 1502 weiter fort. Nachdem er während eines recht erträglichen Wetters einige kleine Inseln in der Nähe von Jamaica, und an der Südseite von Cuba diejenigen durch ihre Klippen gefährlichen Eilande berührt hatte, die von ihm früher die Gärten der Königin benannt worden waren, richtete er seinen Curs südwestlich und gelangte am dreißigsten Juli zu einer in der Nähe der Küste von Honduras gelegenen Insel, die er wegen der auf ihr vorhandenen hohen Fichten Isla de Pinos nannte, die aber demungeachtet später ihren indianischen Namen Guanaga beibehalten hat.

Hier erblickte Columbus ein Canoe, welches sich durch die Größe und Festigkeit seines Baues vor allen bisher gesehenen Fahrzeugen dieser Art auffallend unterschied, und dem Anscheine nach von einer weiten, wichtigen Reise zurückkehrte. Obgleich es nur aus dem Stamme eines einzigen Baumes gehöhlt war, so hatte es doch eine Breite von acht Fuß und die Länge einer Galeere. Im Mittelpunkte befand sich eine Art Cajüte oder Zelt aus Palmblättern, in der Weise wie auf venezianischen Gondeln, um Sonne und Regen abzuhalten. Unter diesem saß ein Kazike mit Weibern und Kindern, während vier und zwanzig Indianer mit Rudern beschäftigt waren, und das Canoe sich mit

Manufacturerzeugnissen und Naturproducten der benachbarten Länder angefüllt zeigte.

Ohne irgend eine Furcht vor den Spaniern zu verrathen, schifften die Indianer längs der Caravelle des Admirals hin. Columbus war sehr erfreut, hier ohne Gefahr und Mühe auf einmal so viele Proben von den Artikeln dieses Theiles der neuen Welt beisammen zu finden. Er trat in Verkehr mit den Wilden, und untersuchte die Ladung ihres Fahrzeuges. Außer verschiedenen Geräthschaften und Waffen, wie sie schon bei den früher entdeckten wilden Stämmen gefunden worden waren, fand man Gegenstände von einer Beschaffenheit, die auf einen weit höheren Culturgrad der umliegenden Länder hindeuteten, als man ihn in den bisher besuchten Gegenden der neuen Welt angetroffen hatte.

Da fand man Aerte nicht von Steinen, sondern von Kupfer gefertigt, hölzerne Schwerter, an deren Klingen scharfe Steine mit Garn und Harz in Fugen befestiget waren; kupferne Glocken und andere Geräthe aus demselben Metalle, Gefäße von Holz, Lehm und Marmor, Tücher und Kleidungsstücke, von Baumwolle in mancherlei Farben gearbeitet, bildeten den übrigen Theil der Ladung.

Ueberhaupt zeigten diese Indianer, welche nicht ganz unbekleidet gingen und ein weit lebhafteres Gefühl für Schamhaftigkeit besaßen, als andere bisher entdeckte Stämme, viel bedeutendere Spuren von Cultur, so daß der Admiral folgerte, daß er sich den Gebieten civilisirter Nationen nähere, und versuchte, von den Indianern einige Erkundigungen über die benachbarten Länder einzuziehen. Allein da die mitgebrachten Dolmetscher die Sprache derselben nicht verstanden, so konnte man sich nur nothdürftig verständigen. So viel entnahm man indessen aus ihren Andeutungen, daß sie aus einem Lande im Westen kämen, dessen Pracht und Reichthum sie nicht genug zu schildern vermochten. Wäre Columbus nun nach Westen gesegelt, so hätte er binnen wenigen Tagen die Küsten von Yucatan erreichen und bald auch Mexico entdecken müssen. Bei einem kurzen Vordringen im Lande hätte er die Küsten des Südmeeres erreicht und so eine neue Reihe von Entdeckungen gemacht, die frische Lorbeern um sein alterndes Haupt geschlungen hätten.

Aber Columbus war nicht der Mann, welcher sich durch zufällige Begegnisse von einem einmal gefaßten Plane ablenken ließ; wäre dieß nicht der Fall gewesen, so hätte er niemals seinen weltgeschichtlichen Namen erworben. Die Seestraße, welche zu suchen er ausgegangen war, mußte nach seinem Dafürhalten, im Falle ihres Vorhandenseins, von Guyana aus in östlicher, nicht in westlicher Richtung liegen; deshalb beschloß er, dem ersteren Curse zu folgen, und östlich längs der Küste von Honduras hinzusteuern, welche ihm nach seiner Abreise von Guanaga alsbald zu Gesichte gekommen war.

Kurz darauf, nachdem er die Insel Guanaga verlassen hatte, kam nämlich gegen Süden ein Vorgebirge zum Vorschein, dasselbe, welches nachmals unter dem Namen Cap Honduras bekannt wurde. Hier ging Columbus mit den vornehmsten seiner Gefährten an das Land, um einem Meßopfer beizuwohnen, welches im Freien unter den Bäumen gefeiert wurde; denn der religiöse Sinn des Admirals pflegte es stets so zu halten, wenn es die Umstände nur irgend erlaubten.

Am siebenzehnten August landete der Admiral abermals an der Küste, längs welcher er seinen Lauf ostwärts fortsetzte, ohngefähr fünfzehn Meilen von dem Cap Honduras entfernt. Hier entfaltete er das Panier Spaniens und nahm von dem Lande feierlich im Namen Ihrer katholischen Majestäten Besitz.

Bei dieser Gelegenheit nahte sich ihm ein Haufe von mehr als einhundert Indianern, welche Brod und Mais, Wurzeln und Pflanzen, Fische und Vögel nebst verschiedenen anderen ihrer einfachen Naturerzeugnisse als Geschenke brachten, dieselben, ohne ein Wort zu sprechen, vor dem Admiral niederlegten und sich scheu wieder zurückzogen. Columbus ließ an dieselbe ver=

schiedene Kleinigkeiten als Gegengeschenke vertheilen, an denen sie eine ausnehmende Freude zeigten.

Die Eingebornen dieser Küsten, so wie auch einer bedeutenden Strecke nach Osten hatten eine höhere Stirn als die der Inseln, und redeten auch eine verschiedene Sprache. Einige gingen ganz nackt, und bemalten den Leib mit mancherlei Farben. — Andere trugen Schürzen um die Lenden — noch andere kleideten sich in baumwollene Wämser ohne Aermel. Die Häuptlinge hatten Kappen von weißer oder farbiger Baumwolle.

Das Geschwader gelangte auch an einen Küstenstrich, dessen Einwohner die Ohren durchbohrt und durch den in denselben getragenen allzuschweren Schmuck so häßlich ausgedehnt hatten, daß die Spanier dieser Gegend den Namen „la Costa de la Oreja," oder die Küste des Ohres gaben.

Auf seiner weiteren östlichen Reise hatte Columbus mit den äußersten Widerwärtigkeiten zu kämpfen. Widrige Winde und aus Osten kommende heftige Strömungen, legten ihm beinahe unüberwindliche Hindernisse in den Weg, so daß er täglich nur zwei — höchstens fünf Seemeilen zurückzulegen vermochte.

Fortgesetzte Ungewitter, wie sie in solcher Heftigkeit nur den Tropenländern eigen sind, tobten fürchterlich; der Regen floß in Strömen herab, als wollte eine zweite Sündfluth aus den Wolken herniederbrechen; die Fahrzeuge quollen und bekamen Spalten; die Segel und Tauwerke zerrissen, die Seevorräthe verdarben in der Feuchtigkeit.

Die Seeleute waren in einem ununterbrochenen Schrecken und bereiteten sich oft zum Tode vor. Während so die Elemente sich verschworen zu haben schienen, der Unternehmung unseres Helden ein Ziel zu setzen, peinigte ihn überdieß eine sehr schmerzliche Krankheit, und fesselte ihn an das Siechbett, ohne daß derselbe deshalb die unmittelbare Aufsicht über den Lauf der Schiffe aufgab. Columbus ließ auf dem Deck seines Fahrzeuges eine Art Hütte errichten, von welcher aus er die Bewegungen des Geschwaders übersehen und leiten konnte.

Da man bereits durch vierzig Tage bereits unausgesetzt mit der Wuth der wilden tropischen Orkane zu kämpfen gehabt hatte, waren die Seeleute äußerst muthlos und entkräftet, und glaubten ganz gewiß, an diesen unwirthbaren Küsten von der ungestümen See verschlungen zu werden, — als sich in der Mitte Septembers die Küste unter einem Winkel nach Süden wandte, und derjenige Wind, welcher dem Geschwader bisher so hinderlich gewesen war, günstig wurde, und die Fahrzeuge, welche sich fortan längs der Küste gegen Süden hielten, frisch vor sich hintrieb. Colum=

bus nannte dieses Cap wegen der plötzlichen Erlösung von so vielen Mühseligkeiten und Gefahren „Gracias a Dios" oder „Gott Dank."

Zweiundzwanzigstes Kapitel.

Reise längs der Mosquittoküste. — Begebnisse zu Cariari. — Die Küste von Veragua. — Columbus gibt die Nachforschung nach der Meerenge auf und kehrt nach Paraguai zurück. — Ansiedelung daselbst. — Schicksal derselben.

Da die Schiffsmannschaft durch die erduldeten Beschwernisse der jüngst überstandenen Stürme nicht nur sehr entmuthigt, sondern auch körperlich hart mitgenommen war, so beschloß der Admiral, denselben einige Erholung zu gönnen, und warf am fünf und zwanzigsten September zwischen einer kleinen Insel und dem Festlande die Anker aus. Die Lage des Eilandes war entzückend schön. Dasselbe war mit Cocospalmen, Bananen und andern köstlichen Fruchtbäumen bewachsen; die würzigen Blüthen der tropischen Gesträuche und Pflanzen athmeten die angenehmsten Düfte. Der Admiral gab dieser Insel deshalb den Namen La-

Huerta oder der Garten; von den Eingeborenen wurde sie Guiribi genannt.

Dem Eilande gegenüber lag an der Küste beiläufig in der Entfernung einer Meile ein indianisches Dorf an den Ufern eines Flusses ebenfalls in einer sehr schönen Gegend, die einen so üppigen Baumwuchs besaß, daß die mächtigen Reiser der Pflanzenwelt bis an die Wolken zu reichen schienen. Als die Einwohner des Küstenstriches die Ankunft der spanischen Fahrzeuge erkundet hatten, kamen sie schaarenweise mit Keulen, Lanzen, Bogen und Pfeilen bewaffnet an das Ufer gelaufen, um die niegesehenen Fremdlinge von dem Eindringen in ihr Gebiet abzuhalten.

Da die Wilden aber sahen, daß die Spanier, ohne einen Versuch sie zu beunruhigen, auf ihren Schiffen blieben und ihre Fahrzeuge ausbesserten, verlor sich ihre Furcht und Neugier gewann bei den Natursöhnen die Oberhand, wer wohl die auf so seltsame Weise an ihre Küsten gekommenen Wesen sein möchten. Sie machten allerlei Zeichen, um ihre friedlichen Gesinnungen an den Tag zu legen, und luden die Europäer zur Landung ein; da diese aber noch immer zögerten, an die Küste zu kommen, so warfen sie sich sogar in die Wellen, schwammen nach den Schiffen und brachten baumwollene Tücher, Mäntel und allerhand andere Sachen mit sich, welche sie den Spaniern als Geschenke anboten.

Der Admiral aber wünschte den Wilden einen vortheilhaften Begriff von der Uneigennützigkeit und Freigebigkeit der weißen Männer beizubringen und verbot deshalb seinen Leuten, irgend etwas von den Eingeborenen anzunehmen; dagegen beschenkte er die Indianer mit europäischen Kleinigkeiten. Diese jedoch betrachteten die Zurückweisung ihrer Geschenke als eine Verachtung ihrer Produkte, fanden sich deshalb beleidigt und beschlossen, gegen die Geschenke der Europäer eine ähnliche Gleichgiltigkeit an den Tag zu legen.

Kaum waren sie daher nach der Küste zurückgekommen, als sie alle die erhaltenen europäischen Sachen, ohne die geringste Kleinigkeit zu behalten, zusammenbanden und am Strande liegen ließen, wo sie die Spanier an einem der folgenden Tage fanden. Da die Wilden merkten, daß bei den Spaniern das durch ihre anfänglichen Gesinnungen hervorgebrachte Mißtrauen noch immer nicht weichen wollte, versuchten sie Alles, um das Vertrauen der Fremdlinge zu gewinnen. Als eines Tags die Spanier mittelst eines Bootes an der Küste landeten, um Wasser zu holen, erschien ein Indianer mit einer an einem Stabe befestigten Friedensfahne. Er führte zwei Mädchen und machte den weißen Männern durch Zeichen verständlich, sie möchten dieselben als Geißeln für ihre friedlichen Gesinnungen so lange behalten, als sie an der Küste verweilen würden. Hierauf faßten die Spanier Vertrauen und füllten ihre Wassergefäße. Die Mädchen wurden an Bord geführt, wo der Admiral, bemüht, das in ihn gesetzte Vertrauen zu rechtfertigen, die Indianerinnen mit der größten Leutseligkeit und Schonung zu behandeln befahl, und sie am nächsten Morgen, mit Geschenken reichlich ausgestattet, ihren Angehörigen wieder zurücksandte. Nicht lange währte es jedoch, so kehrten die zwei indianischen Mädchen in Begleitung eines großen Schwarmes ihrer Landleute wieder zurück, um alle die ihnen mitgegebenen europäischen Kleinigkeiten den Spaniern wieder zurückzustellen. Denn die Wilden konnten es nicht vergessen, daß die Fremdlinge durch Verschmähung ihrer Geschenke eine gewisse Verachtung gegen ihre Gaben an den Tag gelegt zu haben schienen, und wie viel Werth auch die europäischen Tändeleien in ihren Augen haben mochten — nichts konnte sie bewegen, selbe zu behalten. Am nächsten Tage ging Bartholomäus, der Bruder des Admirals, an das Land; die Eingeborenen kamen ihm im Waſſer entgegengewatet, hoben ihn aus dem Boote und setzten ihn mit großer Ehrerbietung und Ceremonie auf den Rasen. Der Adelantado beabsichtigte, einige Erkundigungen über die Beschaffenheit des Landes einzuziehen, und hatte deshalb den Notar vom Schiffe mitgenommen, um die erhaltenen Nachrichten sogleich schriftlich aufzuzeichnen.

Als die Wilden den Letzteren Schreibzeug und Papier hervorziehen, und Vorbereitungen zum Schreiben machen sahen, vermeinten sie hierin die Zurüstungen zu einem böslichen Zaubermittel zu erblicken, und flohen mit großer Bestürzung nach allen Seiten aus einander. Bald darauf kehrten sie wieder, streuten ein wohlriechendes Pulver in die Luft und verbrannten einen Theil desselben in solcher Richtung, daß der Rauch nach den Spaniern hinzog, in der Meinung, den muthmaßlichen Zauber der Fremdlinge zu entkräften.

Auch die Spanier betrachteten ihrerseits nun das Benehmen der Wilden mit einigem Mißtrauen, indem sie eine schädliche magische Wirkung aus dem Beginnen der Indianer fürchteten.

Der Adelantado unternahm während der Zeit, als die Schiffe noch bei Cariari vor Anker lagen, einige Ausflüge in das Innere des Landes, auf welchen er stets eine große Zuvorkommenheit und Gastfreundlichkeit von Seite der Indianer erfuhr. Beim Besuche eines der indianischen Wohnplätze fand er in einem Hause mehrere Gräber, deren eins einen einbalsamirten menschlichen Leichnam enthielt; in einem andern waren zwei in Baumwolle gewickelte Leiber so wohlerhalten, daß sie die Geruchsnerven nicht im mindesten belästigten.

Schmuck und Zierrathen aus ächtem Golde waren hier sehr selten; das Meiste hiervon bestand aus der,

Guanin genannten, geringern Gattung Goldes. Zufolge der Versicherungen der Wilden konnten die Spanier jedoch, wenn sie längs der Küste fortsegelten, bald in ein Land gelangen, wo Gold im Ueberflusse vorhanden wäre.

Nachdem der Admiral von hieraus zwei Eingeborne an Bord genommen hatte, um sich ihrer längs der weiteren Küstenfahrt als Führer zu bedienen, segelte das Geschwader von Cariari ab, und gelangte nach einer Fahrt von zweiundzwanzig Seemeilen in einer großen Bai vor Anker, welche von den Indianern C a r i b a r o genannt wurde.

Hier fand man bereits einen sehr großen Reichthum an Gold; Schmucksachen von erstaunlicher Größe, aus diesem Metalle angefertigt, wurden von den Wilden getragen, die sich übrigens sehr geneigt zeigten, ihre Zierrathen gegen werthlose europäische Siebensachen auszutauschen. Columbens Gefährten hätten es daher wol gerne gesehen, wenn man hier verweilt und einen einträglichen Tauschhandel mit den Wilden eröffnet hätte. Allein der Admiral gestattete dieß nicht, denn es lag ihm zu sehr daran, seinen großen Zweck, die Entdeckung der gesuchten Meerenge baldigst zu erreichen, als daß er denselben des schnöden Gewinnes willen hätte verzögert wissen wollen.

Am siebenzehnten Oktober verließ Columbus die

Bai Caribaro und beschiffte nunmehr diejenigen Küsten, welche seitdem den Namen Veragua erhalten haben.

Als man hier unweit eines Flusses, den die Wilden Guaig nannten, an das Land gehen wollte, kamen ungefähr zweihundert Indianer mit Keulen, Speeren und hölzernen Schwertern bewaffnet gegen die Küste herabgelaufen, um die Spanier an der Landung zu verhindern. Sie lärmten auf hölzernen Trommeln, bliesen auf Muschelhörnern und ließen ihr Kriegsgeschrei ertönen, während sie bis an den Gürtel in das Meer wateten und das Wasser wie zur Herausforderung gegen die nahenden weißen Männer spritzten. Sie wurden jedoch mittelst freundlicher Zeichen und durch die Vermittelung der Dolmetscher bald zu friedlicherer Gesinnung gebracht, traten mit den Spaniern in Verkehr, und gaben im Tauschhandel siebenzehn Goldbleche, im Werthe von einhundertundfunfzig Dukaten, gegen einige wenige europäische Spielwaaren hin.

Als die Spanier am andern Tage wiederkamen, um den Tausch mit den Wilden fortzusetzen, erneuerte sich die gestrige Scene. Die Eingeborenen suchten die Spanier vom Lande abzuhalten, und stürzten beim Schalle der Trommeln und Hörner hervor, um die heranrudernden Boote anzugreifen. Ein von einer europäischen Armbrust herangeflogener Pfeil, welcher einen der Wilden am Arm verwundete, dämpfte ihren Eifer, und als man auf den Schiffen eine Kanone losbrannte, glaubten sie, der Donner des Himmels stürze über sie hin, und flohen erschreckt nach allen Seiten auseinander.

Mehrere Matrosen sprangen an den Strand, verfolgten sie und riefen ihnen nach. Sie legten die Waffen nieder, und, vom Schrecken verblüfft, kehrten sie zu den in ihren Augen furchtbaren Fremdlingen zurück, indem sie sich zu einem friedlichen Tauschverkehre bereit zeigten.

Der Admiral kam noch zu etlichen Malen mit den Bewohnern der Küste von Veragua in Verkehr, und glaubte aus den freilich undeutlichen Erzählungen derselben zu entnehmen, daß nicht ferne eine civilisirte Nation wohne, welche Gewänder, Panzer und Waffen trage in der Art, wie die Spanier, welche sich auf einer höheren Culturstufe befinde, und einen ungemeinen Reichthum besitze. Dieß dürften wohl unbestimmte Gerüchte von der Existenz der Reiche Peru und Mexico gewesen sein.

Columbus aber, seine geschäftige Einbildungskraft ihrer freien Wirksamkeit überlassend, glaubte sich in der Nähe des asiatischen Continentes, in der Nähe einer Provinz, die irgend einem orientalischen Herrscher angehöre. Hierauf bezog er die bei den Eingeborenen eingesammelten Gerüchte. Um so eifriger war er be=

dacht, die gesuchte Meerenge zu finden. Durch sie glaubte er, ähnlicher Weise wie es bei der Meerenge von Gibraltar der Fall ist, in eine andere See gelangen und dann an der asiatischen Erdveste Anker werfen zu können.

Ohne sich daher mit der Untersuchung der einen Ueberfluß an Gold verrathenden Küste von Veragua zu befassen, eilte er vorwärts, um seinen Entdeckungen durch die Auffindung der von ihm vermutheten Seestraße die Krone der Vollendung zu sichern.

Allein für dießmal sollte es Columben nicht gelingen, eine für die Seefahrt so hochwichtige Entdeckung zu machen; seine großartige Berechnungsgabe hatte ihn für dießmal getäuscht — die gesuchte Meerenge war in der Wirklichkeit nicht vorhanden, obgleich es die Natur selbst bei der Bildung des amerikanischen Continentes auf eine solche angelegt zu haben schien.

Nachdem Columbus unter vielerlei Gefahren, welche sich durch widrige Winde und unsichere Seeströmungen sehr häuften, das Vorgebirge Nombre de Dios erreicht hatte, gewann er die Ueberzeugung, daß es keine Seestraße gebe, wie die von ihm gesuchte. Denn bis an diese Stelle war die Küste des Festlandes von der entgegengesetzten Seite aus durch andere Seefahrer untersucht worden, deren einige, wie früher erwähnt, Privatreisen nach den amerikanischen Gewässern unternommen hatten.

Da übrigens seine durch die vielen erlittenen Mühseligkeiten hart mitgenommenen und sehr entmuthigten Reisegefährten, die sich lieber mit einem einträglichen Tauschhandel mit den Indianern, als mit gefährlichen Entdeckungsfahrten beschäftigt hätten, dem Admiral beständig anlagen, die weitere Verfolgung seiner Expedition aufzugeben, so beschloß dieser, für jetzt von einer ferneren Untersuchungsreise um so mehr abzustehen, als der Zustand der sämmtlichen Fahrzeuge ein äußerst herabgekommener war.

Außer den durch die vielen überstandenen Stürme verursachten Beschädigungen liefen die Schiffe wegen des in diesen Meeren einheimischen Pfahlwurmes Gefahr, gänzlich leck und unbrauchbar zu werden. Dieser äußerst schädliche Wurm, sonst auch Teredo genannt, ist von der Größe eines Mannsfingers, durchbohrt auch die härtesten, bittersten und harzigsten Holzgattungen und ist in so großer Menge vorhanden, daß ein Fahrzeug, welches nicht gut mit Metall beschlagen ist, von demselben binnen kurzer Zeit gänzlich durchlöchert und unfähig wird, die See zu halten.

Die vorstehenden Beweggründe waren es, die den Entschluß des Admirals dahin bestimmten, für's Erste die Fortsetzung seiner östlichen Reise aufzugeben und an die Küste von Veragua zurückzukehren, um die Quellen jenes Goldreichthumes aufzusuchen, den man bei den Eingeborenen daselbst wahrgenommen hatte.

Am fünften Dezember 1502 wandte der Admiral seinen Kiel, und richtete den bisher östlich gehaltenen Curs nach Westen.

Die Rückreise war gefährlicher und Verderben drohender, als die Herfahrt. Der Wind drehte sich plötzlich und begann dem neu angenommenen Laufe gerade entgegen zu wehen. Drei Monate hindurch hatte Columbus vergebens auf Ostwind geharrt — nun trat er ein, blos um ihn zu hindern, und erhob sich allmälig zu einer so furchtbaren Heftigkeit, daß er jeder Schifffahrtskunde Trotz zu bieten schien. Neun Tage lang waren die geängstigten Fahrzeuge der schrecklichen Wuth tropischer Orkane blosgegeben. Zuweilen gohr die See gleich einem siedenden Kessel, dann hob sie sich wieder in bergeshohen Wellen. Zur Nachtzeit waren die zürnenden Wogen wie ungeheure Feuermassen anzusehen, wegen der leuchtenden Theilchen, die diese Gewässer bedecken. Der Regen floß in Strömen herab, indem sich die gewitterhaften Wolken beinahe unausgesetzt feuriger Blitze unter lauten Donnerschlägen entluden, welche die verzweifelnden Matrosen oft für Nothschüsse ihrer untergehenden Gefährten hielten.

Die Seeleute glaubten sich dem unabwendbaren

Untergange anheimgefallen, und bereiteten sich zum Tode. Es durfte wirklich ein Wunder genannt werden, daß die lecken und zerstoßenen Fahrzeuge bisher von der aufgeregten See nicht verschlungen worden waren.

Mitten in dem Getümmel der empörten Elemente zeigte sich eine neue Schreckenserscheinung. Die See verrieth an einer Stelle eine eigenthümliche Bewegung; die Gewässer zogen sich in Gestalt eines Kegels empor, eine dunkle Wetterwolke senkte sich spitz darauf herab; beide vereinten sich zu einer riesenhaften Säule, welche in wirbelnder Bewegung Verderben drohend gegen die Fahrzeuge heranrauschte. Als die entsetzten Seeleute die Wasserhose nahe kommen sahen, glaubten sie, ihre letzte Stunde sei da, verzweifelten an jeder menschlichen Hilfe und begannen Stellen aus dem Evangelium Johannis herzubeten. Zum Glücke zog die Wasserhose dicht an dem Geschwader vorüber, ohne Schaden zu thun, und die bebenden Matrosen glaubten ihre Rettung der Wunderkraft der Sprüche aus der heiligen Schrift zuschreiben zu müssen. Zwei Tage hindurch schienen die Elemente in ihrer Wuth nachlassen zu wollen; es trat eine Windstille ein, der jedoch die Matrosen nicht trauen mochten, weil die Orkane während solcher Pausen oft nur Kräfte zu sammeln pflegen, um mit erneuerter um so furchtbarerer Heftigkeit hervorzubrechen.

Die trostlosen Seeleute betrachteten in ihrer niedergedrückten Gemüthsstimmung nicht nur die eingetretene Ruhe, sondern auch jeden andern Umstand mit Unheil ahnenden Blicken. Namentlich waren es die in diesen Breiten häufigen und gefährlichen die Schiffe umschwärmenden Haifische, von denen die Schiffsmannschaften nichts Gutes erwarteten. Der Aberglaube der Seeleute behauptet von diesen Ungeheuern, daß sie nicht nur Aas und Leichname aus großer Entfernung wittern, sondern schreibt ihnen auch ein gewisses Vorgefühl künftiger Beute in der Art zu, daß dieselben sich in der Nähe jener Schiffe aufhalten, welche Kranke an Bord haben, oder in Gefahr sind, zu scheitern.

Man fing einige dieser gefräßigen Seebewohner, und benutzte ihr Fleisch, um die Schiffsvorräthe zu ergänzen, deren Abnahme bereits fühlbar zu werden begann. Endlich nach zahllosen überstandenen Mühseligkeiten warf der Admiral am sechsten Jänner 1503 an der Küste von Veragua in einem Flusse die Anker aus, den er Belen oder Bethlehem nannte.

Obgleich die Eingebornen hier auch viel Gold besaßen, so gaben sie auf die Erkundigung der Spanier doch zu verstehen, daß die Goldminen in der Nähe des Flusses Veragua lägen.

Auf diese Nachricht hin sandte Columbus den Adelantado mit einigen Booten nach diesem ungefähr zwei Meilen westlicher gelegenen Flusse, um sich über die Gegend, wo das kostbare Metall gefunden würde, nähere Gewißheit zu verschaffen. Hier sollte die unersättliche Goldsucht der Spanier anscheinend einmal befriedigt werden. Zwar erfuhren die europäischen Boote bei ihrem Einlaufen in den Veragua, — welcher späterhin dem ganzen Küstenstriche den Namen mittheilte — einen rauhen und unfriedlichen Empfang von den Indianern; doch ließen sich diese durch Vermittelung des von dem Adelantado mitgebrachten indianischen Dolmetschers bald zu einer friedlichen Stimmung bewegen, indem die Spanier vorgaben, sie seien blos gekommen, um Handel zu treiben.

Die Eingeborenen ließen sich zum Tausche herbei, und hatten binnen kurzer Zeit zwanzig Goldbleche nebst mehreren Pfeifen von demselben Metall gegen wahre Tändeleien hingegeben. Sie deuteten an, daß sich die Fundorte des Goldes weiter landeinwärts befänden.

Mit dieser Nachricht kehrte der Adelantado zu den Schiffen zurück, und da das Resultat des gepflogenen Tauschverkehres eine ungewöhnliche Reichhaltigkeit des Bodens an Golde bestätigte, so beschloß der Admiral, für's erste an dieser Küste zu bleiben, um seine Nachforschungen fortzusetzen.

Bald darauf machte sich der Adelantado abermals

auf den Weg, und fuhr im Geleite einiger wohlbewaffneter Boote in dem Veragua stromaufwärts, um die Residenz Guibian's, des Kaziken dieser Gegend, welche ungefähr anderthalb Stunden von der Küste entfernt war, zu besuchen.

Als der Häuptling die Absicht der Spanier erfuhr, kam er von mehreren seiner Unterthanen begleitet in Canoes den Fluß herab. Er war von hoher kräftiger Gestalt, von kriegerischem Ansehen und schweigsam und verschlossen in seinem Benehmen. Die Zusammenkunft lief freundschaftlich ab. Der Kazike beschenkte den Adelantado mit den goldenen Schmucksachen, die er trug, und nahm dagegen das gewöhnliche Flitterwerk hin. Den folgenden Tag besuchte Guibian den Admiral am Bord seines Schiffes.

Doch dieses friedliche Einvernehmen war nicht von langer Dauer; der Häuptling ließ nämlich Mißtrauen und Eifersucht über das Eindringen der weißen Fremdlinge in sein Gebiet nicht undeutlich merken, indem er besorgte, die Spanier könnten sich in seinem Lande festsetzen. Er wagte jedoch keinen offenen Widerstand gegen die sichtlich übermächtigen Vertheidigungsmittel der weißen Männer. Columbus kehrte sich nicht an den schlecht verfehlten Widerwillen Guibian's gegen das Eindringen der Spanier, und beschloß den Goldgruben weiter nachzuforschen. In Begleitung von acht und sechzig mit Waffen wohl versehenen rüstigen Männern unternahm der Adelantado deshalb einen Zug und suchte Guibian in seiner Residenz auf.

Als der Häuptling die weißen Männer herankommen sah, begab er sich ihnen von seinen Unterthanen umgeben, ohne Waffen, mit Zeichen des Friedens entgegen. Ein Indianer holte einen Stein aus dem Flusse und wusch ihn sorgfältig ab. Auf diesem nahm der Indianerfürst wie auf einem Throne Platz, indem er den Adelantado mit einer Art von wild ritterlicher Höflichkeit empfing.

Die Spanier erklärten nun dem Häuptlinge, daß sie den Ort zu sehen wünschten, wo sich die reichen Goldgruben befänden. Ein solches Verlangen schien dem Kaziken gar nicht angenehm zu sein, aber er wagte es nicht sich zu weigern, weil er die offenbare Ohnmacht eines Versuches zum Widerstand wohl einsah.

Er wählte daher drei von seinen Unterthanen, welche den Europäern als Führer zu den Minen dienen sollten. Unter der Leitung dieser Indianer gelangte der Adelantado bald in eine Gegend, deren Boden im engsten Sinne des Wortes mit Gold angefüllt schien; man zog reine Stückchen dieses Metalles unter den Wurzeln der Bäume hervor, und binnen der Zeit von zwei Stunden hatte jeder der

Spanier eine kleine Quantität Goldes gesammelt. Ueberdieß führten die Wegweiser den Adelantado auf eine Anhöhe, und versicherten, daß alles Land, welches er von hieraus übersehe, auf zwanzig Tagreisen in das Innere weit, einen gleichen Ueberfluß an Gold besitze.

Als man Columben diese Nachricht hinterbrachte, beschloß er hier eine Niederlassung zu gründen. Denn er zweifelte, für eine solche eine geeignetere Stelle finden zu können. Das Land war weit und breit umher äußerst goldreich, auch lieferte seine Ueppigkeit sonstige Naturerzeugnisse in Menge. Ueberdieß hielt sich der Admiral durch die unter den Einwohnern verbreiteten Gerüchte von der Existenz einer cultivirten Nation im Inneren des Landes überzeugt, und glaubte überhaupt darauf schließen zu müssen, daß er an einem Theile des asiatischen Festlandes unfern der Ländereien des Großchan oder eines andern orientalischen Herrschers angekommen sei.

Diesen Ort hielt er demnach ganz geeignet, um einen Marktplatz, einen Vermittelungspunkt zwischen dem europäischen Abendlande und dem reichen Oriente abzugeben. Von hier aus, als einem zukünftigen Stapelorte, konnte der Ueberfluß reicher Goldminen bequem nach dem Mutterlande geschafft werden.

Um den Besitz des Landes zu sichern, beschloß

Columbus, daß der Adelantado mit achtzig Mann hier zurückbleiben, eine Ansiedlung gründen und von der Beschaffenheit des Landes sich nähere Kenntniß verschaffen sollte, während der Admiral selbst nach Spanien zurückzusegeln beabsichtigte, um neue Hilfs= mittel und Unterstützungen zu bringen. Die Leute, welche hier gelassen werden sollen, wurden in Trupps zu zehn Mann vertheilt und beschäftigten sich damit, Wohnhäuser aufzuführen, ein Vorrathsmagazin zu bauen, und die ganze Niederlassung, zu welcher man einen Platz an der Küste ausersehen hatte, in einen Vertheidigungszustand zu versetzen, der den Wilden Ehrfurcht einflößen und sie von einem Angriffe ge= gen die Weißen zurückhalten sollte.

Von den ohnedieß sehr zusammengeschmolzenen Schiffsvorräthen konnten den Colonisten zwar nur we= nige Lebensmittel zurückgelassen werden, allein das Land war fruchtbar, die Wälder lieferten Wild, die Flüsse boten eine Menge schmackhafter Fische, und eine Hungersnoth war deshalb nicht zu befürchten.

Indeß die Ansiedler sich mit dem Baue der Hütten beschäftigten, und der Admiral Vorkehrungen zur Abreise traf, ließen sich unter den Eingeborenen Bewegungen wahrnehmen, die darauf hindeuteten, daß die Indianer Böses gegen die Spanier im Schilde führten.

Diego Mendez, der den Admiral auf dieser,

wie auf der erſten Reiſe begleitete, war der erſte, welcher das Verdacht erregende Treiben der Wilden bemerkte.

Unter dem Vorwande, als beabſichtige er einen Kriegszug gegen einen benachbarten Kaziken zu unternehmen, zog Guibian eine bedeutende Menge von indianiſchen Kriegern zuſammen, welche in großen Zügen von allen Seiten des Landes gegen die Reſidenz des Häuptlings hineilten. — Aber Diego Mendez überzeugte ſich ſowohl durch den ihm eigenen Scharfblick, als auch durch die Ausſagen eines, den Spaniern treu ergebenen Dolmetſchers, daß die Zurüſtungen des Häuptlings eigentlich den weißen Männern galten.

Mendez theilte ſeine Beobachtungen Columben mit, allein dieſer mochte an den Verrath der Wilden nicht glauben.

Um daher jeden Zweifel des Admirals zu heben, erbot ſich Mendez perſönlich in das Lager der Feinde zu gehen, um ſich über die Beſchaffenheit ihrer Bewegungen durch den Augenſchein die Ueberzeugung zu verſchaffen. Bevor er die Gewißheit hierüber habe, hielt es der Admiral für ungerecht, einem Häuptlinge Verrath zuzumuthen, den er bisher durch Güte zu gewinnen geſucht.

Der Dienſt, zu dem Mendez ſich herbeigelaſſen

hatte, war von äußerst gefährlicher Art, und erforderte einen hohen Grad von Muth.

Nur von einem einzigen Gefährten begleitet, machte sich derselbe auf den Weg nach der Residenz des Indianerfürsten. Als Mendez in der Nähe derselben angekommen war, fand er das Dorf des Kaziken ganz gefüllt von indianischen Männern mit den eifrigsten Kriegsrüstungen beschäftigt.

Mit der äußersten Mühe nur vermochte sich Mendez den Weg zu dem Hause Guibian's zu bahnen, indem er die Wilden durch Geschenke kirre zu machen suchte. Er hatte vernommen, daß der Kazike durch einen Pfeil am Beine verwundet worden sei und gründete auf diesen Umstand seinen ferneren Plan. Vor der Wohnung des Häuptlings befand sich ein ebener Platz, auf welchem dreihundert Menschenhäupter, die Köpfe seiner getödteten Feinde, aufgesteckt waren. Ohne sich durch diesen Anblick abschrecken zu lassen, schritt Mendez festen Fußes vorwärts. Beinahe hatte er die Schwelle von Guibian's Hütte betreten, als ihm aus dieser ein junger stämmiger Indianer entgegentrat, und mit Geberden des Zornes und Unwillens unseren Abentheurer mit der geballten Faust einen so kräftigen Stoß versetzte, daß Mendez einige Schritte zurücktaumelte. Er ließ sich jedoch durch diese Begegnung nicht aus der Fassung bringen, sondern zog mit großer Ge-

genwart des Geistes eine Büchse mit Salbe hervor, die er dem ungestümen Wilden, der der Sohn Guibian's war, vorwies und vorgab, er sei ein Arzt, welcher komme, die Wunde des Kaziken zu heilen. Zugleich beschenkte er ihn mit einem Spiegel, einem Kamme und einer Scheere, indem er ihn belehrte, wie er mittelst dieser Gegenstände sein Haar ordnen und beschneiden könne.

Der Indianer war zwar ganz hingerissen über den Werth der erhaltenen Geschenke, aber den Zutritt zu seinem Vater wollte er Mendez doch nicht gestatten. Dieser verlangte auch gar nicht mehr nach einer persönlichen Zusammenkunft mit dem Häuptlinge; er hatte genug gesehen, um schließen zu können, daß ein baldiger Angriff von Seiten der Wilden zu erwarten stehe.

Columbus hatte nicht sobald den gefährlichen Zustand der Dinge in Erfahrung gebracht, als er alle seine Offiziere zusammenberief, um mit ihnen über die geeignetsten Mittel zu berathschlagen, den Angriffen der Indianer kräftig zu begegnen. Der Adelantado schlug vor, sich der Person Guibian's durch einen Handstreich zu versichern, indem er glaubte, daß, im Falle der Gefangennehmung ihres Häuptlings, die Indianer von selbst jeden ferneren Angriff aufgeben würden. Der Plan fand Beifall und wurde ohne Verweilen in Ausführung gebracht.

An der Spitze von vier und siebzig wohlbewaffneten Leuten, unter denen auch Diego Mendez befindlich war, ruderte der Adelantado in Booten den Veraguastrom hinan, und setzte des Nachts bei dem Dorfe des Häuptlings seine Mannschaft an das Land, noch ehe die Indianer Nachricht von seiner Bewegung haben konnten. Damit der Kazike beim Anblick des ganzen Trupps der Spanier nicht Argwohn schöpfe und entfliehe, begab sich der Adelantado, bles von Diego Mendez und noch von vier andern Männern begleitet, zu der Wohnung des Häuptlings, indem er befahl, daß sich die Uebrigen nur je zwei und zwei, unvermerkt, ohne Aufsehen zu erregen, nähern sollten. Beim Abfeuern einer Büchse sollten sie jedoch sämmtlich vordringen, das Haus umzingeln und Niemanden entkommen lassen. Als Guibian die Ankunft der Spanier vernahm, trat er aus seiner Hütte, setzte sich in die Thür, und verlangte, der Adelantado solle allein zu ihm kommen. Dieser empfahl nun seinen fünf Begleitern die schärfste Aufmerksamkeit auf seine Bewegungen. Wenn sie ihn den Kaziken beim Arme nehmen sähen, so sollten sie unverzüglich zu seinem Beistande herbeieilen.

Er näherte sich nun dem Häuptlinge, knüpfte unter Vermittlung des indianischen Dolmetschers ein gleichgültiges Gespräch an, erkundigte sich dann nach dem Zustande von Guibian's Wunde, und faßte denselben, unter dem Vorwande sie zu untersuchen, am Arme.

Auf dieses Zeichen stürzten die vier Spanier zum Beistande des Adelantado herbei, während der fünfte seine Hakenbüchse abfeuerte. Der Häuptling suchte sich loszureißen, allein der muskelkräftige Adelantado hielt ihn mit einer Riesenfaust, und behielt in dem darauf folgenden heftigen Ringen die Oberhand. Guibian wurde an Händen und Füßen gebunden. Die zurückgebliebenen Spanier waren auf das Signal des Schusses aus ihren Verstecken auch herbeigeeilt, hatten das Haus schleunigst umringt und fünfzig Personen, Männer, Weiber und Kinder, ohne den geringsten Widerstand gefangen genommen. Als die Wilden ihren Häuptling in der Gewalt der Fremdlinge sahen, erhoben sie ein lautes Jammergeschrei, und boten einen großen, angeblich im nahen Walde verborgenen Schatz als Lösegeld für die Freiheit Guibian's an.

Allein der Adelantado gab ihren Anerbieten kein Gehör und beschloß den gefährlichen Feind sammt den übrigen Gefangenen an Bord der Schiffe zu schicken, während er mit einem Theile seiner Mannschaft am Lande zurückblieb, um der etwa entkommenen Flüchtlinge habhaft zu werden.

Die Gefangenen wurden in die Boote gebracht, und der Kazike dem ersten Steuermann des Geschwa=

ders, einem Menschen von riesenhaftem Körperbau, Juan Sanchez mit Namen, zur besondern Bewachung übergeben, welchem aufgetragen wurde, den gefangenen Häuptling mit der schärfsten Aufmerksamkeit zu hüten. Auf diese Ermahnung versetzte Sanchez, man solle ihm den Bart, Haar für Haar ausraufen, wenn der Kazike entrinne. Er band Guibian an Händen und Füßen noch enger, und befestigte ihn mit einem Taue an eine Ruderbank des Bootes. Als man den Fluß herab schiffte, um das Geschwader zu erreichen, fing jedoch Guibian über den Schmerz der in seine Glieder einschneidenden Bande so erbärmlich zu jammern an, daß er selbst das Herz des abgehärteten Sanchez rührte, welcher deshalb das Seil, womit der Häuptling an die Ruderbank gefesselt war, löste, und selbes mit der Hand festhielt, um seinen Gefangenen einige Erleichterung zu verschaffen. Kaum war dieß geschehen, als Guibian seine Gelegenheit ersah, obgleich an Händen und Füßen gebunden, mit einen mächtigen Satze aus dem Boote sprang und schwer wie ein Felsstück in den Strom fiel. Wollte Sanchez durch die Gewalt des Sprunges nicht nachgezogen werden, so mußte er das Ende des Taues, woran er seinen Gefangenen festhielt, loslassen. Die während dieses Vorfalls unter den übrigen Gefangenen entstandene Verwirrung, die Besorgniß, daß auch diese

entkommen möchten, und die herrschende nächtliche Dunkelheit hinderten eine weitere Verfolgung Guibian's; mit den noch übrigen Indianern kam Sanchez zu den Schiffen zurück, sehr ärgerlich darüber, daß es einem Wilden gelungen war, ihn zu überlisten. — Der Adelantado kehrte erst am folgenden Tage zu dem Geschwader zurück, reich beladen mit den Trophäen eines Kriegszuges; denn was in der Wohnung des Kaziken an werthvollen Schmucksachen, Armbändern, Knöchelringen, Platten und Kronen von Gold gefunden worden worden war, hatten die Spanier als gute Beute mit sich genommen.

Ein Fünftheil hiervon wurde für die Regierung hinterlegt und das Uebrige an die Theilnehmer der Unternehmung vertheilt. Der Adelantado bekam eine goldene Krone als Andenken an seine That.

Ob die Spanier Recht handelten, den Häuptling dieser Gegend seiner Freiheit zu berauben, bevor dieser noch irgend eine Feindseligkeit begonnen hatte? ob sie Recht thaten, seine Wohnung auszuplündern; ob sie überhaupt ein Recht besaßen, sich an dieser Küste ohne Einwilligung des Kaziken anzusiedeln? Darüber kann das natürliche Rechtsgefühl des Lesers keinen zweideutigen Ausspruch fällen. Den Flecken, welcher dadurch an dem Charakter Columbens haften blieb, daß er diese Gewaltthat zuließ, vermag nur der Umstand in einem milderen Lichte erscheinen zu lassen, daß die Kriegszurüstungen der Indianer den Spaniern deshalb um so furchtbarer vorkommen mußten, weil der Admiral mit seinen Fahrzeugen in dem Flusse Belen, über dessen seichte und klippenreiche Mündung er bei hohem Wasserstande leicht hinweggekommen war, gleichsam gefangen saß.

Seit dem Einlaufen des Geschwaders in den Belen waren die Gewässer dieses Stromes bedeutend gesunken und nicht ohne die augenscheinlichste Gefahr zu scheitern würde der Admiral es versucht haben, seine auf der langwierigen Reise mürbe gewordenen Fahrzeuge über die Brandung an der Mündung des Flusses hinweg zu bringen.

Die gewaltthätige Handlung, welche sich die Spanier gegen die Eingeborenen hatten zu Schulden kommen lassen, trug ihnen indeß nur schlechte Früchte. Sie war die Quelle großer Mühseligkeiten und Beschwerden, die die Colonisten zu erdulden hatten, und trug endlich die Schuld, daß man die beabsichtigte Ansiedlung gänzlich aufgeben mußte.

Guibian war nicht ertrunken, wie man geglaubt hatte. Ob auch an Händen und Füßen gefesselt, war der gewandte Wilde unter dem Wasser fortgeschwommen, und unter dem Schutz der eingetretenen Verwirrung glücklich an das Ufer des Stromes gelangt. Als er seine Angehörigen sämmtlich fortgeschleppt und sein Haus ausgeplündert fand, sann er auf furchtbare Rache. Er versammelte alsbald einen zahlreichen Haufen seiner Krieger und stürzte mit einem wüthenden Angriffe aus seinen Wäldern auf die Ansiedler los.

Nur der Unerschrockenheit des tapfern Adelantado war es zuzuschreiben, daß sich die Wilden nach einem kurzen, aber hartnäckigen Kampfe vor den überlegenen Waffen der Spanier zurückziehen mußten. Allein dadurch nicht entmuthigt, brachen sie in kurzen Zeiträumen immer wieder aus ihren Wildnissen hervor, um den weißen Männern Schaden zuzufügen. Denn Guibian hatte in seiner gerechten Erbitterung den festen Vorsatz gefaßt, die räuberischen Eindränglinge gänzlich auszurotten. Durch die fortgesetzten Kämpfe sahen sich die Ansiedler genöthigt von dem bisherigen Platze ihres Anbaues sich weiter gegen die Küste herabzuziehen, wo sie den Wildnissen des Landes nicht so nahe, daher den Angriffen der Eingeborenen nicht so sehr ausgesetzt waren. Aber auch bis hierher verfolgten sie die kriegerischen Indianer und ließen ihnen bei Tag und bei Nacht keine Ruhe, so daß sie genöthigt waren, aus Balken, Kisten und dem vorhandenen Boote eine Art Bollwerk zu erbauen, wodurch sie gegen die Wurfgeschosse der Wilden einigermaßen gesichert wurden.

Die Gefahr der Ansiedler stieg zu einer großen

Höhe. Durch einen Sturm, der eben außen auf der See wüthete, war Columbus verhindert, aus dem Flusse Belen, wo er noch immer vor Anker lag, seinen Colonisten zu Hilfe zu kommen; auch kannte er den ganzen Umfang ihrer Bedrängniß nicht, indem der Adelantado weder zu Lande, wegen der ringsum lauernden Indianerschwärme, noch zur See, wegen des Aufruhrs der Elemente, einen Boten an seinen Bruder absenden konnte, der diesen von der Verlegenheit der geängstigten Ansiedler benachrichtigt hätte. Indeß Guibian fortfuhr mit indianischer Beharrlichkeit die hinter ihrem Bollwerke an der Küste verschanzten Spanier zu bekriegen, ras'te auf dem Meere neun Tage hindurch ein Orkan in seiner vollen Wuth, und machte eine Communication zwischen den Schiffen und den Spaniern an der Küste unmöglich.

Diese begannen an der Möglichkeit zu verzweifeln, sich fortan gegen die unermüdeten Angriffe der Wilden behaupten zu können. Was sollte aus ihnen an diesem Strande werden, wenn ihnen die Kriegsvorräthe ausgingen? Bevor der Admiral mit kräftigen Hilfs- und Widerstandsmitteln aus Spanien zurückkehrte, verstrich eine geraume Zeit, während deren sie der stets steigenden Erbitterung der Eingeborenen längst zum Opfer gefallen sein konnten.

Die Ansiedler verloren deshalb alle Lust, sich an

diesem unwirthlichen Strande, auf sich selbst beschränkt, fern von jeder Unterstützung, aussetzen zu lassen, und verlangten einmüthig zurück auf die Schiffe.

Als die See sich einigermaßen beruhigt hatte, erfuhr der Admiral den mißlichen Zustand seiner Niederlassung und entschloß sich, für jetzt den Plan zur Gründung einer solchen aufzugeben und denselben erst zu verwirklichen, wenn ihm die aus Spanien herbeizubringenden Streitkräfte eine gesicherte Besitzergreifung des Landes erlauben würden. Diejenigen Vorräthe, welche man vorher zum Gebrauche der Niederlassung ausgeschickt hatte, wurden ungeachtet der Beunruhigung von Seite der Wilden alle wieder glücklich an Bord gebracht, bei welchem Geschäfte sich Diego Mendez vorzüglich thätig und unerschöpflich an Auskunftsmitteln zeigte. Nur seinen unermüdlichen Bemühungen verdankte man es, daß das ganze Geschäft binnen zweier Tage ohne irgend einen Verlust zu Ende gebracht wurde. Diego Mendez war der Letzte, welcher den gefährlichen, den Angriffen der Wilden so sehr preisgegebenen, Standpunkt an der Küste verließ. Die Spanier waren nun den erbitterten Verfolgungen der Indianer zwar glücklich entgangen, hatten aber dennoch schmerzliche Verluste zu beklagen. Für's Erste war Diego Tristan, einer der Schiffscapitaine, mit zwölf Matrosen, als er in dem Flusse Belen aufwärts gefahren war, um Holz und Wasser zu laden, von den Wilden aufgefangen und sammt seinen Leuten erschlagen worden; dann mußte der Stumpf einer Caravelle, welche über die Klippe am Eingange des Stromes Belen durchaus nicht hinweggebracht werden konnte, als ein Wrack zurückgelassen werden.

Zum Lohne für seine geleisteten treuen und muthvollen Dienste wurde Diego Mendez von dem Admirale an die Stelle des verunglückten Diego Tristan zum Capitain eines der nunmehr noch übrigen drei Fahrzeuge ernannt.

Dreiundzwanzigstes Kapitel.

Abreise von Veragua, Stranden auf Jamaika. — Fahrten des Diego Mendez im Innern dieser Insel. — Dessen Reise nach Hispaniola.

Gegen Ende Aprils 1503 verließ Columbus mit seinen sehr beschädigten Fahrzeugen und einer durch die erduldeten Widerwärtigkeiten äußerst niedergeschlagenen Mannschaft die verhängnißvolle Küste von Veragua. Die Schiffe waren in einem so schlechten Zustande, und die Seevorräthe so erschöpft, daß es unmöglich war, wie es im anfänglichen Plane Columbens lag, nach Spanien zu segeln. Man mußte sich entschließen, nach Hispaniola zu reisen; und es war erst die Frage, ob unsere Abentheurer diese Insel auf Schiffen erreichen würden, die vom Pfahlwurme dergestalt zernagt waren, daß sie gleich einem Schwamme unablässig Wasser in sich sogen.

Um jedoch durch die in diesen Meeren häufig von Osten nach Westen ziehenden Strömungen nicht zu weit von dem bestimmten Hafen auf Hispaniola verschlagen zu werden, beschloß Columbus, vorerst eine namhafte Strecke Weges ostwärts zu gewinnen, und dann seinen Curs nordwärts nach San Domingo zu richten. Da Columbus die Absicht dieses Laufes seinen Seeleuten verschwieg, um den Weg nach der reichen Küste von Veragua vor ihnen möglichst geheim zu halten, so begannen diese laut zu murren, weil sie glaubten, Columbus wolle ungeachtet des schlechten Zustandes seiner Schiffe die Ueberfahrt nach Spanien wagen. Der Admiral kehrte sich indeß nur wenig an die mißvergnügte Stimmung seiner Gefährten, und fuhr in dem begonnenen Curse zu steuern fort. Als man nach Puerto Bello kam, war man genöthigt, eine der Caravellen, welche die See nicht mehr zu halten vermochte, als ein Wrack zurückgelassen, so daß nunmehr die ganze Schiffsmannschaft in dem engen Raume zweier Fahrzeuge zusammengedrängt war.

Unter fortwährendem Kampfe mit widrigen Winden und einer ungestümen See erreichte der Admiral, längs der Küste fortsteuernd, jenen Eingang, welcher gegenwärtig der Meerbusen von Darien heißt. Hier zog er seine Capitaine und Steuerleute zu einer Berathung zusammen, in welcher man übereinkam, sich von dem Festlande zu trennen, das man bisher stets im Auge behalten hatte. Denn man war es müde, länger auf dem bisher beibehaltenen östlichen Laufe mit beständigen widrigen Winden und dem Ungemache stürmischer Fluthen zu kämpfen, indem man sich nach dem schützenden Porte eines sicheren Hafens sehnte. Man wandte sich vom Meerbusen von Darien nordwärts, und hoffte auf diesem Wege Hispaniola zu erreichen. Allein die Befürchtungen des Admirals, westwärts von dieser Insel verschlagen zu werden, rechtfertigten sich im ferneren Verlaufe der Reise nur zu sehr. Obgleich die Steuerleute nach ihren Vermuthungen die Ansicht aussprachen, daß man sich östlich von den canarischen Inseln befinde, so kamen die Schiffe am dreißigsten Mai doch unvermuthet südlich von Cuba auf einem jener vielen Eilande vor Anker, welche Columbus früher die Gärten der Königin benannt hatte.

Die Mannschaft war durch Hunger und Anstrengungen ungemein erschöpft, von den Seevorräthen war außer ein wenig Oel, Essig und Zwieback beinahe Nichts übrig; übrigens war man genöthigt, Tag und Nacht an den Pumpen zu arbeiten, um das unaufhörlich hereindringende Wasser aus dem Raume fortzuschaffen. Zu diesem Elende gesellte sich noch ein durch einen plötzlichen Sturm den Schiffen widerfahrenes Ungemach. Kaum legten diese an dem erwähnten Eilande vor Anker, als ein Orkan sich mit so fürchterlichem Ungestüme erhob, daß sämmtliche Kabeltaue wie Bindfaden zerrissen, und die eine Caravelle so mächtig an das Admiralschiff geschleudert wurde, daß beide beinahe zertrümmert worden wären. Nur mit der größten Mühe konnte man die beiden durch ihr Tauwerk verflochtenen Fahrzeuge wieder trennen.

Unter so mißlichen Umständen wurde es nunmehr gänzlich unmöglich, nach Hispaniola zu gelangen; denn ungeachtet die Matrosen die Pumpen mit übermenschlicher Anstrengung handhabten, wuchs das Wasser im Raume dennoch beständig. Die Schiffe drohten auf offener See zu versinken. Columbus richtete daher seinen Lauf nach der Insel Jamaica, wo er beide Caravellen ungefähr einen Büchsenschuß vom Lande neben einander auf den Strand laufen ließ, in einer Bucht, welche nachher den Namen Don Christovals Bai erhielt.

Die beiden Wracks wurden an einander befestigt, und füllten sich bald, wie es vorauszusehen gewesen, bis an das Verdeck mit Wasser. Man setzte die verunglückten Schiffe in den bestmöglichsten Vertheidigungszustand, um gegen die zu besorgenden böslichen Angriffe der Eingeborenen gesichert zu sein, und errichtete auf den Verdecken Strohhütten zur Bequemlichkeit der Mannschaft. Ueberdieß war der Admiral dafür besorgt, daß keiner seiner Untergebenen sich ohne besondere Erlaubniß an das Land begebe. Denn leicht mochten von den verzweifelten Seeleuten auf der Insel Excesse begangen werden, welche das gute Einvernehmen mit den Insulanern stören mußten; und davon hauptsächlich hing die Existenz der Schiffbrüchigen ab. Ein einziger vom Lande her in die hölzerne Seefestung geschleuderte Feuerbrand konnte sie alle unerrettbar vernichten. Da den Spaniern die Lebensmittel gänzlich ausgegangen waren, so mußte es die erste Sorge sein, solche herbeizuschaffen. Dem augenblicklichen Bedürfnisse hiervon wurde auch bald abgeholfen, weil die Insel Jamaika sehr bevölkert war, und der Hafen bald von Indianern wimmelte, welche ihre Naturerzeugnisse gegen europäische Tauschartikel anboten. Allein da die Indianer zu sorglose Wesen waren, um Nahrungsmittel in Vorräthen aufzuhäufen, ihre Zufuhr sich daher äußerst unregelmäßig zeigte, so geriethen die Spanier bald in Noth, und vermochten ihren Hunger nur sehr sparsam zu stillen. Man besorgte überdieß die rings um den Hafen gelegenen Landstriche möchten ihre Vorräthe bald erschöpft haben; dann aber verfielen die unglücklichen Europäer offenbar dem Hungertode.

Um diesem Uebelstande zuvorzukommen, erbot sich der beherzte Diego Mendez mit noch drei Mann, einen Zug in das Innere der Insel zu machen. Der Admiral nahm sein Anerbieten freudig an, und Diego ging mit seinen drei Gefährten wohlbewaffnet an das Land. Er wurde von den Eingebornen mit der diesen Wilden eigenthümlichen Gastfreundschaft aufgenommen. Bald gelang es ihm, mit dem Kaziken eines zahlreichen Volksstammes ein Uebereinkommen zu treffen, vermöge dessen dieser sich bereit erklärte, von seinen Unterthanen mittelst der Jagd, des Fischfanges und des Landbaues Lebensmittel bereiten, und selbe in regelmäßigen Transporten an die gestrandeten Spanier gelangen zu lassen. Hiefür sollten die Indianer im Tauschhandel Messer, Kämme, Falkenschellen, Glasperlen und andere Artikel bekommen.

Mit der Nachricht von dieser Uebereinkunft sandte Mendez einen seiner Begleiter an den Admiral zurück. Drei Stunden weiter im Innern von Jamaika schloß er einen ähnlichen Vertrag, und beorderte einen zweiten seiner Gefährten, um Columben von dem Fortgange seines Geschäftes in Kenntniß zu setzen. In

16*

einer Entfernung von ungefähr sieben Meilen von den Schiffen fand Mendez einen mächtigen Kaziken, Namens Huavco, welcher ihn überaus freundlich bewirthete. Dieser Häuptling ließ von seinem Stamme eine große Menge von Mundvorräthen herbeischaffen, für welche Mendez die Tauschartikel sogleich entrichtete, indem er selbe mit dem letzten seiner Gefährten an den Admiral absandte, und diesen ersuchen ließ, einen Agenten zu schicken, welcher den hier mit den Wilden eingeleiteten Verkehr fortsetzen sollte.

Obgleich nunmehr ganz allein, drang Mendez doch unerschrocken bis an das östliche Ende der Insel vor, wo er einen Kaziken, mit Namen Ameiro, antraf. Mit diesem schloß er nicht nur ein Lieferungsübereinkommen, sondern auch eine innige Freundschaft, zu deren Besiegelung er mit dem Häuptlinge nach indianischer Sitte den Namen vertauschte. Er kaufte dem Kaziken für ein glänzendes messingenes Becken, einen Leibrock und ein Hemde ein großes Canoe ab, das er mit den zusammengebrachten Lebensmitteln belud. In Begleitung von sechs Indianern, welche den Kahn leiteten, kehrte er hierauf zur See zu seinen Landsleuten zurück, denen die Zufuhr sehr gelegen kam, weil sie bereits nahe daran gewesen waren, in eine Hungersnoth zu gerathen. Eine solche Besorgniß fiel zwar für die Gegenwart hinweg, indem die Wilden ihre Mundvorräthe regelmäßig auf die von Mendez eingerichteten Märkte brachten; allein auf dem Admirale lastete nunmehr eine andere Bekümmerniß; er war um die Mittel in Verlegenheit, die Insel zu verlassen.

Die verunglückten Caravellen, an deren Wiederherstellung wegen ihrer beträchtlichen Beschädigung durchaus nicht zu denken war, lagen als unbehülfliche Wracks an dem Strande eines wilden Eilandes in einem unbesuchten Meere, wo man also nicht auf das zufällige Vorüberkommen eines Schiffes hoffen und Erlösung aus einer Lage erwarten konnte, die für die Schiffbrüchigen auf die Länge der Zeit äußerst bedenklich werden konnte. Denn wie freundlich gesinnt sich gegenwärtig auch die Wilden zeigten, wie eifrig sie auch bemüht waren, der von Mendez mit ihnen getroffenen Uebereinkunft nachzukommen, so konnte doch über Kurz oder Lang ein Umstand eintreten, welcher die Eingeborenen abgeneigt machte, die Spanier fernerhin mit Lebensmitteln zu versehen. Zwangsmittel gegen die Indianer auszuüben — dazu mangelten den Schiffbrüchigen die Mittel; ja diese konnten von den Wilden im Falle einer Feindseligkeit leicht gänzlich vernichtet werden. Unter solchen Verhältnissen wurde es dem Admiral klar, daß es für ihn durchaus kein anderes Mittel gebe, von Jamaika wegzukommen, als die Nachricht von seiner mißlichen Lage nach Hispaniola gelangen zu lassen. Von dort konnte ein Fahrzeug gesendet werden, welches Columben und seine Gefährten am sichersten aus allen weiteren Fährlichkeiten befreien möchte.

Wer aber sollte der Ueberbringer dieser Botschaft, wer der kühne Schiffer sein, welcher sich in einem gebrechlichen Canoe, wie ein solches dem Admirale blos zu Gebote stand, über einen vierzig Meilen breiten Meeresarm nach Hispaniola hinüberwagte, da überdieß diese Gewässer gar oft von den in jenen Breiten häufigen Orkanen aufgewühlt werden? Der Blick des Admirals fiel unwillkürlich auf Diego Mendez, der schon bei vielen Gelegenheiten den erprobtesten Muth an den Tag gelegt hatte. Von ihm hoffte Columbus, daß er die gefährliche Sendung nach San Domingo vollführen würde.

Er nahm ihn deshalb bei Seite, stellte ihm die wahre Größe der Gefahr vor, in der sie alle schwebten, und zeigte ihm, wie nur dadurch eine sichere Rettung der Schiffbrüchigen möglich sei, daß die Nachricht von ihrem Unglücke nach San Domingo komme.

Diego Mendez entschloß sich, die Ueberfahrt nach Hispaniola zu unternehmen, falls sich unter der übrigen Mannschaft Niemand vorfände, oder sich zu solchem Wagnisse herbeiließe. Denn Mendez gab vor, daß seine Gefährten mit Neid auf das Vertrauen hinblickten, mit welchem der Admiral jedes gefährliche Unternehmen blos seiner Ausführung anvertraue. Um daher den Vorwurf eines Vorzuges oder des Ehrgeizes von sich abzuwälzen, wolle er erst dann seine Bereitwilligkeit, die kühne Fahrt zu unternehmen, an den Tag legen, wenn kein Anderer Muth genug zeigen sollte, die Botschaft von ihrer mißlichen Lage nach San Domingo zu bringen.

Gern gestand Columbus dem getreuen Mendez diese Bedingung zu, und eröffnete am folgenden Tage seinen Unglücksgefährten den einzigen, obgleich nur schwierig ausführbaren, Rettungsvorschlag.

Wie es der Admiral vorausgesehen, fand sich unter der Mannschaft Niemand, der sich geneigt gezeigt hätte, auf einem schlechten indianischen Kahne den Versuch einer Ueberfahrt nach Hispaniola zu machen. Da Alles von der Kühnheit und Waghalsigkeit eines solchen Unternehmens zurückbebte, trat Mendez hervor, und bot sich zur Ausführung desselben an. Der hochherzige Muth, welchen er hierbei entwickelte, erweckte ähnliche Gesinnungen in dem Capitain Bartholomeo Fiesko, der sich entschloß, Diego auf der gefährlichen Reise zu begleiten.

Man säumte nicht, für die Fahrt alsogleich die nothwendigsten Vorbereitungen zu treffen. Zwei Canoes wurden nothdürftig ausgerüstet; man gab ihnen einen falschen Kiel, nagelte Wetterborde über selbe zum Schutz gegen die Meereswellen, überzog sie mit Theer, setzte Mast und Segel ein, und versah sie mit den nöthigen Vorräthen. Nachdem der Admiral an den Statthalter Ovando einen Brief geschrieben hatte, in welchem er um Befreiung aus seiner höchst bedenklichen Lage dringend ersuchte, gingen die beiden schwachen Barken, die eine unter der Leitung des Mendez, die andere unter dem Befehle des Fiesko unter Segel. In jedem der Kähne befanden sich außer zehn Indianern zum Rudern auch sechs bewaffnete Spanier, die sich, durch das Beispiel Fiesko's angefeuert, herbeigelassen hatten, die Fahrt mitzumachen. Ein jeder der Eingeborenen nahm einen Vorrath von Cassavabrod und eine große Kalebasche Wasser mit sich, während die Spanier zu ihrem Proviante noch außerdem etwas Kaninchenfleisch hinzuthaten. Dergestalt versorgt, fuhren die muthigen Schiffer längs der Küste bis an das östliche Ende der Insel, indeß der Adelantado mit bewaffneter Mannschaft am Lande nebenher marschirend sie im Auge behielt, um sie vor etwaigen Angriffen böswilliger Indianer zu schützen.

Ohne Störung erreichte die Expedition Jamaika's Ostspitze, wo man drei Tage warten mußte, bis das Meer genugsam ruhig erschien, um das Auslaufen der gebrechlichen Kähne zuzulassen. Sobald sich das Wetter gänzlich heiter zeigte, sagte Mendez seinen Begleitern zu Lande Lebewohl und vertraute sich dem offenen Meere an. Der Adelantado behielt die zwei Fahrzeuge so lange im Auge, bis sie auf der unübersehlichen Fläche des Oceans gleich Punkten verschwunden waren, und kehrte am folgenden Tage mit seinen Leuten zu dem Admirale zurück. Die Reise des kühnen Mendez ging am ersten Tage ganz gut von Statten. Die See war ruhig, der Himmel heiter und wolkenlos, aber mit dem allmäligen höhern Emporsteigen der Sonne begann auch die Hitze, besonders für die arbeitenden Indianer, äußerst unerträglich zu werden. Die sengenden, von der Meeresfläche widerspiegelnden Sonnenstrahlen drohten ihnen die Augen auszudörren. Die mit Rudern beschäftigten Wilden sprachen ihren Wasservorräthen häufig zu, sprangen auch öfter in die See, um ihre schwindenden Körperkräfte zu erfrischen und setzten dann neugestärkt ihr beschwerliches Tagewerk fort. Die ganze Nacht arbeitete man angestrengt und hoffte deshalb mit Tagesanbruch die kleine acht Seemeilen von Hispaniola entfernte Insel Navasa zu erreichen. Allein wer beschreibt die Niedergeschlagenheit unserer Abentheurer, als die aufgehende Sonne vor ihren sehnsüchtig nach einem festen Punkte suchenden Blicken Nichts als eine weite unübersehbare Wasserwüste entschleierte.

Sie hatten sich in der Berechnung der zurückgeleg=
ten Wegstrecke geirrt, indem sie die ihnen entgegenkom=
mende Meeresströmung nicht in Anschlag gebracht
hatten.

War der verflossene Tag für unsere kühnen Rei=
senden ein mühseliger gewesen, so brachte der gegen=
wärtige des Ungemachs noch viel mehr über sie. Die
Indianer hatten während der anstrengenden Arbeit des
gestrigen Tages und der verstrichenen Nacht ihren gan=
zen Wasservorrath erschöpft, so daß nun auch kein
Tropfen mehr übrig war, um die Kräfte der Arbeiter
zu ihrer anstrengenden Verrichtung tauglich zu erhal=
ten. Die armen Wilden fielen erschöpft von den Ru=
derbänken herab und begannen unter den brennenden
Strahlen der tropischen Sonne zu erliegen; wollten
sie ihre dürren Lippen mit Seewasser befeuchten, so
steigerte dieß durch seine Bitterkeit und Gesalzenheit
nur noch die Qual des Durstes. Je höher die Sonne
stieg, desto größer wurde die Erschöpfung der armen
Seefahrer. Um Mittag war die Hitze durchaus uner=
träglich, weder Spanier noch Indianer vermochten mehr
ein Ruder zu lenken, und drohten, vor Erschöpfung zu
verschmachten.

Zum Glücke fanden nun die Commandeurs beider
Canoes — oder behaupteten doch, sie fänden, — in
den Kähnen zwei kleine Fäßchen mit Wasser, welche sie

aus Vorsicht für diesen äußersten Nothfall zurückbehalten haben mochten. Von dem kostbaren Inhalte dieser Gefäße wurde den Reisenden von Zeit zu Zeit so viel mitgetheilt, als zur nothdürftigen Erfrischung besonders der arbeitenden Indianer hinreichte.

Auch verstattete man diesen zuweilen eine kurze Rast, um ihre äußerst erschöpften Lebensgeister zu sammeln.

Als nun aber am Ende des zweiten Tages ihrer gefährlichen Seefahrt die Reisenden noch immer kein Land sahen, und die Sonne in die Wellen sank, ohne daß im Bereiche des Horizontes die ersehnte Insel Navasa erschien, da bemächtigte sich selbst der Beherztesten bange Besorgnisse. Wie leicht konnten sie von einer Meeresströmung ergriffen an Hispaniola vorbeigekommen sein? Ein Gedanke, der selbst unserem muthvollen Mendez Furcht erregte. Denn in diesem Falle waren sie dem Hungertode unerrettbar Preis gegeben. Nichtsdestoweniger suchte Mendez seinen Reisegefährten Muth einzuflößen. Die Nacht brach nunmehr vollends herein; die Indianer setzten ihre Anstrengungen mit der äußersten Erschöpfung fort, um die Fahrzeuge im Gange zu erhalten, sie wechselten im Rudern mit dumpfer Verzweiflung ab; einige lagen röchelnd am Boden des Canoes, und konnten vor unsäglichem Durste den Schlaf nicht finden, welcher sie

zu neuen Anstrengungen fähig machen sollte. Nur in
Augenblicken der höchsten Noth wurde ihnen ein Mund=
voll süßen Wassers als Labsal gereicht, während auch die
Spanier zur Arbeit griffen, deren kräftigere Körperbe=
schaffenheit den Mühsalen ihrer Reise noch nicht so
sehr erlegen war, obgleich auch sie von den Qualen
eines fürchterlichen Durstes gepeinigt wurden. Um
Mitternacht war der kärgliche Wasservorrath bis auf
den letzten Tropfen ausgegangen, und nunmehr verzwei=
felte Jeder an der Möglichkeit, Hispaniola zu erreichen.
Selbst die beiden Commandeurs, welche bisher auch den
letzten Schein von Hoffnung festgehalten, und mit be=
wunderungswürdiger Ausdauer den Kampf mit Leiden
und Verzweiflung bestanden hatten, begannen nun den
Muth sinken zu lassen. Diego Mendez saß traurig
auf dem Wetterborde seines Canoes und blickte in die
blassen Streiflichter, welche auf der See dem Aufgange
des Mondes vorherzugehen pflegen. Als die Mondes=
scheibe aus dem Meere emportauchte, sah er, daß sie
hinter einer dunklen Masse aus dem Ocean emporstieg.
Scharfen Blickes bemerkte Mendez, daß sich nur eine
Insel dergestalt über den ebenen Horizont der See er=
heben könne, und ließ sogleich den tröstlichen Ruf
„Land" erschallen. Seine verschmachteten Reisegefähr=
ten erhielten nunmehr neue Schnellkraft. Es blieb
kein Zweifel, daß dieß die Insel Navasa sei; doch

zeigten sich ihre Umrisse so klein und in so großer Ferne, daß, wenn der Mond nicht gerade zufällig hinter derselben hervorgetreten wäre, sie unsere Abentheurer in der nächtlichen Dunkelheit gewiß nimmermehr entdeckt haben würden.

Mit fieberhafter Gewalt strengten sie nunmehr ihre letzten Kräfte an. Sie erreichten am Morgen des nächsten Tages die Küste der Insel Navasa, und dankten Gott für ihre wundersame Rettung. Die Insel war felsig — kein Baum — kein Gewächs, keine Quelle, kein Fluß war auf derselben zu finden, doch trafen unsere Reisenden, als sie in der Pein ihres Durstes hastig nach Wasser suchten, Felshölungen an, in welchen sich Regenwasser, wie in Cisternen, gesammelt hatte. Mit unersättlicher Gier fielen die armen Indianer, welche vermöge der Anstrengungen ihrer Arbeit den Durst um so heftiger empfanden, über diese hohlen Stellen der Felsen her, füllten ihre Kalebaschen und sogen das lezende Naß in hastigen Zügen ein.

Ungeachtet die Klügeren vor der Gefahr einer schnellen Befriedigung des Bedürfnisses warnten, so konnte doch Nichts die Wilden in ihrer Gier vor dem unmäßigen Trinken abhalten. Die Spanier hielten sich noch einigermaßen zurück, aber die Indianer, welche das Wasser wie wahnsinnig eingeschlürft hatten, erfuhren durch den unvorsichtigen Genuß die schädlichsten

Folgen. Einige starben sogleich, andere erkrankten gefährlich, und trugen für ihre übrige Lebenszeit einen siechen Körper davon. Nachdem die Reisenden ihren Durst gestillt hatten, blickten sie auch nach Nahrung umher. Man fand einige Schalthiere, welche die See an den Strand gespült hatte. Mendez schlug Feuer. Die Thiere wurden gebraten und von den erschöpften Seefahrern als ein köstliches Mahl verspeiset. Den ganzen Tag widmete man auf dem öden Eilande der Erholung. Aus der Ferne aber winkten die Gebirgszüge Hispaniola's herüber, welche bereits im Bereiche des Gesichtskreises befindlich waren.

Als sie wieder sattsam zu Kräften gekommen waren, und die Kühle des Abends, so wie das herrschende heitere Wetter zur Fortsetzung der Reise einlud, bestiegen unsere Seefahrer ihre schwachen Kähne, und arbeiteten sich nun, das Ziel vor Augen, rüstig vorwärts, so daß sie am kommenden Tage, dem vierten seit ihrer Abreise von Jamaica, frühzeitig die Küste von Haiti erreichten.

Sie wurden von den gastlichen Eingebornen freundlich aufgenommen und bewirthet. Zwei Tage blieben sie hier, um sich von den überstandenen Mühsalen vollends zu erholen. Fiesko hatte dem Admirale versprochen, im Falle die Expedition glücklich nach Haiti gelange, sogleich nach Jamaica zurückzukehren, und von dem Gelingen der Unternehmung Nachricht zu hinterbringen. Hierzu zeigte sich Fiesko auch bereit; allein Nichts vermochte irgend Jemanden von seinen Reisegefährten zu bewegen, sich abermals den kaum überstandenen Gefahren einer so kühnen Fahrt auszusetzen. So blieb Fiesko nichts anderes übrig, als Mendez auf seiner Weiterreise zu folgen, die derselbe in Begleitung von sechs Indianern dieser Küste zur See nach dem mehr als einhundert dreißig Seemeilen entfernten San Domingo antrat, um dort das von Columben mitgegebene Schreiben den Händen des Gouverneurs Ovando zu übergeben. —

Indem wir den getreuen Mendez seinem guten Schicksale und seinen Bemühungen überlassen, die für die Schiffbrüchigen auf Jamaica so dringend nöthige Hilfe baldmöglichst herbeizuschaffen, wollen wir uns zu der Erzählung derjenigen Widerwärtigkeiten wenden, welche der Admiral, fern von allem Beistande, vergessen von der civilisirten Welt und seinen undankbaren Landsleuten, in einem bisher unbesuchten Erdwinkel, mitten unter zügellosen Untergebenen und rohen Wilden zu bekämpfen hatte.

Vierundzwanzigstes Kapitel.

Meuterei des Porras. — Columbens List, um Lebensmittel von den Indianern zu erhalten. — Sendung Eskobars von San Domingo. — Kampf mit Porras.

Mendez und Fiesko hatten die unglücklichen Wracks noch nicht lange verlassen, als Krankheiten unter den Spaniern einzureißen begannen. Zum Theil das gedrängte Zusammenwohnen auf den engen Schiffsrumpfen, zum Theil die Entbehrung der gewohnten Lebensmittel waren es, welche das allmälige Hinsiechen der Mannschaft veranlaßten, die sich an die meistens vegetabilischen Nahrungsstoffe der Indianer nicht gewöhnen konnten.

Hierzu trat der Umstand, daß die bisher an ein thätiges und abwechselndes Leben gewöhnten Abentheurer sich nunmehr genöthigt sahen, auf ihre Schiffsverdecke beschränkt, die Zeit in trägem Müßiggange hinzubringen. Ueberdieß verstrich Tag um Tag, ohne daß Fiesko, wie er doch dem Admirale versprochen hatte, mit der Nachricht von der glücklichen Ankunft auf Hispaniola zurückkehrte.

Aus allen diesen Beweggründen begann unter den Spaniern ein Mißvergnügen rege zu werden, das von

Stunde zu Stunde um so mehr stieg, als der sehnlich erwartete Fiesko, nach dessen zurückkehrendem Kahne die Mannschaft vergebens in die See hinauslugte, nichts von sich hören ließ, ungeachtet bereits eine geraume Zeit verstrichen war, binnen deren die Reise von Jamaica nach Hispaniola und zurück, falls sie glücklich abgelaufen war, ganz bequem hätte zurückgelegt werden können. Die zaghaften Untergebenen Columbens schlossen daher, daß die kühnen Schiffer auf ihrer Reise nach Haiti den Untergang gefunden hätten, und daß von San Domingo eine Hilfe nicht zu hoffen sei. Tiefe Muthlosigkeit bemächtigte sich der Mannschaft. Sie brach in lautes Murren aus, und ohne mit dem Admirale, der mehr litt als alle seine Untergebenen, Mitleid zu haben, begann sie ihn als die einzige Ursache ihres Unglückes zu verwünschen.

Diese gefährliche Stimmung der Spanier würde vielleicht ohne in Thätlichkeiten auszuarten vorübergegangen sein, wenn nicht zwei Brüder, Namens Diego und Francisco Porras, das Mißvergnügen der Mannschaft benutzt hätten, um sie irre zu leiten. Aus Gefälligkeit gegen einen am spanischen Hofe hochgestellten Mann, hatte der Admiral dessen Verwandte, die Gebrüder Porras, als Offiziere bei seiner Entdeckungsexpedition angestellt, obgleich diese dem ihnen übertragenen Amte, der eine war als Schiffscapitain, der andere als Notar mitgegangen, sich durchaus nicht gewachsen zeigten. Wie gewöhnlich erntete Columbus auch von ihnen nichts anders, als den schwärzesten Undank für seine Wohlthaten. Kaum bemerkten die Porras die verzweifelte Stimmung ihrer Unglücksgefährten, als sie selbe durch alle möglichen böslichen Vorspiegelungen gegen den Admiral einzunehmen und sie zu offenbarer Empörung zu verleiten suchten.

Sie versicherten, dem Admirale sei es gar nicht darum zu thun, die Insel zu verlassen; das Absenden des Mendez, vorgeblich um Hilfe zu bringen, sei nichts anderes als Täuschung gewesen, um seine Untergebenen ruhig zu halten. Columbus sei aus Spanien verbannt und gedenke auf Jamaica abzuwarten, bis die königliche Gnade ihm wieder günstig sein werde. Wäre aber Mendez auch wirklich in der Absicht abgeschickt worden, um ein Schiff zur Ueberfahrt nach Hispaniola zu holen, so zeige doch das lange Ausbleiben einer jeden Hilfe sattsam, daß er in der Erfüllung seiner Sendung den Untergang gefunden habe. Wolle man daher nicht gefährdet sein, auf Jamaica, in einem abgelegenen Erdwinkel zu verderben, so bleibe keine andere Wahl, als sich zu einer Ueberfahrt nach Hispaniola in denjenigen Canoes zu entschließen, welche Columbus von den Wilden bisher eingetauscht hatte. Durch diese und ähnliche Vorstellungen suchten die Porras sich einen

Anhang unter den unzufriedenen Schiffbrüchigen zu erwerben, welche sie zu offener Meuterei gegen den Admiral durch das Beispiel Roldan's anzueifern suchten, dessen Aufstand nicht nur straflos geblieben sei, sondern Columben sogar einen Theil seiner Rechte und Würden gekostet habe.

Nur zu wohl gelang es den Ränken der listigen Porras, das Rechtsgefühl vieler der verzweifelten Seefahrer zu übertäuben, und ihr Mißvergnügen zu offenem Aufruhre gegen des Admirals gesetzliche Gewalt geneigt zu machen. Obgleich Columbus die üble Stimmung seiner Mannschaft vermuthete, so glaubte er den Gährungsstoff doch nicht so gefährlich, als er es wirklich war.

Am zweiten Januar 1504 brach der Aufstand förmlich aus. Als Columbus in seiner, auf dem Hintertheile des Verdeckes errichteten kleinen Cajüte eben über seine und seiner Gefährten traurige Lage nachdachte, und die Mittel erwog, sich aus derselben zu befreien, trat Francisco Porras zu ihm, und machte ihm in einem äußerst anmaßenden und unverschämten Tone die gröbsten Vorwürfe, indem er ihm die alleinige Schuld an dem nunmehrigen Unglücke der Schiffsmannschaft beimaß. Er schrieb es der absichtlichen Säumigkeit des Admirals zu, dem an der Rückkehr nach Spanien wenig gelegen sei, daß bisher die so lange erwartete Erlösung von dem wilden Eilande noch immer nicht eingetreten sei.

Obzwar durch das übermüthige Benehmen des Francisco Porras befremdet, behielt Columbus doch seine Fassung auf eine wahrhaft bewunderungswürdige Weise bei. Er stellte dem ungestümen Mahner die Unwahrheit seiner Beschuldigungen vor. Er suchte diesen zu überzeugen, daß ihm, welchem von Gott und den Souverainen die Fürsorge für das Wohl der Mannschaft übertragen worden sei, ganz vorzüglich daran liegen müsse, seine Gefährten über die Fährlichkeiten der gegenwärtigen mißlichen Lage hinwegzubringen. Er errinnerte Porras, daß alle Maßregeln, die man bisher zum gemeinsamen Wohle ergriffen, stets auch der allgemeinen Berathung unterzogen worden seien, und fügte hinzu, daß, wenn es den Unzufriedenen räthlich erschiene, Behufs der Rettung aus der gegenwärtigen Noth zu andern Auskunftsmitteln die Zuflucht zu nehmen, einer abermaligen Berathschlagung Nichts im Wege stehe. —

Allein über die neuen Maßregeln hatte Porras mit seinem Anhange die Verabredung bereits gepflogen. Er erwiederte daher dem Admirale barsch, in der dermaligen Lage gebe es kein anderes Mittel, als sich entweder sogleich einzuschiffen und die Heimfahrt anzutreten, oder in Gottes Namen dem sichern Tode auf der wilden Insel entgegen zu harren, auf welcher man sich befinde. „Ich für meine Person bin für Castilien," setzte er mit erhobener Stimme hinzu, so daß es über das ganze Verdeck hallte. „Wer meine Gesinnung theilt, der folge mir nach."

„Ich folge — wir folgen — wir folgen Alle!" erhoben sich nun Porras Gesellen, indem sie mit drohenden Geberden herbeikamen, und ihre Waffen kampflustig schwangen.

Entrüstet über diese offene Verletzung des schuldigen Gehorsams, erhob sich der Admiral von seinem Lager, an das ihn die Gicht gefesselt hielt, und schwankte mühsam aus seiner Cajüte hervor, um sich dem gesetzwidrigen Beginnen der Empörer persönlich entgegenzustellen. Allein der gebrechliche Körper versagte dem ungleich kräftigern Willen des Admirals den Dienst. Der greise Columbus schwankte, und fiel zu Boden während des Versuches, den Aufrührern entgegen zu treten. Einige treu gebliebene Leute warfen sich zwischen des Admirals Person und den Andrang der Meuterer, indem sie fürchteten, Columben könne Gewalt geschehen.

Auch der Adelantado stürzte bei dem Waffenlärm aus seiner Hütte hervor, doch seinem kriegerischen Charakter gemäß, mit der Lanze in der Hand und entschlossen, den offen ausgebrochenen Ungehorsam der

Unruhestifter mit der Gewalt der Waffen niederzubeugen. Nur mit Mühe konnte er von einigen Getreuen dahin vermocht werden, die Lanze, die er gegen einen übermächtigen Haufen geschwungen hielt, abzulegen, und sich in das Innere seiner Cajüte zurückzuziehen.

Die dem Admirale anhänglich gebliebene Mannschaft trat nun heran, und stellte Porras und seinem Anhange vor, daß sie mit weiterer Gewalt Nichts erzwecken, ja daß sie sich, wenn Columbens Person gefährdet würde, den schwersten Strafen von Seite der Souveraine aussetzten. Sie möchten daher immerhin in Frieden abziehen, indem ihnen Niemand ein Hinderniß in den Weg lege. Die Anführer schienen diese Vorstellungen zu beherzigen, banden die längs der Schiffsseiten befestigten zehn Canoes los, und schifften sich auf selben mit einem triumphirenden Freudengeschrei ein, als wollten sie schon morgen an Spaniens Küsten an das Land kommen. Viele von den verzagten Schiffsleuten, welche mit dem Aufstande gar Nichts zu thun gehabt hatten, verloren bei dem Anblick so vieler scheidenden Gefährten den Muth, länger bei dem Admirale auszuhalten, und eilten ebenfalls in die Kähne zu gelangen, um mit Porras zugleich eine Ueberfahrt nach Hispaniola zu versuchen. Nichts geringeres bezweckten die Mißvergnügten, welche bei Ovando's bekannter feindseliger Gesinnung gegen den Admiral, zu

San Domingo mit offenen Armen aufgenommen zu werden hofften. Acht und vierzig Mann, der Kern der gesunden Mannschaft, verließen auf diese Weise den Admiral. Nur wenige Getreue, dann die Siechen und Kranken, welche dem Porras nicht zu folgen vermocht hatten, blieben zurück.

Während wir Columben verlassen, wie er, ungeachtet seiner eignen Hinfälligkeit der noch übrigen über ihre Rettungslosigkeit beinahe verzweifelnden Mannschaft Trost und Muth einzusprechen, und durch weise Maßregeln Zucht und Ordnung zu erhalten sucht, wollen wir dem gesetzlosen Treiben der Gebrüder Porras und ihres Anhangs folgen.

Indem diese denselben Weg folgten, den Mendez eingeschlagen hatte, segelten sie in ihren gebrechlichen Kähnen längs der Küste von Jamaica nach der Ostspitze der Insel hin. Sie landeten während dieser Fahrt öfter, verübten in den Wohnplätzen der harmlosen Indianer die zügellosesten Gewaltthätigkeiten, raubten und plünderten, während sie vorgaben, Alles dieses geschehe auf Befehl Columbens. Fänden sich die Indianer durch die Härte dieses Verfahrens verletzt, so sollten sie nur hingehen, und den Admiral todtschlagen, wenn dieser sich weigerte, die geraubten Sachen zu bezahlen.

Die Meuterer beschuldigten den Admiral der größten Feindschaft gegen die Eingeborenen, über welche er auf andern Inseln schon Elend und Verderben gebracht habe. Er warte nur auf eine Gelegenheit, um festen Fuß auf Jamaica zu fassen, und hier Aehnliches zu thun.

Als der gesetzlose Haufe das Ostkap der Insel erreicht hatte, wartete er einige Tage, bis das Meer sich völlig ruhig und zu der beabsichtigten Ueberfahrt nach Hispaniola günstig zeigte. Das erwünschte Wetter trat bald ein, die See war völlig glatt, der Himmel heiter und wolkenlos.

Da die Spanier mit den indischen Canoes nicht umzugehen verstanden, so nahmen sie eine Anzahl Eingeborener an Bord und traten ihre Reise unter den günstigsten Auspicien an. Allein kaum waren sie vier Seemeilen weit gekommen, so erhob sich ein widriger Wind, trieb die Gewässer in bedeutende Wellen, so daß die schwer beladenen Kähne, mit runden Böden versehen, zu schwanken begannen, und unter der Last der ihrer ungewohnten Spanier umzuschlagen drohten. Einige schlugen auch wirklich um, so daß die Spanier in Furcht geriethen, alles Ueberflüssige, was die Last der Kähne erschwerte, in die See warfen, und selbst die Indianer mit der Schärfe des Schwertes zwangen in das Meer zu springen, um den zerbrechlichen Fahrzeugen Erleichterung zu gewähren. Nur diejenigen wurden an Bord behalten, welche zur Leitung der Kähne unumgänglich nothwendig waren. Obgleich die Wilden gewandte Schwimmer waren, so lag doch das Land in zu großer Entfernung, als daß sie es hätten erreichen können.

Die armen Indianer hielten sich schwimmend neben den Canoes her, und baten flehentlich sie wieder aufzunehmen und sie nicht dem offenbaren Tode preiszugeben. Einige suchten sich an den Canoes festzuhalten, um Kräfte zu sammeln, die ihnen zu entschwinden begannen. Als aber die schwankenden Fahrzeuge dadurch in Gefahr geriethen umgeworfen zu werden, hieben die hartherzigen Spanier ohne Erbarmen auf die Opfer ihrer Grausamkeit los, hackten ihnen die an die Planken geklammerten Hände ab, und durchbohrten sie mit ihren Schwertern. Theils durch solche Verstümmelung, theils durch die Erschöpfung während des fortgesetzten Schwimmens, fanden achtzehn Indianer einen schmäligen Tod in den Wellen.

Nachdem die Spanier an die Ostspitze der Insel zurückgekommen waren, äußerten sie über ihre ferneren Unternehmungen verschiedene Meinungen.

Einige schlugen vor, nach Cuba zu steuern, wohin der Wind günstig war, von dort könne man leicht nach Hispaniola hinüber gelangen. Andere verlangten Rückkehr zu dem Admirale, um entweder Frieden mit ihm zu schließen, oder ihn seiner noch übrigen Vorräthe zu berauben, weil sich die Meuterer von den ihrigen beinahe ganz entblößt hatten, als sie während der letzten Gefahr alles Ueberflüssige in die See warfen. Noch andere endlich wollten ein günstiges Wetter abwarten, um die direkte Ueberfahrt nach San Domingo noch einmal zu versuchen. Bei diesem letzteren Vorschlage hatte es sein Bewenden.

Porras und seine Gesellen blieben einen ganzen Monat lang am Ostkap der Insel, wagten dann einen zweiten Versuch nach Hispaniola hinüber zu kommen, wurden aber so wie das erstemal durch Gegenwinde zurückgeschlagen. Sie verzweifelten nunmehr an jedem weiteren Gelingen ihrer Unternehmung, zogen zu Lande wieder nach Westen, und verbreiteten, ihren Unterhalt je nach Umständen durch gelinde oder gewaltthätige Mittel sichernd, von Dorf zu Dorf unter den Indianern Furcht und Schrecken, indem sie gleich einer Landplage unheilbringend umherschweiften.

Während Porras und seine Bande sich solchem gesetzlosen Treiben hingaben, war Columbus bemüht, durch eine zweckmäßige Leitung das Wohl seiner kleinen Gemeinde zu sichern, was ihm durch Klugheit und Weisheit auch gelang. Die Kranken genasen unter der vorsorglichen ihnen gewidmeten Pflege, so wie durch den Genuß der für sie zurückbehaltenen kräftigeren Lebensmittel, und die unserem Helden übrig ge=

bliebene Mannschaft begann einzusehen, daß die von Columben gehandhabte Zucht und Ordnung nur zu ihrem eigenen Besten gereiche.

Kaum hatten aber Pflicht und Gehorsam die alten Rechte unter der Mannschaft behauptet, kaum begann sich der Admiral über den moralischen Zustand seiner Untergebenen einigermaßen zu beruhigen, als von Außen her neue Bekümmernisse und Gefahren von bedenklicher Art drohten.

Die Indianer, sorglose Wesen, nicht gewohnt, große Vorräthe von Lebensmitteln aufzuspeichern, fanden es auf die Länge der Zeit lästig, die Spanier mit Mundvorräthen zu versehen, und fingen an, die von Mendez geschlossenen Verträge nur saumselig zu erfüllen. Der Werth der europäischen Spielereien war in ihren Augen um so tiefer gesunken, je häufiger diese in den Verkehr gekommen waren: sie verlangten nun zehnmal mehr Artikel für ihre Waaren, als früher. Ueberdieß war bei vielen von den Indianern durch die Gewaltthätigkeiten der Meuterer, die sie von dem Admirale befehligt glaubten, Groll und Eifersucht entstanden. Mit Haß und Empörung betrachteten sie das ungezügelte Treiben der europäischen Eindringlinge in ihrem Lande. Sie merkten, in welcher Noth an Nahrungsmitteln sich die Spanier befanden, und beschlossen deshalb diese durch Unterlassung der Zufuhr ent=

weder zu zwingen, die Insel zu verlassen, oder sie förmlich auszuhungern.

Deßhalb begannen die Transporte nach den Wracks immer seltener zu werden, bis sie endlich gänzlich ausblieben und Columbus sammt seinen Gefährten den entsetzlichen Hungertod in nicht gar zu weiter Ferne erblickten.

Auch in dieser äußersten Noth zeigte sich die Erfindungskraft unsers Helden auf eine geniale Weise thätig, vermöge welcher er die Wilden bewog, es hinfür den Spaniern an Lebensmitteln nicht mehr fehlen zu lassen. Vermöge seiner gründlichen Kenntnisse in der Sternkunde wußte der Admiral, daß nach drei Tagen eine totale Mondesfinsterniß eintreten werde, und beschloß diesen Umstand zur Rettung seiner Leidensgefährten vor dem Hungertode zu benützen.

Er sandte seinen indianischen Dolmetscher an das Land, und trug ihm auf, die vornehmsten Kaziken auf den dritten Tag nach der Küste zu bescheiden, wo er ihnen wichtige Mittheilungen machen wolle. Als die Häuptlinge vermöge ihrer indianischen Neugier, auf welche der Anschlag zum Theile mit berechnet war, sich am Strande bei den Wracks eingefunden hatten, trat Columbus in Begleitung seines Dolmetschers in ihre Versammlung, und hielt an sie eine feierliche Rede. Er erklärte ihnen, daß er und seine Gefährten Ver=

ehrer einer Gottheit seien, welche im Himmel wohne, und die Spanier unter ihren besondern Schutz genommen habe. Diese Gottheit nun sehe es mit Mißfallen und Zorn an, daß die Eingeborenen keine Lebensmittel für ihre Anbeter mehr nach den Schiffen brächten und habe beschlossen, eine schwere Strafe über die Indianer zu schicken, wenn sie sich nicht augenblicklich herbeiließen, Zufuhren von Mundvorräthen wie früher herbeizubringen.

Hier hielt Columbus inne, um die Wirkung seiner Worte zu beobachten. Wie er erwartet hatte, so geschah es. Die Indianer verlachten seine Drohung.

Nun fuhr der Admiral mit großem Ernste fort: Zum Zeichen des Zornes der Gottheit, welche die Spanier unter ihren unmittelbaren Schutz genommen habe, werde sich in Kurzem der Mond verfinstern, was jedoch nur die Ankündigung jener furchtbaren Strafe sein werde, die die Gottheit über die Indianer herabzusenden im Begriffe stehe, weil diese sich weigerten, die eingegangenen Verträge zu erfüllen. Diese Worte, welche der Admiral mit Zuversicht und Feierlichkeit ausgesprochen hatte, verfehlten auf mehrere von den Häuptlingen ihren Eindruck nicht; sie wurden unruhig; Andere fuhren in ihrem Spotte über die Weissagung fort, aber Alle erwarteten mit Spannung das Hereinbrechen der Nacht.

Der Mond stieg klar aus den Gewässern empor; bald zogen schwarze Schatten über seine Scheibe und die Wilden begannen zu zittern. Als sich aber bald darauf das Gestirn ganz verfinsterte und eine tiefe Dunkelheit über der ganzen Natur lagerte, da hatte ihr Schrecken keine Grenzen. Heulen und Wehklagen erfüllte das ganze Gestade. Jammernd liefen die Indianer von hinnen, brachten Alles, was sie an Lebensmitteln aufraffen konnten, legten es dem Admirale zu Füßen und baten diesen flehentlich, er möge doch den Zorn seiner Gottheit besänftigen, sie wollten Alles thun, was er nur immer verlange.

Columbus entgegnete hierauf, er wollte sich zurückziehen, um mit der Gottheit zusprechen. Dann ging er in seine Kajüte, verschloß sich in derselben, und blieb während die Mondesfinsterniß zunahm, fortwährend darin, indeß die ganze Küste von den Wheklagen der Wilden widerhallte. Wie die Finsterniß in der Abnahme begriffen war, kam er wieder heraus und sagte den Wilden, die Gottheit wolle auf seine Bitte den Indianern jedoch nur unter der Bedingung verzeihen, daß diese es fernerhin an dem nöthigsten Proviante nicht fehlen lassen dürften. Zum Zeichen der Verzeihung werde das Gestirn in kurzer Zeit wieder heiter und klar wie sonst seine Strahlen herabsenden.

Als die Indianer auch diese Prophezeihung eintreffen sahen, überhäuften sie den Admiral mit Versicherungen des Dankes für seine Fürbitte bei der Gottheit.

Columbus erschien von nun an in ihren Augen als ein Wesen höherer Ordnung. Sie betrachteten ihn mit Scheu als einen Mann, der mit gewaltigen Mächten in Verbindung stehe, und wisse, was am Himmel vorgehe. Niemals fehlte es den Spaniern seit dieser Zeit wieder an einer reichlichen Zufuhr von Lebensmitteln.

Acht Monate waren seit der Abreise des Mendez und Fiesko bereits verstrichen, und noch immer zeigte sich kein Erfolg ihrer Absendung. Die Leute des Admirals harrten mit fieberhafter Ungeduld auf die Ankunft der Fahrzeuge von Hispaniola, welche erscheinen mußten, falls das unternommene Wegniß dem kühnen Mendez gelungen war. Jeder aus der Entfernung heranrudernde indianische Kahn nahm die Aufmerksamkeit der sich nach Befreiung sehnenden Schiffbrüchigen in Anspruch; aber stets fanden sie sich in der Erwartung getäuscht, eine Botschaft von Mendez ankommen zu sehen. Am Ende gaben sie die Hoffnung gänzlich auf, aus den Gefahren dieses wilden Strandes jemals erlöst zu werden und verfielen jener verzweiflungsvollen Stimmung, in welcher der Mensch geneigt ist, jeden noch so wilden abentheuerlichen Plan zu verfolgen, wenn er nur im mindesten geeignet scheint, eine verhängnißvolle Gegenwart zu mildern. Auch war wirklich von einigen der verzweifeltesten Seeleute abermals eine Verschwörung wider den Admiral angezettelt worden, deren Theilnahme zum Zwecke hatten, sich der vorhandenen Canoes zu bemächtigen, und nach dem Beispiele des Porras und seines Anhanges den Weg nach Hispaniola zu suchen.

Die Meuterei war bereits zum Ausbruche reif, als sich glücklicher Weise ein Umstand ereignete, der sie in ihrem Entstehen zu Nichte machte. Eines Abends in der Dämmerung näherte sich ein Schiff den beiden Wracks, hielt sich jedoch auf der hohen See. Es war nur ein kleines Fahrzeug und sandte ein Boot zu unseren Schiffbrüchigen, welche mit namenlosem Entzükken nunmehr einer sicheren Befreiung entgegen zu blicken meinten. Das heranrudernde Schiff hatte Diego de Eskobor an Bord, einen alten Feind des Admirals, der aus diesem Vorzeichen nichts Gutes schloß.

Eskobor überreichte dem Admirale einen Brief von Ovando, nebst einem Fäßchen Wein und einer Speckseite. Er sagte, der Statthalter habe ihn gesendet, um Columben Theilnahme an seinem Unglücke zu bezeugen, und sein Bedauern auszudrücken, daß gegenwärtig der Kolonie auf Hispaniola kein hinlänglich geräumiges Fahrzeug zu Gebote stehe, um sämmtliche Schiffbrüchige abzuholen, daß aber bald möglichst zu diesem Zwecke ein taugliches Schiff gesendet werden solle. Eine etwaige Antwort auf das Schreiben Ovando's erbat sich Eskabor sogleich, weil er unverzüglich wieder zurückkehren müsse.

Obgleich durch diese Sendung befremdet säumte der Admiral dennoch nicht, eine schriftliche Antwort an den Gouverneur aufzusetzen und selbe dem Abgesandten zu übergeben. Er schilderte in derselben die dringende Nothwendigkeit einer baldigen Hilfe, er beschrieb alle die Mühsale, welche er mit seinen Gefährten in der Abgeschiedenheit an einem unkultivirten Strande und letztlich durch die Empörung Porra's zu überstehen gehabt hatte, und bat Ovando mit der Absendung des Entsatzes ja nicht länger zu zögern.

Kaum war der Brief Eskabor eingehändigt worden, als dessen Boot eben so schnell, als es gekommen war, davon ruderte. Das Fahrzeug in der Ferne wendete, setzte alle Segel an, und war im Schatten der Nacht den Augen der verwunderten und bestürzten Schiffbrüchigen gar bald gänzlich verschwunden.

Hatte die plötzliche unverhoffte Ankunft des spanischen Schiffes unter den Leidensgefährten Columbens Freude und Entzücken verbreitet, so sank ihr Muth nun um so mehr, als das Fahrzeug, das ihrer Meinung nach gekommen war, sie von der entlegenen Küste abzuholen, so unvermuthet wieder das Weite suchte. Columbus strebte zwar die Besorgnisse seiner Gefährten dadurch zu beschwichtigen, daß er vorgab, er habe, weil das Schiff zu klein gewesen sei, um sie Alle nach Hispaniola zu bringen, es vorgezogen, bei ihnen zu bleiben, bis hinlänglich große Fahrzeuge angekommen sein würden, die gewiß nicht lange ausbleiben könnten, da man zu San Domingo von ihrem Schicksale in Kenntniß sei. Allein obgleich sich die Mannschaft durch seine Vorstellungen einigermaßen beruhigte, war der Admiral über das Benehmen Ovando's in's Geheim doch sehr aufgebracht. Der Statthalter hatte ihn nicht allein viele Monate lang einer unsichern, unverbürgten Existenz auf einem wilden Eilande Preis gegeben, sondern ihm gegenwärtig auch eine Botschaft gesendet, die leicht als Spott ausgelegt werden konnte. Am gelindesten gesagt, hatte Ovando zur Rettung seiner in Gefahr befindlichen Landsleute einen äußerst lauen Eifer an den Tag gelegt.

Die Schuld an dieser schlechten Unterstützung lag aber nicht daran, daß der treue Diego Mendez die Angelegenheiten seiner Hilfe bedürftigen Reisegefährten etwa nicht hinlänglich ernstlich betrieben hätte. Im Gegentheile lag er Ovando durch volle sieben Monate hindurch vergeblich an, ein Segel nach Jamaica zur Befreiung des Admirals und seiner in Bedrängnissen schwebenden Leute hinüber zu senden. Aber stets hatte der Gouverneur eine Ausflucht in Bereitschaft — stets waltete ein Hinderniß vor, das die Absendung eines Schiffes nach Jamaica unmöglich machte.

Die Gründe, welche Ovando zu einem solchen, ihm in den Augen seiner Mit= und Nachwelt zum Vorwurfe gereichenden Betragen gegen den Admiral bewogen, mochten wohl darin liegen, daß er Columben als seinen Rivalen in Amt und Würden ansah, welcher sich, falls er nach Hispaniola käme, in die Angelegenheiten der Colonie mischen könne. — Er mochte es wünschenswerth finden, daß der Admiral auf der wilden Insel den Untergang finde, da von diesem zur Zeit seiner Entsetzung das verläumderische Gerücht ging, er suche die neue von ihm entdeckte Welt aus den Händen des undankbaren Spanien in die eines andern Staates hinüberzuspielen. Als Ovando nach siebenmonatlichen beharrlichen Bitten dem unermüdeten Mendez die Erlaubniß nicht ferner verweigern konnte, zur Abholung des Admirals wenigstens ein Fahrzeug auf eigene Rechnung zu San Domingo anzukaufen, rüstete er, um doch dem Scheine nach für Columben etwas zu thun, jene Caravelle unter dem Befehle Eskobar's aus, deren schleuniges Davonsegeln in den niederge=

schlagenen Gefährten des Admirals die trübsten Befürchtungen erregt hatte.

Wie gesagt suchte Columbus seine Leute über das unerwartete Davoneilen Eskobar's dadurch zu beruhigen, daß er in ihnen den Wahn bestärkte, er habe das, die ganze Mannschaft zu fassen unvermögende, Schiff blos deshalb so schnell wieder weggesandt, um ohne Zeitverlust die Herbeischaffung geräumiger Fahrzeuge zu veranlassen. Hiedurch wurde die im Ausbruche begriffene Verschwörung unterdrückt. Hatte also Eskobar's Sendung gar keinen andern Nutzen gehabt, so diente sie doch wenigstens dazu, die ob dem Haupte Columbens schwebende Gefahr einer abermaligen Empörung seiner Leute zu zerstreuen.

Aber der Admiral erwartete von diesem Begebnisse noch einen andern Vortheil. Er wußte, daß viele von den Gesellen des Francisco Porras, des gesetzlosen Lebens müde, sich unter die Herrschaft der Ordnung zurücksehnten. Er sandte deshalb zwei von seinen Leuten zu den Aufrührern, und ließ ihnen sagen, daß er in kurzer Zeit Schiffe zur Ueberfahrt nach Hispaniola erwarte. Wenn sich daher die Aufrührer still und friedfertig wieder ihrer Pflicht und dem Gehorsam fügen wollten, so sollten alle ihre früheren Verbrechen vergeben und vergessen sein.

Porras, selbst ein Mann von schlechtem Charakter,

traute deshalb auch Niemand anderem etwas Gutes zu, und erklärte, daß er und seine Gesellen nicht auf die Wracks zurückkehren würden. Doch wolle er in Frieden und Einigkeit mit Columben leben, wenn man ihm eines der erwarteten Fahrzeuge zur alleinigen Ueberfahrt seiner Leute versprechen, und alle noch vorhandenen Schiffsvorräthe, so wie auch die von den Indianern durch den Tauschverkehr erworbenen kostbaren Artikel mit ihm theilen wolle.

Da die Abgesandten des Admirals diese von den Rebellen gestellten Bedingungen allzu unverschämt und überspannt fanden, so suchten sie Porras von der Unzulässigkeit derselben zu überzeugen. Die Meuterer, welche in dem vom Admirale gemachten Anerbieten einen Beweis seiner Schwäche sahen, erklärten nun keck, wenn man ihnen diese Bedingnisse nicht freigebig einräumen wolle, so würden sie zu den Wracks kommen und das Zugeständniß ihrer Forderungen mit der Gewalt der Waffen erzwingen.

Eine solche Frechheit der Rebellen mußte alle weiteren Unterhandlungen mit denselben abbrechen. Daß diese aber keine leere Drohung ausgesprochen haben wollten, zeigte sich bald. Denn schon am dritten Tage erschien Porras mit seinem Haufen in der Nähe der Küste, um die noch übrigen Vorräthe von den Wracks wegzunehmen. Columbus war, als er die Kunde von

(17)

dem Vorhaben der Meuterer erhielt, durch seine schmerzliche Krankheit, die Gicht, an das Lager gefesselt. Er sandte daher seinen Bruder, den Adelantado, mit dem Auftrage an das Land, die zügellose Bande womöglich im Wege der Güte von ihrem unheilvollen Vorhaben abzubringen.

Um aber seinen Vorstellungen den möglichsten Nachdruck zu verleihen, nahm der Adelantado, der überhaupt mehr ein Mann von Thaten als Worten war, fünfzig entschlossene Männer von erprobter Treue mit sich. Alle waren wohlbewaffnet und bereit, im Falle der Nothwendigkeit selbst ihr Leben für den Admiral zu wagen.

Der Adelantado war noch nicht weit in das Innere der Insel vorgedrungen, als er auf den Haufen der Rebellen stieß. Er schickte alsogleich dieselben zwei Abgesandten zu ihnen, welche schon früher mit ihnen unterhandelt hatten, um sie durch milde Worte unter die Herrschaft des Gesetzes zurückzuführen. Der abermals angebotene Pardon wurde von Porras wiederholt zurückgewiesen, ja derselbe ließ die Ueberbringer desselben nicht einmal näher kommen. Die Meuterer vertrauten auf ihre überwiegende Anzahl und auf ihre durch das Wanderleben, das sie in der Natur führten, gestählten Körperkräfte. Sie deuteten mit Hohn auf die bleichen Gesichter der Gefährten des Adelantado, welche durch Krankheiten und lange Einsperrung auf den Schiffen gelitten hatten, und bedachten nicht, daß bei Männern, die für die gerechte Sache streiten, Muth und Entschlossenheit die physischen Kräfte mehr als ersetzen.

Eine vorübergehende Entschlossenheit loderte bei den Rebellen auf, sie schlugen ihre Waffen an einander, und brachen in ein kampflustiges Geschrei aus. Sechs der kräftigsten von ihnen kamen untereinander überein, dem Adelantado zu Leibe zu gehen; denn sei dieser getödtet oder gefangen, dann wäre der Sieg über sein Gefolge eine leichte Sache.

Ohne einen Angriff abzuwarten, stürzten sie gegen die Feinde los, mit Drohungen und erbittertem Geschrei. Es erwartete sie aber ein so fester Empfang, daß gleich beim ersten Anlaufe vier bis fünf von den Rebellen tödtliche Wunden empfingen, unter welchen auch einige von jenen begriffen waren, die es insbesondere auf die Person des Adelantado abgesehen hatten. Dieser aber stritt mit seiner erprobten Tapferkeit im dichtesten Handgemenge, und seine Streiche trafen meist zu Tode, so daß bald alle diejenigen, die ihn zum Gegenstande ihres Angriffes erkoren, ihre Kühnheit mit dem Tode gebüßt hatten. Erbittert durch die große persönliche Bravour, mit welcher der Adelantado die

Reihen der Meuterer auf furchtbare Weise lichtete, stürzte Franzisko Porras selbst diesem wüthend entgegen, wechselte einige Streiche mit ihm, und spaltete endlich durch einen gewichtigen Hieb den Schild des Adelantado der Art, daß auch noch die linke Hand des Letzteren verwundet wurde. Doch blieb das Schwert des Porras dadurch in dem Schilde stecken, er konnte es nicht sogleich wieder herausziehen, um zu dem freien Gebrauche desselben zu gelangen.

Diesen Moment benutzte die Gewandtheit des Adelantado, um seinen augenblicklich wehrlosen Gegner mit seiner riesenkräftigen Faust zu packen. Es erfolgte ein heftiger Ringkampf, in welchem der Adelantado, von einigen seiner herbeieilenden Leute unterstützt, die Oberhand behielt, und den Anführer der Rebellen glücklich gefangen nahm. Sobald diese ihr Oberhaupt in der Gewalt der Feinde sahen, verloren sie allen Muth, den Streit weiter fortzusetzen, und gaben, nach allen Seiten aus einander stiebend, eine verwirrte Flucht.

Der Adelantado verfolgte sie nicht, er begnügte sich, sie mit der empfangenen Strafe entrinnen zu lassen, zumal es nöthig war, wegen eines von Seite der Wilden etwa zu besorgenden Angriffes vorsichtig zu Werke zu gehen. Denn diese hatten während des ganzen Kampfes in Schlachtordnung unter den Waffen gestanden, ohne jedoch weder auf der einen noch auf der andern Seite am Streite Theil zu nehmen.

Porras und mehrere seiner Anhänger als Gefangene in seinem Gefolge kehrte der Adelantado sieggekrönt zu den Wracks zurück. Von den Leuten des Admirals war außer dem Adelantado nur noch ein Mann verwundet.

Am folgenden Tage sandten die gedemüthigten Rebellen eine Bittschrift an den Admiral, worin sie dessen Verzeihung anflehten, und auf das Feierlichste versprachen, in Zukunft stets getreuen Gehorsam zu leisten. Sie wollten die Waffen ablegen, friedlich auf die Schiffe zurückkehren, und erboten sich, zur Besiegelung ihrer Unterwerfung einen Eid auf das Kreuz und das Meßbuch abzulegen, so wie sie zugleich die gräßlichsten Verwünschungen über ihre Häupter herabriefen, wenn sie jemals wieder ihre Zusage brechen sollten. Der Admiral, durch die Niedrigkeit ihrer Supplik von der Nichtswürdigkeit dieser Menschen nur um so mehr überzeugt, vergab ihnen großmüthig unter der einzigen Bedingung, daß ihr Anführer Franzisko Porras sein Gefangener bleiben müsse. Diesen wollte er nach Spanien zur Verurtheilung schicken.

Da es gefährlich und schwierig war, Partheien, die sich noch vor Kurzem in den Waffen gegenüber gestanden waren, in dem engen Raume der Wracks in Ordnung und Einigkeit zu erhalten, so befahl Columbus den unterworfenen Meuterern, am Lande zu bleiben. Dort stellte er sie unter den Befehl eines vertrauten zuverlässigen Mannes, versah sie mit europäischen Tauschartikeln, und übertrug ihnen die Obliegenheit, so lange für die Herbeischaffung von Lebensmitteln Sorge zu tragen, bis die Schiffe von San Domingo angekommen wären. Endlich nach einem langen seit dem Stranden der Fahrzeuge verlebten traurigen Jahre, wurden alle ferneren Besorgnisse der Spanier durch die Ankunft von zwei Caravellen zerstreut, deren eine sich als von Ovando gesendet auswies, während die andere von Diego Mendez, in Benutzung der früher erwähnten Erlaubniß, für Rechnung des Admirals angekauft und hergeschickt worden war.

Zu seiner Schande hatte der Statthalter früher für die Rettung Columbens Nichts gethan, als bis der getreue Mendez ein Fahrzeug aus eigenen Mitteln für ihn erworben hatte. Um den Vorwurf einer völligen Saumsal von sich abzuwälzen, und wenigstens den Schein zu bewahren, da seine Vernachlässigung des Admirals bereits öffentliches Aerger=

niß auf der Insel zu geben begann, rüstete Ovando in Eile ebenfalls eine Caravelle aus, welche mit der von Mendez zur Abholung seines Herrn abgesandten zugleich von San Domingo auslief.

Fünfundzwanzigstes Kapitel.

Columbens Ankunft in Hispaniola. — Zustand dieser Insel unter Ovando's Verwaltung. — Abreise nach Spanien. — Schluß.

Am achzehnten Junius 1504 ging der Admiral mit seinen Leidensgenossen an Bord der Rettungsfahrzeuge. Die Gegenwinde und widrigen Strömungen, die ihn auf dieser ganzen Reise unausgesetzt verfolgt hatten, hörten auch hier noch nicht auf, ihm lästig zu fallen. Mehrere Wochen hindurch kämpfte er mit dem Ungemach einer stürmischen See, bevor er zu San Domingo — am dreizehnten August — Anker werfen konnte.

Sein Empfang hier war sehr glänzend. Wie viele Widersacher auch Columbus früher in der Colonie gezählt hatte — für die Gegenwart gewann keine andere Empfindung die Oberhand in der Bevölkerung Domingo's, als ein tiefes Mitgefühl mit dem letzten Mißgeschicke eines denn doch anerkannt großen Mannes. Dasselbe Domingo, dessen Einwohner unsern Helden einst unter Hohn und Verwünschungen in Ketten nach Europa gesandt hatte, — dasselbe Domingo, welches ihn als den Befehlshaber eines Geschwaders, als er Schutz vor Stürmen im Hafen gesucht, vom sichern Port zurückgewiesen hatte, — dasselbe Domingo nahm nunmehr den vom Schicksale schwer darniedergedrückten Columbus, den Schiffbrüchigen, den Verlassenen mit Enthusiasmus auf. Was man seinen Verdiensten ehedem nicht hatte zugestehen wollen, das räumte man gegenwärtig seinem Unglücksterne ein. Der Neid hatte durch den Glückswechsel unseres Helden die Substanz verloren, woran er sich klammern konnte, und huldigte nun vorurtheilsfrei den Verdiensten Columbens. Der Gouverneur selbst mit einer großen Menge von Einwohnern ging ihm im feierlichen Zuge entgegen, und empfing ihn mit ausgezeichneten Ehrenbezeugungen.

Columbus blieb nur einen Monat lang in San Domingo, denn das schwere Herzeleid, was sich seiner bei dem Elende bemächtigte, in welchem die Eingeborenen schmachteten, ließ ihn nicht länger hier verweilen.

Die armen Indianer wurden unter Ovando's Herrschaft bei weitem stärker und systematischer tyrannisirt, als unter Bobadilla. Obgleich die Souveraine beim Verwaltungs-Antritte Ovando's ausdrücklich den Befehl gegeben hatten, die Wilden fernerhin nicht gegen ihren Willen und wie Sklaven zu den Arbeiten des Feld- und Bergbaues zu gebrauchen, so wußte doch der Gouverneur unter dem Vorwande, daß das Wohl der Colonie dabei in Gefahr schwebe, von der Krone die Erlaubniß zu erhalten, die Eingeborenen zu den Arbeiten der Colonisten verwenden zu dürfen. Die Indianer sollten jedoch nach dem Willen der spanischen Majestäten für ihre Leistungen Bezahlung und zugleich Unterricht in der christlichen Religion empfangen.

Kaum hatte Ovando diese beschränkte Vollmacht erhalten, als er sie in dem ausgedachtesten Maße zu benutzen begann. Die Eingeborenen wurden auf der ganzen Insel abgezählt; man riß sie aus dem Schooße ihrer Familien, schleppte sie von Weibern und Kindern fort, und vertheilte sie in entfernten Gegenden an europäische Ansiedler, von denen sie unter den höchsten Mißhandlungen und Schlägen gleich dem Viehe zu einer Arbeit gezwungen wurden, die weit über ihre Kräfte ging. Die spärlichen Nahrungsmittel, die man den Opfern europäischer Civilisation reichte, ihre übermäßige Anstrengung in dem empörendsten Sklavendienste, tiefe Kränkung, Heimweh und Sehnsucht nach der für immer verlorenen Ungebundenheit ihres früheren Lebens, brachten Krankheiten und verheerende Seuchen über die Indianer, die ohnedieß nicht dem kräftigsten Menschenschlage angehörten. Sie erlagen den unerhörten über sie verhängten Uebeln schaarenweise; so daß binnen Kurzem sechs Siebentel von den Urbewohnern als Opfer der grenzenlosen Habsucht der Spanier gefallen waren. Kein Mitleid, kein Erbarmen hatten die weißen Tyrannen gegen ihre braunen Mitbrüder; namenlos war das Elend der Letzteren, und ohne Grenze die Willkür, die man gegen sie ausübte. Man konnte nirgend über Land gehen, ohne auf die Leichname der in ihrem überschwänglichen Ungemache verschmachteten Indianer zu stoßen. Viele von ihnen entleibten sich selbst, um einer längern Pein zu entgehen. Mütter tödteten, das Gefühl der Natur in ihrem Busen erstickend, ihre Säuglinge, um sie einem Leben voll Qual zu entziehen.

So waren die fünf großen blühenden Stämme, die zur Zeit der Entdeckung die Insel bevölkert hatten, nach der kurzen Frist von zwölf Jahren beinahe gänzlich vernichtet worden und die einheimischen angestammten Herrscher beinahe sämmtlich eines schmählichen gewaltsamen Todes selbst auch durch Henkers Hand gestorben.

Nur eine einzige Probe der empörenden Verwaltungspolitik Ovando's möge hier einen Platz finden.

In jenem reizenden Landstriche Haiti's, welchen einst Behechio beherrscht hatte, war diesem seine Schwester Anacaona, Carnabo's Wittwe, in der Herrschaft nachgefolgt. Obgleich Anacaona, wie früherhin erwähnt, den weißen Männern stets mehr ergeben gewesen war, als alle ihre Landsleute, so begann doch auch sie, bei den von den Spaniern fortwährend verübten unerhörten Gräueln, die Augen über die wahre Beschaffenheit der europäischen Unterdrücker zu öffnen. Ihre Unterthanen, ein weit klügerer, feinerer und eblerer Stamm, als alle übrigen Insulaner, weigerten sich, die höhnende, unterdrückende Behandlung der Spanier zu ertragen, woher zuweilen Streit zwischen den Häuptlingen und den dort angesiedelten Weißen entstand. Dieß wurde dem Gouverneur sogleich als eine gefährliche Meuterei hinterbracht. Da sich solche Klagen öfter wiederholten, so wurde Ovando bald überredet, daß in jenem Theile der Insel eine große Verschwörung unter den Wilden im Werke sei.

Er unternahm daher einen Zug nach dem Gebiete Anacaona's. Dreihundert Mann zu Fuß mit

Schwertern, Armbrüsten, Lanzen und Hakenbüchsen bewaffnet, nebst siebenzig wohlgepanzerten Reitern befanden sich in seinem Gefolge. Er ging dahin mit dem festen Vorsatze, die angeblich aufrührerischen Indianer furchtbar büßen zu lassen, ohne zu untersuchen, ob die gegen dieselben erhobenen Beschuldigungen auch gegründet seien.

Ovando gab indeß vor, er beabsichtige nur einen Freundschaftsbesuch bei Anacaona, um die Erhebung des Tributs zu regeln. Als dieß die Kazikin vernahm, versammelte sie alsbald alle ihre Unterhäuptlinge, und zog dem Statthalter an der Spitze derselben friedfertig, ohne Waffen und vertrauungsvoll entgegen. Die Wilden bemühten sich, den Spaniern alle mögliche Gastfreundschaft und Ehrerbietung zu erweisen. Einige Tage hindurch währten die feierlichen Spiele und Tänze, die zu Ehren der weißen Männer aufgeführt wurden. Anscheinend durch die von den Insulanern veranstaltete Unterhaltung erfreut, erbot sich auch Ovando, im Angesichte der Wilden Spiele nach europäischer Manier aufzuführen, Turniere mit Röhren, wie sie die Spanier von den Mauren erlernt hatten.

Für den bestimmten Tag erhielten die Krieger ihre Weisungen. Bei den Spielen sollte nur die Reiterei thätig, das Fußvolk aber in der Rolle von

Zuschauern gegenwärtig sein. Ein geräumiger Platz wurde zu den vorgeblichen Kriegsübungen vorgerichtet, dessen Umkreis sich alsbald mit einer Menge schaulustiger Indianer füllte. Um jeden Argwohn von den Insulanern zu entfernen, spielte Ovando mit einigen seiner Genossen eine Zeit lang das Spiel des Scheibenwerfens. Hierauf kam die durch die Pracht ihrer Pferde und die Schönheit der Aufzäumung zur damaligen Zeit sehr berühmte spanische Cavallerie angesprengt. Alles schien friedlich seinen Fortgang zu nehmen, und das versprochene Turnier zur großen Freude der unendlich neugierigen Indianer endlich seinen Anfang nehmen zu wollen, als Ovando seine rechte Hand auf das an seinem Wamse eingestickte Alkantarakreuz legte. Dieß war das verabredete Zeichen, auf welches seine bewaffnete Mannschaft die Feindseligkeiten beginnen sollte.

Kaum hatten die spanischen Krieger die Bewegung von des Gouverneurs Arm wahrgenommen, so besetzten sie das Haus, in welchem Anacaona mit achtzig ihrer Unterkaziken sich befand. Die sämmtlichen Häuptlinge wurden gefangen genommen, und von einigen durch die Qualen der Tortur Geständnisse erpreßt, vermöge deren sie sich, obgleich unschuldig, aus Uebermaß körperlichen Schmerzes eines Verrathes gegen die Spanier Schuld gaben.

Nach dieser grausamen Verhöhnung aller gerichtlichen Formen, wurde Anacaona aus ihrem Hause fortgebracht; alle übrigen Häuptlinge aber an die das Dach tragende Pfeiler gebunden, und hierauf das Gebäude in Flammen gesteckt, so daß alle achtzig Indianerfürsten eines peinvollen Flammentodes starben. Während dieß Schicksal so schmählich die Häuptlinge traf, sprengte die Reiterei unter die wehrlosen Haufen der übrigen Wilden, die sich als Zuschauer versammelt hatten, und richtete ein fürchterliches Blutbad unter den nackten und waffenlosen Menschen an. Sie zertraten die Wilden mit den eisenbeschlagenen Hufen ihrer Rosse, hieben sie mit ihren Schwertern nieder, und durchbohrten sie mit ihren Lanzen. Hie und da hob ein Reiter aus Mitleid ein wehrloses Kind aus dem mörderischen Gemetzel empor, um es aus dem Getümmel zu retten, aber die Speere seiner Kameraden spießten es auf unbarmherzige, barbarische Weise. Namenlos war der Schrecken, unendlich die Verwirrung, die unter den Eingeborenen verbreitet wurde. Die Wilden flohen entsetzt vor den verrätherischen Schwertern der Weißen, überall lagen Todte, Verwundete und gräßlich verstümmelte Sterbende; Anacaona wurde nach San Domingo gebracht und mit Beobachtung einiger leeren Förmlichkeiten, ohne Beweis ihrer Schuld, gleich einer gemeinen Verbrecherin, öffentlich gehängt. —

Doch wenden wir den Blick ab von Scenen, die jedes menschliche Gefühl empören, von Auftritten, die selbst den späten Nachkommen bei dem flüchtigen Ueberfliegen derselben ein unwillkürliches Schaudern des Abscheues entlocken.

Wie schmerzlich mußte Columbus angeregt sein, als er alle die unseligen Grausamkeiten, alle die himmelschreienden Ungerechtigkeiten vernahm, mit denen die europäische Habsucht dieß einst so glückliche und bevölkerte Land verwüstet hatte.

Wo waren alle die Pläne Columbens, vermöge deren er über die Eingeborenen die Segnungen der Civilisation verbreiten, und ihnen das Heil der christlichen Gotteslehre hatte beibringen wollen.

Die ehemals so blühenden Landstriche waren verwüstet, die zahlreichen Stämme der Urbewohner waren ausgerottet, durch Seuchen, Tyrannei und die Schärfe des Schwertes. Mit thränenden Augen dachte Columbus an seine vernichteten schönen Hoffnungen, über die von ihm neuentdeckten Länder auch eine neue Epoche der Bildung zu verbreiten. Er konnte den Anblick des Elendes der Eingebornen nicht ertragen, und floh eine Stätte, wo ihn jeder Fuß breit Landes daran erinnerte.

Der Admiral betrieb deshalb seine Abreise nach Europa auf das Schleunigste, und segelte am zwölften September 1504 mit zwei Caravellen nach Spanien ab, in deren einer sich der Adelantado befand, während die andere von Columben selbst befehligt wurde.

Das widrige Schicksal, welches unserem Helden auf dieser ganzen Reise zugesetzt hatte, hörte auch nun noch nicht auf, ihn zu verfolgen. Der Admiral hatte kaum den Hafen verlassen, als ein plötzlicher Windstoß den Mast seines Schiffes zerbrach. Er verließ sein Fahrzeug, begab sich an Bord des von dem Adelantado befehligten Schiffes, und schickte das Beschädigte nach San Domingo zurück. Auf der ganzen Fahrt herrschte das stürmischeste Wetter. Bei einem Orkane brach der Hauptmast des Schiffes an vier Stellen. Obgleich der Admiral gerade durch die Gicht an das Krankenlager gefesselt war, so zeigte er sich doch thätig, und nach seinem Rath wurde der Schaden geschickt wieder ausgebessert. In einem andern Sturme wurde die Caravelle noch mehr beschädigt. Beständig hatte man mit den heftigsten Gegenwinden zu kämpfen. Endlich nach Ueberwindung namenloser Schwierigkeiten gelang es unseren Seefahrern, ihre arg beschädigte Barke am siebenten November in den Hafen von San Lukar vor Anker zu legen. Von hier aus begab sich Columbus nach Sevilla, wo er seine durch die fortgesetzten Anstrengungen hart mitgenommene Gesundheit wieder herzustellen hoffte.

Columbus, welcher seither durch eine Reihe von zwanzig Jahren unermüdet seine großen Zwecke verfolgte, hatte auf seiner rauhen Bahn des Ungemaches viel erlitten. Die unausgesetzten Anstrengungen und Drangsale seiner Entdeckungsreisen, noch mehr die Kränkungen und Bekümmernisse, die ihm durch den Undank seiner Zeitgenossen widerfuhren, hatten seine von Natur wunderbar kräftige Körperconstitution mächtig erschüttert, und krank und elend sehen wir unsern gefeierten Helden auf dem Siechenlager in der Pflege seines Freundes, des Erzbischofes von Sevilla.

Am sechsundzwanzigsten November 1504 starb die Königin Isabella. Dieß war für Columben ein harter Schlag, er verlor in der Königin seine einzige Beschützerin am Hofe, welche seine Interessen stets mit Wärme vertreten hatte. Er verzweifelte nunmehr daran, jemals wieder in seine Rechte und Privilegien eingesetzt zu werden. Der Erfolg rechtfertigte seine Befürchtungen vollkommen.

Nachdem Columbus im Mai 1505 seine erschöpften Kräfte in soweit wieder gesammelt hatte, um eine Reise unternehmen zu können, begab er sich an das königliche Hoflager, entschlossen dem Könige rücksichtlich der Wiedereinsetzung in seine Rechte persönlich seine Bitten vorzutragen, da wiederholte Schreiben sich nutzlos erwiesen hatten.

Der Weltentdecker, welcher zwölf Jahre früher im Triumph an den Hof gekommen war, erschien nunmehr als ein niedergebeugter kranker Mann, von Niemanden beachtet, da seine königliche Beschützerin mit Tode abgegangen.

Der König empfing ihn zwar freundlich, aber kalt und nicht im mindesten geneigt, seinen gerechten Anforderungen zu genügen. Er zeigte sich bereit, Columben die entzogenen Rechte durch Besitzungen in Castilien zu vergüten. Diesen Antrag lehnte jedoch unser Held beharrlich ab. Auf alle pekuniären Vortheile, die ihm in dem Traktate von Santa Fé zugesichert worden waren, wollte er verzichten, nur nicht auf die ihm hierin übertragenen Würden. Er rechnete sich dieß zu einem Ehrenpunkte, auf welchem er hartnäckig bestand, während der König eher jeder anderen als dieser Forderung Genüge leisten mochte.

Da Columbus sah, daß unter solchen Verhältnissen für ihn am Hofe fernerhin Nichts zu thun sei, so zog er sich wieder nach Sevilla zurück. Der schreiende Undank, mit welchem Spanien seine Verdienste vergalt, nagte sichtlich an der Gesundheit des schwachen Greises, der endlich am zwanzigsten Mai 1506 einer Reihe fortgesetzter irdischer Widerwärtigkeiten durch den Tod entzogen wurde.

Columbus, dessen kräftiger Geist durch die kühnsten Combinationen die Schranke der Alltäglichkeit siegreich niedergerissen, der seinen Zeitgenossen eine neue Welt aufgedeckt, und eine Menge bis dahin gang und gäbe gewesener Irrthümer berichtigt hatte — Columbus, welcher die Interessen der Krone Spaniens eben so wie das Wohl der durch gewissenlose Machthaber grenzenlos tyrannisirten indianischen Stämme wahrzunehmen gesucht, der sich in jeder Beziehung als ein außerordentlicher Mann, ja als Held in seinem Berufe bethätigt hatte, eben so groß durch Mäßigung als Uneigennützigkeit des Charakters — Columbus wurde von seinem zweiten Vaterlande, welchem er mit musterhafter Treue gedient, mit dem schnödesten Undanke belohnt und von seinen Zeitgenossen vernachlässigt. Obgleich man ihn im Besitze zahlloser Reichthümer vermuthete, so starb er doch in Wahrheit arm und hinterließ seinen Söhnen Nichts, als den zweifelhaften, schwer zu verwirklichenden Anspruch auf jene Rechte und Würden, welche man im Vertrage von Santa Fé ihm und erblich seinen Nachkommen versichert hatte.

Selbst die Welt, deren Dasein von ihm zuerst unzweifelhaft sicher gestellt worden war, wurde nicht nach ihm benannt. Americo Vespuccio, welcher in Begleitung des Alonzo de Ojeda im Jahre 1499 eine Privatexpedition an das südliche Festland der neu entdeckten Welt unternommen, und dabei den in seinen Händen befindlich gewesenen Tagebüchern Columbens gefolgt war, der diese Fahrt um ein Jahr später gemacht hatte — Americo Vespuccio, ein florentinischer Kaufmann, wußte es zu erschleichen, daß dieser Erdtheil nach seinem Namen benannt wurde.

Feinde und Widersacher stellten sich jedem Schritte unseres Helden entgegen und verbitterten den Lebenspfad eines Mannes, dessen geistige, ihnen unerreichbare Höhe sie mit Neid anstaunen mußten.

Allein die Nachwelt hat das ihr zustehende Recht ausgeübt und vorurtheilsfrei Gericht gehalten. Columben wurde ein nie verlöschender weltgeschichtlicher Ruhm zu Theil, während jene niedrigen Seelen, die sich seiner glorwürdigen Laufbahn als eben so viele Hemmnisse entgegenstellten, in die verdiente Dunkelheit zurückgewiesen worden sind.

Druck von C. P. Melzer in Leipzig.

Inhalt.

                                                                     Seite

Einleitung. 3

Erstes Kapitel. Columbens Bemühungen am spanischen Hofe — Abreise aus Palos. 9

Zweites Kapitel. Ankunft auf den canarischen Inseln. 27

Drittes Kapitel. Abreise von den canarischen Inseln. — Columbus täuscht seine Reisegefährten über die zurückgelegte Entfernung. — Abweichung der Magnetnadel. — Trügerische Anzeigen nahen Landes. — Zaghaftigkeit. — Meuterei des Schiffsvolkes. . . 32

Viertes Kapitel. Garcia Fernandez und Diego Mendez warnen Columbus vor den aufrührerischen Seeleuten. — Er schwebt in der höchsten Gefahr — wunderbare Rettung. — Land. . . 43

Fünftes Kapitel. Die Insel Guanahani. — Beschaffenheit der Eingebornen. — Die lukcische Inselgruppe. — Cuba. 51

Sechstes Kapitel. Expedition in das Innere von Cuba. — Alonzo Pinzon trennt sich von dem Geschwader. — Die Insel Haiti. — Die „Santa Maria" läuft auf eine Sandbank. 61

Siebentes Kapitel. Schiffbruch der Santa Maria. — Des Kaziken Guacanagari Benehmen. — Des Admirals Ausflug in Haiti, während Garcia Fernandez und Diego Mendez zur Bewachung der geretteten Ladung der „Santa Maria" zurückbleiben. 74

Achtes Kapitel. Garcia's und Diego's Abentheuer. . 86

Neuntes Kapitel. Columbus beschließt die Rückfahrt auf der Niña. — Bau einer Festung. . . 93

Zehntes Kapitel. Das Fort La Navidad. — Abreise von Haiti. — Zusammentreffen mit der Pinta. — Sturm. — Ankunft bei den azorischen Inseln. . . . 103

Eilftes Kapitel. Abreise von den Azoren. — Ankunft Columbens in Spanien; dessen Aufnahme am Hof. . . 118

Zwölftes Kapitel. Columbus tritt seine zweite Reise an. — Die Caraiben. — Schicksal des Forts La Navidad. . 135

Dreizehntes Kapitel. Die Flotte verläßt den Hafen La Navidad. — Die Gründung von Isabella. — Zug des Admirals in das Innere von Haiti. . . . 150

                                                                Seite
Vierzehntes Kapitel. Reise Columbens nach Cuba. —
    Entdeckung der Insel Jamaica. — Rückkehr nach Isabella. 168
Funfzehntes Kapitel. Gefangennehmung Caonabo's. —
    Schlacht in der Königsebene. — Folgen derselben. . . 188
Sechzehntes Kapitel. Intriguen gegen Columbus in
    Spanien — Ankunft Aguado's auf Hispaniola zur Unter=
    suchung der Angelegenheiten der Colonie. — Columbus
    Rückreise nach Spanien. — Ausrüstung von Schiffen für
    eine neue Reise. 209
Siebenzehntes Kapitel. Fahrt in den stillen Breiten. —
    Entdeckung der Küste von Paria und der Inseln Trinidad
    und Margarita. — Ankunft auf Haiti. — Zustände daselbst. 229
Achtzehntes Kapitel. Empörung des Kaziken Guarioney.
    — Aufstand des Francisco Roldan. 250
Neunzehntes Kapitel. Intriguen gegen Columbus am
    spanischen Hofe. — Absendung Bobadilla's zur Unter=
    suchung der Angelegenheiten von Haiti. — Dessen Beneh=
    men auf der Insel. — Columbus und seine Brüder wer=
    den in Ketten nach Spanien gesendet. 280
Zwanzigstes Kapitel. Columbens Ankunft und Aufnahme
    in Spanien. — Bobadilla's Verwaltung. — Nicolaus de
    Ovando wird zum Vicekönig der neuen Welt ernannt. . 302
Einundzwanzigstes Kapitel. Columbus läuft auf seine
    vierte Reise aus. — Seine Aufnahme in Hispaniola. —
    Die Küste von Honduras; Begebnisse daselbst. . . 316
Zweiundzwanzigstes Kapitel. Reise längs der Mos=
    quittoküste. — Begegnisse zu Cariari. — Die Küste von
    Veragua. — Columbus giebt die Nachforschungen nach der
    Meerenge auf und kehrt nach Paraguai zurück. — Ansiede=
    lung daselbst. — Schicksale derselben. 329
Dreiundzwanzigstes Kapitel. Abreise von Veragua;
    Stranden auf Jamaica. — Fahrten des Diego Mendez im
    Innern dieser Insel. — Dessen Reise nach Hispaniola. . . 358
Vierundzwanzigstes Kapitel. Meuterei des Porras.
    — Columbens List, um Lebensmittel von den Indianern zu
    erhalten. — Sendung Eskobars von San Domingo. —
    Kampf mit Porras. 376
Fünfundzwanzigstes Kapitel. Columbens Ankunft in
    Hispaniola. — Zustand dieser Insel unter Ovando's Ver=
    waltung. — Abreise nach Spanien. — Schluß. . . . 403